NV

指称化理论视角下现代汉语『名+动』定中结构研究

陆 萍——著

Study on the Attributive Structure of
"NOUN+VERB"
IN MODERN CHINESE
from the Perspective of Nominalization Theory

北京大学出版社
PEKING UNIVERSITY PRESS

图书在版编目（CIP）数据

指称化理论视角下现代汉语"名+动"定中结构研究 / 陆萍著 . —— 北京：
北京大学出版社，2025.3. —— ISBN 978-7-301-36001-9

Ⅰ. H136

中国国家版本馆 CIP 数据核字第 2025AS4426 号

书　　　名	指称化理论视角下现代汉语"名+动"定中结构研究	
	ZHICHENGHUA LILUN SHIJIAO XIA XIANDAI HANYU "MING+ DONG" DING-ZHONG JIEGOU YANJIU	
著作责任者	陆　萍　著	
责 任 编 辑	崔　蕊	
标 准 书 号	ISBN 978-7-301-36001-9	
出 版 发 行	北京大学出版社	
地　　　址	北京市海淀区成府路 205 号　100871	
网　　　址	http://www.pup.cn　　新浪微博：@北京大学出版社	
电 子 邮 箱	zpup@pup.cn	
电　　　话	邮购部 010-62752015　发行部 010-62750672　编辑部 010-62754144	
印 刷 者	天津和萱印刷有限公司	
经 销 者	新华书店	
	650 毫米 ×980 毫米　16 开本　19 印张　285 千字	
	2025 年 3 月第 1 版　2025 年 3 月第 1 次印刷	
定　　　价	76.00 元	

序

　　五四以来，NV（"名+动"）定中结构在现代汉语中兴起并迅速发展，成为值得关注的语法现象，加之这一偏正结构以谓词为核心，整个结构体却通常是体词性的，这对以往关于动名分野的认识形成了一定的冲击，因而引发了诸多讨论。陆萍博士的专著《指称化理论视角下现代汉语"名+动"定中结构研究》是这一研究领域的一项新成果。这部专著是陆萍博士主持的国家社科基金项目的最终成果，也是她博士学位论文的拓展和深化。此前的有关研究多着眼于这一结构及其构成成分的句法功能与语义特征，陆萍博士的研究则另辟蹊径，她基于类型学的指称化理论和其他相关理论，以指称功能和指称化为基本视角，对NV定中结构及相关问题进行了重新考察和分析，并提出了独到的见解和解释。

　　新的理论、新的视角常常会带来新的发现和新的认识，陆萍博士的研究亦如此。在新的理论和新的视角引导下，她根据指称对象的不同，将自指的指称化形式分为事件指称和抽象程度更高的活动指称，并认为N$_客$V作为NV定中结构这一原型范畴的典型成员，是一种活动指称形式，其功能是指称高度规约化的活动。为什么NV定中结构中的N以客体论元最为常见？为什么进入N$_客$V定中结构的名词会受到指称类型和抽象度的限制？为什么关系动词、能愿动词等不能陈述事件的动词无法进入N$_客$V定中结构？这些问题都可以依据上述新的认识予以解释。"NV"与"N的V"这两种定中结构究竟有何区别，以往有过不少讨论，现在也可以依据上述新的认识来重新审视，并得出新的结论。

系统成员的特性往往需要放到系统中，在与其他成员的关联和对比中才能认清。NV定中结构作为现代汉语的指称化形式并不是孤立存在的，而是现代汉语指称化系统中的一个成员。陆萍博士的研究梳理了这一系统，把NV定中结构放到系统中，在事件指称与活动指称的分类框架下，在与其他指称化形式的对比中来进一步认识NV定中结构的指称特性，指出NV定中结构是现代汉语中除光杆动词外唯一只能用于指称活动的指称化形式。这样的认识只可能在这样的系统分析中获得。这一结论不仅对认识现代汉语的指称化系统以及NV定中结构在其中的地位有着显著意义，对深入认识这一结构的语类属性、构成成分特点以及指称化的程度等也都有显著价值。

学界以往对NV定中结构有所关注，也有过一些相关的讨论，但少有系统的研究。陆萍博士则对NV定中结构进行了全面而系统的考察和分析，她将这一结构视为原型范畴，考察分析以该范畴的典型成员$N_{客}V$为重心，又专章讨论了非典型成员$N_{非客}V$；考察分析所及，不仅包括结构的句法功能、语类属性、格式语义以及构成成分的选择限制，还涵盖了结构的指称功能、指称化程度以及在指称化系统中的地位等，这些内容无论对NV定中结构的研究，还是对汉语指称化现象的探讨，都具有认识价值和借鉴意义。

学术是永无止境的，陆萍博士为深化有关现代汉语NV定中结构、汉语指称化问题的认识，做了出色的工作，但也正如她本人在本书结尾处所指出的，这一领域依然还有不少问题有待后续的研究。我相信本书会使读者从中获益，也希望本书的出版可以使更多的人关注本书提出和讨论的问题，从而推动这一领域的学术发展，同时也期待陆萍博士在未来的学术道路上取得新的成果。

贺　阳

2024年12月4日

目　录

第一章　绪　论

1.1　选题目的和意义

在现代汉语中，"名词+动词"组合可以构成三种结构关系：

主谓关系：小王去　他们知道　比赛开始　气候变化
状中关系：明天去　学校见　掌声鼓励　友情客串
定中关系：环境污染　公路建设　信息处理　语言研究

本书主要研究"名词（N）+动词（V）"组合构成的定中结构，以下简称"NV定中结构"。

"N+V"的组合最常见的是构成主谓结构。（马真、陆俭明 1996）如果"N+V"构成状中结构，N主要是时间名词和处所名词，普通名词较少做状语（范晓 1991b：77）。根据孙德金（1995）对3892个各类名词的考察，只有60个名词可以直接做状语（如"政治解决""掌声鼓励"），仅占总数的1.5%。一般来说，以动词为中心构成的短语也应当是谓词性的，而NV短语又最容易被理解为谓词性的主谓结构，那么为什么像"环境污染""公路建设""信息处理"和"语言研究"这类短语会被理解为体词性的定中结构而一般不会产生歧义呢？

总体来说，学界对NV定中结构的研究还很不充分。一个明显的不足是，对NV定中结构格式语义的概括并不能解释该结构中N的语义角色倾向性。由于NV定中结构整体表现出较强的体词性，很多研究将其类比于NN

定中结构，提出了NV定中结构格式语义的"分类说"。所谓"分类说"，就是指该结构表示从N的角度对V进行分类。如果仅从结构组成形式的角度来看，"分类说"似乎讲得通；但是如果扩大观察的范围，我们发现"分类说"至少不能用来解释下面的问题。已有的定量研究表明，N的语义角色为V的客体（包括受事、对象、结果等）最为常见，所占比例最大，超过60%。N为其他语义角色的用例都比较少。为什么人们在使用NV定中结构时总是倾向于用客体N来给动作行为进行分类？"分类说"并不能为这一问题提供合理的解释。因为从认知上来讲，人们最倾向于从方式的角度给动作行为分类（沈家煊、张姜知2013）。由此可见，"分类说"并不能表达NV定中结构的核心语义，有必要对NV定中结构的核心语义进行重新审视和概括。

　　NV定中结构的发展速度很快，显示出极强的活力。NV定中结构的活力表现在两个方面。第一，NV定中结构在现代汉语中出现频率越来越高。贺阳（2008：55）统计的五四以后几部著作中NV定中结构出现的频率显示，随着时间的推移，NV定中结构在几种样本语料中出现的频率越来越高。

表 1-1　五四后NV定中结构出现频率的变化（贺阳 2008：55）

语料	语料年代	样本数量（万字）	NV 总数（例）	例 / 万字
《鲁迅全集》	1925—1927	10	8	0.8
《王蒙小说精选》	1956—1992	10	26	2.6
《毛泽东选集》（第一卷）	1925—1937	10	95	9.5
《胡绳文集》	1979—1994	10	115	11.5
《政治与市场：世界的政治—经济制度》	1994	10	177	17.7

　　第二，能够进入NV定中结构的动词数量越来越多。根据俞士汶等（1998）《现代汉语语法信息词典详解》，很多动词当时并不能构成NV定

中结构，如"编写""采购""查询""翻修"等。而现在，这些动词都能构成NV定中结构。例如：

编写：教材编写　图书编写　文件编写

采购：药品采购　物资采购　原材料采购

查询：成绩查询　结果查询　数据查询

翻修：房屋翻修　设备翻修　路面翻修

一种结构能在语言中迅速发展，与该结构在语言中的特殊性是密不可分的。换句话说，一种结构在语言中从无到有，从萌芽到发展，主要动因就在于该结构具有已有结构所不具备的特殊含义或功能。从以往为数不多的涉及NV定中结构的研究成果来看，人们比较关注的还是NV定中结构内部，包括N和V的语义关系、N和V各自的特点等，对于其结构功能的讨论也主要基于组成成分的结构关系。我们认为要深入研究NV定中结构必须从大处着眼，先讨论NV定中结构的整体功能，因为其内部组成成分表现出的特点主要受结构功能的制约。NV定中结构具有何种功能？这也是以往研究中常常被忽略的一个重要问题。

五四以后，受西方语言的影响，汉语中以动词为中心语的定中结构得到了发展，除了上述NV定中结构外，还有"N的V"结构，如"新工艺的使用""教学资源的开发""这本书的出版"。以往大量的研究都只关注"N的V"结构，相比之下对NV定中结构的研究则比较匮乏。"N的V"结构与NV定中结构组成成分相近，而且都是以动词为中心的体词性结构；有时两者甚至可以互换使用，如"废纸的回收"和"废纸回收"。那么这两类结构的关系如何？从我们所掌握的资料来看，目前对两者的对比研究也比较少。

在英语等印欧语言中，有大量的行为名词（action noun），如adjustment（调整）、establishment（建立）；还有很多动词性名词（verbal noun），如 the setting up of the company（公司的建立）、the building of the reservoir（水库的修建）。这些名词性成分都是由动词加上相应的后缀直接派生转化来的，西方语言学界将这种转化称为"nominalization"，翻译成汉语为"名词化"或"指称化"①。贺阳（2008：40—42）指出，汉语由于缺乏表示形态变化的手段，在翻译这些成分的时候需要使用动词直接对译。五四时期，NV定中结构的使用是翻译西方语言造成的结果。很显然，现代汉语中NV定中结构与指称化的问题密切相关。那么NV定中结构与指称化的关系如何？这一结构在汉语指称化系统中处于什么位置？随着NV定中结构的发展，越来越多的动词进入其中，会给汉语动词的外部功能带来哪些影响？这些问题在以往的研究中虽有涉及，但是讨论得并不深入。

综上所述，关于现代汉语NV定中结构的认识还有很多模糊不清之处，因此有必要对其进行一次系统的考察。通过本研究，我们希望能够回答如下一些问题：

第一，为什么NV定中结构中"N$_客$V"占优势？

第二，如果"分类说"不足以解释N的论元角色倾向，那么NV定中结构的结构义或结构功能究竟如何？

第三，既然NV定中结构与指称化密切相关，那么它与指称化之间的关系到底如何？它在整个指称化系统中的地位如何？

第四，NV定中结构的功能对其构成成分N和V的特点有哪些影响？

第五，同样是以动词为中心的定中结构，NV定中结构与"N的V"结构有何不同？

第六，随着NV定中结构的发展，能够进入该结构的动词越来越多，将对现代汉语的名动格局产生何种影响？

1.2 研究现状

以往对NV定中结构的研究主要集中在句法、语义两个方面。

---

① 由于汉语一直以来有"名物化"与"名词化"的争论，为了避免引起不必要的争论，本书主要采用"指称化"的表述。采用"指称化"的表述还有另外一个原因，本书的研究主要是从结构的外部功能角度进行考察，"指称化"比"名词化"更契合外部功能，因为"名词化"主要是从结构的句法属性角度来说的。这一点，我们在2.1.2小节中还会展开说明。

1.2.1 NV定中结构的句法研究

1.2.1.1 结构的判定

判定NV结构的性质可以有两个标准，一是根据NV内部的结构关系，二是根据NV结构整体充当句子成分的能力。早期如吕叔湘（1979）、范晓（1991b：53—54）等关注到了这一结构，认为汉语中有名词修饰谓词性成分构成定中结构的现象，但并未进行深入的描写，他们判定这一结构主要根据第一条标准，即N对V有修饰作用。N对V有修饰作用可能构成定中、状中两种不同的结构。朱德熙（1984）认为确定偏正结构的内部关系是定中还是状中有三种途径：

① 根据修饰语的性质；

② 根据中心语的性质；

③ 根据整个偏正结构的性质。

其中①和②都不理想，比如双音节形容词既可以做定语也可以做状语；名词的修饰语也不一定都是定语，就像"都大学生了"，"都"修饰名词，但它是状语。相比而言，③概括力最强，据此可将定语定义为名词性结构的修饰语，状语是谓词性结构的修饰语。因此，后来的研究更多地关注到了该结构的整体句法功能。车竞（1994）采用的是第二条标准。他指出，语法功能决定语法单位的性质，因而分布于主语、宾语和受名词修饰的中心语位置的NV组合是定中结构。持类似观点的还有李晋霞（2003）。齐沪扬等（2004：20）将两种标准相结合，认为要区分出NV定中结构需要分两步进行。首先从NV内部结构关系出发区分NV主谓式和NV偏正式。NV主谓式中，V是对N的叙述；NV偏正式中，N是对V的限制和修饰。然后依据NV偏正式的句法功能，占据主语、宾语、定语、定语中心语位置的是定中式，占据谓语位置的是状中式。

虽然标准明确，但是在界定某些特定短语是否属于NV定中结构时还是存在分歧，会出现一些所谓的"歧义结构"。如果按照第一条标准，只观察NV结构内部，很难断定N和V的结构关系。以"经济发展"为例，孤立地看这一短语，可以看作"发展"是对"经济"的叙述，也可以看作"经济"修饰、限定"发展"。

刘慧清（2007）指出，当N和V之间的语义关系为施事/主体和动作时，NV结构是有歧义的。结构性质的确定需要依赖其搭配的成分，例如 "接到群众举报" "对待群众批评"，受动词 "接到" "对待" 的影响，"群众举报" 和 "群众批评" 为定中结构；而 "即将到来的中国队集训" "传到厂长耳朵里的群众议论"，受定语标记 "的" 的影响，"中国队集训" 和 "群众议论" 被认定为定中结构。所谓搭配成分，实质上也是句法功能，这与齐沪扬等（2004：20）如何判定NV定中结构与NV状中结构的分野是一致的。例如：

　　（1）现在电话联系很方便。
　　（2）我们电话联系。

他们认为，"电话联系" 在（1）中处于主语位置，体现的是名词性，所以是定中式；而在（2）中处于谓语位置，体现的是谓词性，因而是状中式。

齐沪扬（2000：260）还提出几项形式标准，用于区分NV定中式和NV状中式。他认为两者的区别体现在三个方面：

① 定中式NV结构中间能插入 "的"，而状中式不可以；

② 定中式NV结构不可以在N前添加 "在、用、按" 等介词，而状中式可以；

③ 有的定中式NV可以在前面加上 "这次、本次、这项、本项" 等指量短语，而状中式不可以。

如果按照齐沪扬（2000：260）的标准，"电话联系" 并不能算作定中结构，因为可以说 "现在用电话联系很方便"，不符合第二条标准。孙德金（1995）甚至认为像 "电话联系" 这类格式可以不算作名词做状语，应当视为介词省略，因为表示工具意义的名词都可以直接放在动词前。

朱德熙等（1961）在反对名物化理论时提出，划分词类时要区分语法性质和语法特性。语法性质是一类词全部句法功能的总和，既包括独有的性质，也包括与其他词类重叠的性质；而语法特性是一类词特有的功能。区分词类差异要根据语法特性而不是语法性质。现代汉语中，动词能做主语、谓语、宾语、定语、定语中心语，这是动词的语法性质；而能把名词、动词区分开来的语法特性是哪些，就有待于进一步研究和说明了。"群众举报""电话联系"这类结构是否构成歧义结构还需斟酌。"群众举报"，N为施事，是域内论元；"电话联系"，N为工具，是域外论元。这两类情况是否要区别对待，也需要进一步的考察和分析。

1.2.1.2 句法功能

关于NV定中结构的句法功能，以往研究并不存在过多的争议，学者普遍指出其能够做主语、宾语、定语和定语中心语（车竞1994，刘慧清2005a等），但是对与其共现的成分的特点及它们之间的相互关系则讨论不多。

（一）做主语、宾语

车竞（1994）指出，动词是NV定中结构的核心，NV定中结构充当动词主语、宾语时，通常要求谓语动词有表示判断、评议、产生、存在、起始等意义，与动词充当主语、宾语的条件一致。齐沪扬（2000：264—265）则更进一步，指出NV定中结构与"N的V"结构做主语、宾语时对谓语的要求基本一致，不同的是"N的V"结构可以充当感知动词、言谈动词、心理动词、商讨义动词的宾语，但是NV定中结构不可以。例如：

（3）a. 校领导正在讨论大学生的分配。

b. ?校领导正在讨论大学生分配。

刘慧清（2005a）考察了《动词用法词典》，认为如下一些动词能够带NV定中结构做宾语，这一范围显然超出了前面两位学者所归纳的范畴。

办、办理、包$_3$、保持、避免、表演$_1$、表演$_2$、布置、参观、参加、操纵$_1$、操纵$_2$、产生、承担、出现、刺激、促进、达到、打$_{19}$、打破、代理、耽误、得$_1$、对抗、躲避、发表、发动$_1$、发生、反对、反抗、反映$_1$、防止、放松、符合、服从、负责、改$_2$、干$_2$、搞、给以、鼓励、忽视、恢复、获得、计较$_1$、计算$_1$、继续、加强、坚持、减少、讲$_5$、讲究、接受、结合、结束、进行、经过$_1$、经受、拒绝、开始、开展、抗议、控制、扩大、满足$_1$、面对、排除、批判、批评、凭$_2$、破坏、忍受、失去、适应、收集、缩小、贪图、提、提倡、提供、听取、停止、统一、推动、推翻、完成、限制、享受、相应、修改、需要、要求、引起、增加、展开₂、镇压、征求、争取₁、支配₁、治疗、制造₂、制止、主持、注意、抓₄、追求、阻止、组织、做

朱德熙（1982：58—60）将动词分为体宾动词和谓宾动词。谓宾动词可以进一步分为真谓宾动词和准谓宾动词。以上这些能够带NV定中结构做宾语的动词，既包括体宾动词，也包括真谓宾动词和准谓宾动词。如果NV定中结构能做不同性质动词的宾语，那么仅仅将其等同于普通体词性结构，恐怕就有些过于"粗线条"了。

（二）做定语

NV定中结构也可以做定语，有加"的"和不加"的"两种形式。齐沪扬等（2004：22）将NV定中结构的名词性强弱与其做定语的表现联系在一起，认为"的"是体词化的手段，如果NV定中结构能够不加"的"做定语，那么它的名词性较强；如果NV定中结构必须加"的"才能做定语，则名词性较弱。例如：

> （4）这使他在伦敦名誉扫地，未履行外交辞职手续便卷席回
> 　　　国了。
> （5）那红木铺造的马路上真热闹呀!

刘慧清（2005a）则认为无论加"的"与否，两者的语义构式是相同的，加"的"凸显了定语和中心语的关系。例如：

> （6）我们要加大市场推广（的）力度。
> （7）中国的语法研究借鉴西方语法分析（的）方法，取得了很大
> 　　　成绩。

NV定中结构不带"的"做定语时，邢福义（1994）认为该结构整体是一个造名结构，其内部语义结构为"对象N + V + 管界N"，NV定中结构是该造名结构的简省形式。在以往的研究中，N_1VN_2常常被当作一个复合词。N_1VN_2结构作为复合词，就涉及层次划分问题。

齐沪扬等（2004：69—70）认为N_1VN_2的层次划分与动词和名词的音

节和语义关系有关。当N_2为单音节时，一般分析为N_1/VN_2，有的VN_2已经稳固，具有普遍的意义，如"研究所""演唱会"。当N_2为双音节时，如果N_1是动词的配价成分，那么倾向于划分为N_1V/N_2，如"国民教育经费""动物保护协会"；如果N_1不是动词的配价成分，那么倾向于划分为N_1/VN_2，如"地面控制中心""议会辩论记录"。在语料观察中我们发现，如果按照上面的分析，"伪钞识别灯""伪钞识别技术"的层级划分不同；但是两者动名语义关系一致，做不同划分并不符合实际。

应学凤（2013，2015，2016，2019）对此进行了一系列的研究。他根据生成方式的不同，将N_1VN_2复合词区分为原生和附加两类。大部分的$N_客VN$都是原生的。原生动宾倒置复合词的生成过程是：VO 的 N ——（VON）—— OVN。附加式是"VN"先经过词化后通过前加黏合式修饰语而来，如"塑料/粉碎机""轮胎/粉碎机""文件/粉碎机"。但是这类附加式中的VN在词化前也是原生的，只是后来受到韵律的影响发生了词化。因此，即使不同的OVN结构层次关系存在差异[①]，也只是韵律和语义相互作用的结果，其底层结构都是[[OV]N]。

1.2.1.3　V的性质

关于处于主语、宾语位置上的V的性质，以及"N的V"结构中V的性质，一直是学者们关注的一个热点，对NV定中结构中V的性质的讨论也常常穿插其中。但是NV定中结构毕竟有其特殊性，几乎所有的动词都能够做主语，而能够进入NV定中结构的只是其中一小部分。关于NV定中结构中动词的性质，目前学界有名物化说、动名词说、名动词说、动词不变说、动词小类说、名词化说等。下面介绍其中的三种。

（一）动词不变说

车竞（1994）、齐沪扬（2000）和齐沪扬等（2004）都支持动词不变说。

车竞（1994）认为NV定中结构中的V仍旧是动词，理由是：首先，受名词修饰的动词没有改变其词的性质，只是整个结构变成名词性的了；其

---

① [[OV]N]式：文物拍卖网、蔬菜批发总公司；[O[VN]]式：生产过程控制系统、乡镇企业发展规划。

次，朱德熙先生提出的名动词的特点，如能做"有"的宾语、修饰名词和受名词修饰，是某些动词所固有的，不能说它们都不是动词；再次，虽然双音节动词在一定条件下可分布于名词所处的位置上，但是它们无条件的分布仍是谓语，且可以受副词修饰，如"历史再研究""文艺大会演"等。齐沪扬等（2004：42—43）认为NV定中结构中V仍是动词，理由有三点：① 能够进入该结构的双音节动词数量大，而且不断增多，不宜另外归类；② 整个结构体现为名词性是动词后的宾语空位无词占据而无法体现出动性的结果，而非动词本身固有的、稳定的性质；③ 典型的动名兼类词，如"导演""编辑""计划""报告"等作为名词出现时，都有客观的指称物，而定中式NV中V的指称性要通过整个短语来实现。

　　上面两种论述都有一定道理，也存在一些逻辑上的漏洞。如车竞（1994）认为受名词修饰的动词没有改变其词的性质，只是整个结构变成名词性的了，这一论断必须有一个前提，即这部分动词本身没有名词的属性。事实上，能出现在该结构中的很多动词都是所谓的"名动词"，即动名兼类词。齐沪扬等（2004：43）认为，由于能够进入该结构的双音节动词数量大且有增多趋势，不宜另外归类。但多项研究指出，能够进入NV定中结构的动词仅为动词总数的10%（参见俞士汶等1998，车竞1994，李晋霞2003），做另外的归类具有可行性。不过这些研究都没有指明判断V能否进入NV定中结构的依据，因而所得比例的可信度值得商榷。此外，齐沪扬等（2004：44）也指出不少双音节动词具有事件性、场景性和过程性，与其句法功能表现出的弱动词性一致。这就与上面提出的第二点理由产生了矛盾。究竟是结构限制了动性的体现，还是动词本身的性质决定了其句法表现？

　　（二）动词小类说

　　动词小类说认为，能够进入NV定中结构的动词只是动词的一个小类，具有特殊的句法语义表现。

　　马真、陆俭明（1996）认为构成NV定中结构的V必须是名动词。名动词需要满足三个条件：第一，可以做准谓宾动词（有、加以、进行）的宾语；第二，可以受名词的直接修饰（中间不加"的"）；第三，可以直接修饰名词（中间不加"的"）。

李晋霞（2003）认为NV定中结构是由非典型名词与非典型动词组合而成的非典型句法结构，典型性较高的变化动词、强动作性动词通常不能构成NV定中结构。此外口语动词、黏着动词、不及物动词、不能带光杆名词宾语的动词、名词宾语通常具有【+人】特征的动词都不能进入该结构。

刘慧清（2007）认为进入NV定中结构的动词动性比较弱，多为及物动词，但是也有少数不及物动词能够进入该结构。她认为动词能否进入NV定中结构与动词的价关系不大，决定动词能否受名词修饰的是动词是否具有指称用法。

（三）名词化说

无论是动词不变说还是动词小类说，都认为进入NV定中结构的动词在结构功能和语义上没有发生变化。也有学者从认知角度考察NV定中结构，认为进入NV定中结构后的V发生了变化。

贺阳（2008）认为NV定中结构中受名词直接修饰的动词因失去了动词的语法特点而发生了名词化。王永娜（2013）认为NV定中结构是动词名词化的一种类型，即V发生了名词化。发生名词化之后的动词，与原来的动词在语义上有差异，因为两者采用不同的心理图式，动词凸显的是按照虚拟时间排列的一个个子状态，而名词描述的是一个抽象的整体空间范域。

名词化的解释的确给我们提供了新的视角。但是如果按照这种解释，处于主语、宾语位置上的动词也发生了语义上的变化，而且也不局限于冯胜利（2009）、王丽娟（2009）提出的双音节动词韵律形态具有将动词名词化的功能，单音节动词也可以较为自由地做主语。

张伯江（1993）指出判断汉语动词的谓词性强弱可以根据其句法表现，存在前加定语到前加状语、后带宾语、前加助动词、后带补语和动态助词这样一个谓词性不断增强的序列。大家都承认NV定中结构中的V动词性较弱，那么这种弱动词性是V本身所具有的，还是结构位置赋予的，抑或是两者相辅相成，还需要进一步讨论。现代汉语中确实存在如"治安综合治理""劳动力再生产"等名词修饰动词的体词性短语，在这些短语中，V

虽然不能再带宾语，但是前面仍然可以受副词的修饰，动词性并没有完全丧失。因此，以"名词化"一概而论，显然不符合实际。

1.2.1.4　结构的形成（来源）

关于NV定中结构的形成，学界主要有两种意见：一是认为该结构是由名词直接修饰动词形成的，我们称其为"直接组合说"；一是认为该结构是动宾倒置形成的，即先有基础的VN动宾结构，再有NV定中结构，我们称其为"动宾倒置说"。

（一）直接组合说

傅爱平（2004）认为NV定中结构（以及VN定中结构）的形成过程是"在V的事件框架中，把某些成分提取或凸显出来，按一定的格式与动词V组合在一起，指称特定的对象"。

冯胜利（2009）、王丽娟（2009，2014）、王永娜（2013）认为双音节韵律形态具有将动词名词化的功能，因而NV定中结构是在双音节动词名词化后再加上名词做定语形成的。

吴为善（2013）也认为NV定中结构是在线生成的，因为并非所有的NV定中结构都能转换回VN结构。N的语义越抽象，越不容易转换成VN结构。因此像"制造船舶""制造机械""管理信息""管理制度"等VN短语，合格度都是有问题的。

（二）动宾倒置说

车竞（1994）认为NV定中结构是VN的语用变体。陈满华（1997）也认为像"文物鉴定专家"这类N_1VN_2结构的深层结构都是$V+O(N_1)+$的$+N_2$。$V+O(N_1)+$的$+N_2$的变体有多种形式，取决于V、O的音节数。一般来说，当V是单音节时，倾向于VO直接做定语，如"裁纸刀""订报刊日期"；当V是双音节时，倾向于OV做定语。陈文将转化后的结构称为原结构的同义黏合式偏正短语。但是两文都没有回答为什么要发生这样的转化。

齐沪扬等（2004：23）认为"有一部分（且是很大一部分）由述宾短语转化而来的偏正式【N+V】短语，总是体现为名词性，如'文件起草、信息处理、天气预报'等"，其体现为名词性的基础在于动名倒置这种超常搭配。

肖娅曼（2007）认为OV逆序倒置是汉语的一种指称性语法手段，除了"环境污染""人口普查""动物保护""粮食生产"等名词性结构外，还有"冰雕""口罩""信封""物产"等OV逆序复合名词，因此汉语存在一般性的专门表示指称的述宾逆序法。储泽祥、王艳（2016）也持类似观点，认为OV语序是汉语表示指称的多种方式之一，OV语序相对于VO语序表现出陈述性较低、指称性较强的特征。

以上关于NV定中结构的形成（来源）的看法似乎都有道理，但也都有需要进一步解决的问题。直接组合说能够涵盖N为V的不同论元角色的情况，对该结构的生成给出一个整齐划一的解释，但是它也存在一个无法解释的问题：为什么N作为受事时常被提取或凸显出来？

动宾倒置说则主要是针对N作为V的受事成分构成的NV定中结构，那么N作为V的非受事成分该如何处理，如"群众举报""高山滑雪"等，这是动宾倒置说需要解释的问题。

1.2.2 NV定中结构的语义研究

对NV定中结构的语义研究可以分为两类：一类是结构的语义研究，主要关注动词和名词之间的语义关系以及NV定中结构的结构意义；一类是组成成分的语义研究，主要研究构成定中结构的N和V的语义倾向。

1.2.2.1 格式语义

NV定中结构的内部语义关系也可以分成两类：一类是N可以移位到V后构成VN动宾短语的，这一类中N主要为动作的受事、对象、结果等；另一类是N不可以移位到V后或移位后N和V的语义关系发生改变的，这一类中N主要为动作的主体、动作涉及的某个方面或者动作的方式等，如"上级安排""文艺演出""静态分析"。傅爱平（2004）将N和V的语义关系分成两类：一类是论元关系，包括必有论元和可有论元，是客观世界里与V这个事件有关的各个角色；一类是非论元关系，体现人们从各个方面对V这个事件的认识，或者涉及V的事件框架里各种角色的性质和特点。论元关系可进一步分为4个次类12个小类，前者分别是主体、客体、凭借、时空，后者分别是施事、经验者、关联者、受事、目标、内容、结果、工具、材料、方式、场所、时间；非论元关系有7类，分别是程度、度量、状态、记录、属性、限定、范围①。通过对1998年《人民日报》标注语料库1200万字的语料统计，发现NV定中结构中几乎没有非论元关系出现，而论元关系中受事占优势。

NV定中结构中N的语义类型以受事为主得到了学者们的普遍证实（参见马真、陆俭明 1996，李晋霞 2003等）。对于这种现象或倾向，学者们从结构义和功能上进行了解释。

李晋霞（2003）认为NV定中结构的结构义是从名词所表示的概念范畴的角度对动词所表示的动作行为进行分类，N是分类的标准，V是被分类的对象。N的受事性越强，其作为宾语的常规程度也就越高，即已经习俗化，因而在人们的概念体系中具有较为稳定的认知地位，也具有更高的构成NV定中结构的能力。

齐沪扬等（2004）也认为NV定中结构具有类别义。随着N的改变，NV定中结构指称不同的相关类别，例如"价格竞争"和"质量竞争"是不同的竞争机制。除了类别义外，NV定中结构还具有指称义。

傅爱平（2004）认为定中式NV是用与事件V相关的角色（包括论元角色与非论元角色）来限制V的内涵，指称事物化的事件V。例如，"企业管理"是用受事来限制"管理"的内涵，指称事物化的事件"管理"。也可以理解为对事物的再分类。文中还指出"当人们需要把某个动词事物化并对它进行再分类的时候，倾向于借助客体来限制它的内涵，并选择N+V的结构形式来表达。显然这需要V有控制客体的能力，也就是说，那些控制客体能力强的V，容易构成N+V格式的NP"。

吴怀成（2014：66）认为NV定中结构中的N具有为V所表示的事件类型划分次类的作用。如果把动词代表的事件类型看作一个事件域，则NV定中结构是该认知域的一个下位成员。

---

① 文中认为"范围"是介于论元和非论元之间的角色。为了叙述方便，我们暂且将它视作非论元关系。

图 1-1　事件域"管理"及其成员（吴怀成 2014：66）

目前，关于该结构的格式语义仍以分类说为主，然而分类说无法解释为何总是从客体的角度对动作分类。

1.2.2.2　组成成分的语义特点

前面提到并非所有的动词都能进入 NV 定中结构，也并非所有动词的受事都可以作为 V 的定语。能够进入 NV 定中结构的 N 和 V 各自有语义上的限制。

齐沪扬等（2004：44）认为能够进入 NV 定中结构的（双音节）动词应该具有三方面的特点：第一，V 所代表的动作要具有事件性，可以用活动来同指，例如"表演——*说、唱、跳"；第二，V 所代表的动作要具有场景性，包括了动作及与动作相关的事物；第三，V 所代表的动作还要具有过程性，由多个环节构成。马东（2006）指出大部分能够进入 NV 定中结构的 V 都是过程结构比较长、续段性较强的动词，这类动词既能前加"在/正在"，又能后加"着"。续段性强的动词所指示的整个动作过程长，由于动作会以一种状态持续下去，因此人们倾向于将这种动作过程看作一个个事件，而动词本身也就变成了事件的指称。但是这不绝对，我们能发现一些例外情况。例如"出口"可以构成"商品出口""农副产品出口"，但是"出口"并不是一个续段性强的动词。

学者们比较一致地认为低生命度的名词更容易进入 NV 定中结构，因为如果 N 的生命度较高，就容易被理解为 V 的施事，从而构成主谓短语（参见李晋霞 2003，齐沪扬等 2004：51）。此外，李晋霞（2003）还提出两条 N 在语义上的限制。一是由于受 NV 定中结构结构义的影响（对动词所表示的动作行为的再分类），进入该结构的名词需要在语义上有一定的区别性，下位概念比上位概念更容易进入，例如"票价改革"的可接受度较高，而"价格改革"的可接受度则较低。二是名词表示的概念不能过于具体，因为 N 是对 V 的稳定性的分类，而不是临时性的，例如"身体锻炼"可说，"上肢锻炼"则不能接受。这两条标准看似明确，但是在执行的时候并不好把握，有时还会发生矛盾。例如，"上肢"在某种程度上可以看作"身体"的下位概念，"上肢锻炼"的接受度是否低于"身体锻炼"也有待商榷。因此NV定中结构对进入其中的N和V的语义限制还有待深入挖掘。此外，N的论旨角色是否会影响N和V的准入条件，目前尚未见到相关研究。

1.2.3 以往研究中存在的问题

虽然以往的研究已经对NV定中结构的整体面貌有了一个大致的认识，但是还存在很多问题，主要集中在如下几个方面：

第一，对NV定中结构结构义的概括不足以解释N的论旨角色倾向。以往的研究多从分类性的角度来概括NV定中结构的结构义，但是这种概括不能解释为什么人们主要从客体的角度来给V分类，因为从认知的角度讲人们更倾向于从方式的角度来给动作分类。

第二，重视组成成分研究，缺乏结构整体研究。上述大部分对NV定中结构的研究都是针对其组成成分N和V的相关属性和特点的研究，对结构整体的属性和功能关注不够。我们认为NV定中结构的整体属性和功能是决定哪些N和V能够进入该结构的关键。

第三，对结构属性的认识单一化。一般研究都认为NV定中结构是体词性的，但从上述研究成果和所举的一些实例来看，NV定中结构还保留一些谓词的属性，需要重新审视NV定中结构的性质。

第四，重视结构本身的研究，忽视结构在整个语言系统中发挥的作用。以往的研究大都针对NV定中结构本身，较少将它与其他结构进行对比。NV定中结构作为一种新兴的结构，在语言系统中的存在和发展依靠的是其特殊的表义功能。而其功能的特殊性，需要放在更大的功能类型中去考量。因此，有必要从更宏观的角度对NV定中结构的功能进行观察，这是以往研究所欠缺的。

1.3 研究思路

任何研究都需要理论的指导，研究的整个过程也应该在理论框架下进行。本研究主要基于类型学指称化理论。我们之所以在类型学指称化理论的框架下对NV定中结构进行研究，是出于三个方面的考虑：其一，使用指称化的说法能巧妙地避开一直以来的名物化与名词化之争；其二，NV定中结构本身具有指称化的功能，其特点不但可以从语法属性角度考察，也可以从外部功能方面考察；其三，近四十年来，类型学指称化理论对指称化的特点和形式手段等有了新的认识，能够深化我们的研究。

确定了本书的理论基础后，我们再来思考本书的整体研究思路。研究思路的确定主要源于我们需要解决的实际问题。

第一，NV定中结构对N的语义选择具有倾向性，即$N_客$V在整个NV定中结构中占优势。除此之外，多项研究也证明$N_客$V是NV定中结构中使用最普遍、能够进入的动词最多、发展速度也最快的一种下位类型。因而可以考虑从原型范畴的视角，对NV定中结构内部进行分类。当然，这并不是我们的最终目的，我们希望通过这样的分类，更加准确地认识NV定中结构的本质属性。

第二，在类型学指称化理论的指导下，对照其他语言，我们可以对现代汉语NV定中结构所表现出的类型学特征进行分析。通过跟其他语言和汉语指称化系统内部其他指称性结构的对比，可以更加深入地认识和概括NV定中结构的功能。对NV定中结构功能的新认识也可以解释$N_客$V定中结构占优势的原因。

第三，通过在类型学指称化理论框架下对NV定中结构功能的分析，可以对能够进入该结构的N和V的特点进行更加深入的分析和解释。

第四，NV定中结构和"N的V"结构都是汉语指称化的结构类型，两个结构内部的句法结构关系和语义结构关系存在交叠。因此，可以尝试从指称化的角度对两者的差异进行更加深入的比较和分析。

第五，将NV定中结构纳入整个指称化体系，通过对其在整个指称化体系中的地位和功能的认知，可以为现代汉语NV定中结构的发展提出一个合理的解释。随着NV定中结构的发展，能够进入该结构的动词越来越多，势必对现代汉语的名动格局产生一定的影响。指称化是语用功能，名动分类是句法属性。新的用法逐渐固化将促使句法功能发生变化，而词的分类主要依据句法功能。通过考察NV定中结构的发展轨迹，能够观察到这种动态的演变。

1.4　研究范围

本书主要考察NV定中结构，但需要对N和V做一个限定。

第一，本书所考察的构成NV定中结构的V限于双音节形式。从音节模式上看，构成NV定中结构的V排斥单音节形式，体现在表义基本相同的V，由于单双音节的差异，其构成定中结构的能力完全不同。例如：

（8）汽车修理——*汽车修

（9）文物鉴赏——*文物赏

有极少数单音节的V可以构成NV定中结构，如"胡同游""韩国游""瓜菜代""婚外恋""记者问""名人访"等（刘慧清 2007）。这些由单音节V构成的NV定中结构都是新词或特殊的行业术语，数量极少且不具有类推性。而且，汉语单双音节在构成NV定中结构上的差异也构成了汉语的一种特殊的形态表现，这一点我们将在第六章中展开讨论。

第二，本书所考察的NV定中结构中的V也包括由V构成的短语形式。一些研究认为，NV定中结构中的V由于受名词修饰，已经失去了动词的属性。但考察中我们发现，V虽然不能带宾语，但是仍然可以受副词修饰，如"资源再利用""治安综合治理"。此外，V也可以是联合结构，如"环境保护与治理""客流调查和预测"。因此，NV定中结构中的V也包括以双音节动词为核心的动词短语。

第三，本书所考察的构成NV定中结构的N不能是单音节形式。马真、陆俭明（1996）指出，"名词+动词"构成的偏正短语（定中结构）中的名词不能是单音节形式。但是根据刘慧清（2007）的考察，也有少量单音节N构成NV定中结构的例子，如"词切分""价指派""核辐射""脑供血""肾移植""胃切除""水污染""诗朗诵"等。这些例子很多都是特殊领域的专业术语，大部分N还能通过添加修饰成分等方式转化为双音节名词的形式，如"词语切分""脑部供血""胃部切除""水质污染"等。与单音节V构成NV定中结构的情况相同，由单音节N构成的NV定中结构往往也是行业术语，数量少，规律性差。因此，单音节N构成的NV定中结构不在本书的研究范围之内。

第四，本书所考察的构成NV定中结构的N可以是双音节的，也可以是多音节的；可以是光杆名词，也可以是带有修饰成分的名词短语。以往大部分的研究都主要考察"双音节N+双音节V"定中结构，但是通过实际的语料考察我们发现，构成NV定中结构的N不局限于双音节光杆形式，很多受修饰的N也可以大量地构成NV定中结构，例如"野生动物保护""汉语方言研究""社会公共产品供应""精密仪器设备维修""当代世界文学名著鉴赏"等。为了称说方便，我们仍旧使用"NV定中结构"，但是这里的N并不单指光杆的双音节N，还包括多音节N和名词短语。

1.5 语料来源

本书的语料主要有以下几个来源：

① 北京语言大学汉语语料库（简称"BCC"）；

② 北京大学中国语言学研究中心现代汉语语料库（简称"CCL"）；

③ 中国社会科学院语言研究所词典编辑室编《现代汉语词典（第7版）》；

④ 以往研究提到的相关用例；

⑤ 内省的用例。

为了行文简洁，大部分语料不再随文标记出处。

第二章 理论基础：类型学视角下的指称化

　　本章内容是对本研究理论基础的一个较为详细的阐述，分为四个部分。第一部分主要介绍西方和汉语学界对名词、动词与指称、陈述的不同认识，阐述我们从指称化的视角进行NV定中结构研究的原因。第二部分主要探讨指称化的概念及判定标准，包括学界对指称化的认识的发展，并根据类型学对指称化的新认识对本书所研究的指称化进行了界定。第三部分探讨指称化的类别，指出指称化可以从结构类型、程度等级、指称对象类别等角度来分类。最后一部分以类型学的相关研究成果为基础，介绍指称化的几种主要的形式手段。

　　近四十年来，类型学对指称化的研究取得了令人瞩目的成果。以Comrie（1976）、Hopper and Thompson（1984）、Comrie and Thompson（1985）、Koptjevskaja-Tamm（1993）、Malchukov（2006）等的系统研究为代表。这些研究扩大了指称化的研究范围，拓宽了指称化的研究视野。这些研究主要关注不同语言指称化的共性和特性，并对不同表现形式的指称化进行了描写和归类。我们希望借助类型学对指称化的研究成果，对NV定中结构有更为深入的认识。

2.1　指称与陈述

2.1.1　西方语言学的有关认识

名词、动词是语法学的概念，而指称和陈述常在语义学和语用学中讨论。在形态丰富的语言中，名词和动词的区别比较容易，除了有相应的词缀标记它们的语类属性外，动词做谓语时还有时、体、态等形式标记。一般来说，名词、动词与指称、陈述具有高度一致的对应关系，即名词的功能是指称，而动词的功能是陈述。

语言中还有一种常见的现象，有的语法研究将其称为"转化"，即语类属性上名词转化为动词，或动词转化为名词；功能上名词用于陈述，动词用于指称。对于形态丰富的语言来说，转化往往伴随着形式上的变化。从标记论的角度讲，名词用于指称、动词用于陈述是无标记的形式，名词用于陈述、动词用于指称则是有标记的形式。人们可以通过形式标记来判断转化是否发生。

转化的发生具有不平衡性。这种不平衡性是指名词转化为动词是不常见的，而动词转化为名词是常见的。Hopper and Thompson（1980）指出，很多语言有专门的形态标记，其功能仅表示由动到名的语类属性的转换，例如英语：

（1）propose　　　proposal

　　　creat　　　　creation

　　　sell　　　　selling

　　　excite　　　excitement

例（1）中画线部分-al，-tion，-ing，-ment是动词转化为名词的形式标记。而名词转化为动词的时候，一般没有专门的形式标记，仅在句子中加上时、体标记即可。例如：

（2）We squirreled away $500 last year.

　　　我们去年存了500美元。

（3）She <u>breakfasts</u> with the mayor on Tuesday.

她星期二跟市长一起吃早餐。

例（2）（3）中的squirrel和breakfast本身是名词，在句中用作动词。在这些名词作动词使用的过程中，名词本身没有变化，并没有添加形式标记来标志转化的发生，仅根据句子需要加上了时的标记，更像是一种不稳定的、临时性的功能转化。

这种不平衡性符合人们的认知习惯。名词表示的是具体的事物，而动词表示的是一种抽象的关系。人们的认知规律是将抽象的识解为具体的，而不是相反。Lakoff and Johnson（1980）将这一机制称为"本体隐喻"（ontological metaphor）。人们将动词名词化，将抽象的关系识解为具体的实体，用来对相关的活动、事件或状态进行指称。换句话说，动词名词化的功能就在于"指称"一种抽象的关系。

正因为转化的发生具有不平衡性，动词转化为名词在语言中是一种常见的现象，所以语言学家们就此进行了深入细致的考察。在形态丰富的语言中，由于动词转化成名词往往有形式标记，因此语言学家们从词类发生转化的角度，将这种情况命名为"名词化"（nominalization），将动词发生转化后所构成的名词称为"由动词衍生出的名词"（nouns derived from verbs）。如果从功能转化的角度给其命名，名词化的功能是用于"指称"，也可以称其为"指称化"。

如果仅看单个的动词，"名词化"和"指称化"仅是从不同的角度给同一个活动命名，"名词化"是从词类转化的角度，"指称化"是从功能转化的角度。但是，如果把观察的范围扩大，"名词化"和"指称化"的外延就显现出了差别。"名词化"必须包含一个由动词衍生出的名词形式，暗含了词汇形式上的变化，而"指称化"没有这样的要求。这一点我们在2.2节会具体展开说明。

2.1.2　汉语语言学的有关认识

西方语言大多有丰富的形态，名词、动词与指称、陈述往往具有比较一致的对应关系，即名词的功能是指称，而动词的功能是陈述。汉语由于缺乏形态变化，名词、动词与指称、陈述的对应关系就显得比较复杂，在很长的时间内，这种复杂的关系也是汉语语法学界讨论的热点和争议的焦点。

"陈述"和"指称"是汉语语法研究中经常涉及的一对概念，常常与动词充当主语、宾语时的语类属性、词类划分、名动词等研究联系在一起。

朱德熙（1982：101—102）较早提出了这对概念，主要针对的是早期一些学者提出的所谓"名物化"理论。

以黎锦熙为代表的一些语法学者认为，在主语、宾语位置上的动词、形容词已经发生了词类的转化，转成了名词，动词和形容词"名物化"了。主张"名物化"的理由主要是：第一，从意义上来说，处在主语、宾语位置上的动词、形容词，不表示行为或性状，而表示类似名词的指称性；第二，从句法功能上说，这类动词、形容词可以直接受光杆名词的修饰、用名词或代词复指，还丧失了部分或全部动词、形容词的特点，因此发生了转化，成为名词。

以朱德熙为代表的一批学者则坚决反对"名物化"说。首先，朱德熙等认为不能根据意义来划分词类。也就是说，名词、动词、形容词是根据语法功能划分出来的类别。因此，"名物化"从意义上来说明处于主语、宾语位置上动词、形容词的变化，是缺乏理据的。其次，朱德熙等认为要区分语法性质和语法特性。语法性质是一类词全部句法功能的总和，既包括独有的性质，也包括与其他词类重叠的性质；而语法特性是一类词特有的功能。区分词类差异要根据语法特性而不是语法性质。上面"名物化"理论提到的句法功能，是名词的语法性质，但不是语法特性。能把名、动两类词区分开来的语法特性是，动词①能做谓语，②能受副词修饰，③能后带动态助词"了""着""过"等。

对于做主语、宾语的动词性成分，朱德熙（1982：101—102）用"指称"和"陈述"的概念进行了甄别。以主语为例，他认为充任主语的动词性成分可以分为两类：一类本身表示动作行为等，但是作为谓词的主语，这些动作行为就被当作事物，成为指称的对象，可以用"什么"代替，称作"指称性"主语；另一类不是指称的对象，而是对动作行为的陈述，只能用"怎么样"指代，称作"陈述性"主语。例如：

指称性主语	陈述性主语
干净最重要	干干净净的舒服
教书不容易	大一点儿好看
游泳是最好的运动	天天练才学得会
他母亲病了是真的	先别告诉他比较好

（转引自朱德熙 1982：101）

但是用"什么"和"怎么样"来区别指称和陈述在操作中常常会遇到问题，因为疑问代词和提问对象之间的关系非常复杂，也并不是都与指称和陈述的差别相关。（参见邵敬敏 1995，郭锐 2002：85，石定栩 2011：51，沈家煊 2012等）

陆俭明（1993：94—97）认为指称和陈述与语法类别和语法意义相关。从语法类别上讲，指称对应的是体词性成分，陈述对应的是谓词性成分；从语法意义上讲，指称反映的是一个名称，而陈述反映的是一个命题或者断言。指称和陈述可以相互转化。陆著认为陈述转化为指称的方式有两种，一种是后加成分。例如：

（4）呆——呆子

苦——苦头

盖——盖儿

另一种是加助词"的""所""者"。例如：

（5）工程师的女儿是烧菜的，说出去多难听啊。

（6）做父亲的动了感情。

（7）见——所见

（8）读——读者

朱景松（1997）在此基础上又补充了两种类型：一种是复指，一种是语境提示。例如：

（9）艺术品都能用金钱来衡量，这是我的观察。

（10）驾轻就熟　扶老携幼

例（9）即复指，例（10）即语境提示，这种情况常常出现在成语之中。但是朱文不同意陆俭明（1993）将指称和陈述与句法和语义对应起来的做法。朱文首先区分了词、短语、小句的内涵和外延。以词为例，词既有内涵，表示特定的内容；也有外延，指向外界的对象。词在具体运用中，有时体现为内涵，有时体现为外延。"走"有两个意义，外延义为"一种动作、行为、现象"，内涵义为"双脚交互向前移动、物体挪动位置、离开、……"。例如：

（11）走，古代也称为"行"。（外延）

（12）他正往外走。（内涵）

朱文认为体词性成分和谓词性成分的内涵和外延都可以离开语境来确定，而陈述和指称的概念离不开语境，只能说"用于指称"和"用于陈述"。但是，他同时指出，一个词语用于指称还是用于陈述与这个词语在特定语境中显现外延还是内涵完全平行。

我们认为，如果在语境中外延、内涵与指称、陈述完全平行，那么不需要凭空增设一个外延、内涵的层次，直接强调指称和陈述的概念是与语境相关的就可以了。朱文的思想我们还可以做这样的理解：汉语中每个词都有陈述和指称两种功能，只是在使用中体现出的功能不同。然而，还有一个不可忽视的事实，那就是一些词经常用于陈述，而另一部分经常用于指称。这样就会出现一个悖论：如果每个语言结构都既有陈述功能又有指称功能，那么前面谈到的指称和陈述的转化就不存在，既然同时具备陈述功能和指称功能，就谈不上转化，只能说体现了不同的侧面。而我们又不得不承认，像"她的笑""这本书的出版"这类短语较少体现陈述性，而更多地体现的是指称性。我们原则上赞同陈述和指称与语境相关，但是具体问题还要做进一步的分析。

郭锐（2000）提出了"表述功能"的概念，认为陈述和指称都是词语本身固有的特性，是表述功能的具体体现。除了指称和陈述外，表述功能还包括修饰和辅助。郭文所说的表述功能是指"词语表达语义的模式"，是词语本身的性质而不是语境赋予的性质，也是划分词类的根据和基础。指称表示一个对象，语义内向；陈述表示一个断言，语义外向（指向另外一个成分）。郭文认为陈述和指称从某种程度上可以被称为语义类，但这里的"语义"不是一般的语义，而是一种抽象的表义模式。指称、陈述与概念语义所指的事物、动作是不同的，是由语言内部组织规定的，反映的是语言符号之间的关系，因而是一种语法意义。但是，他也承认，即使是这样，如果对这些抽象的大类再划分小类，语义的抽象度就会降低，看起来更像是语义类。过去人们根据事物、动作的语义来划分词类也并不是没有道理，起码从认知的角度讲是有一定基础的。

郭文也认为表述功能可以发生转化，但是须分清词汇层面的转化和句法层面的转化。词汇层面的转化相当于派生出一个新词，如"看—看头""刷—刷子"，或者是出现兼类，如"领导""定义"；而句法层面的转化是词出现在某个位置而临时出现的功能转化，例如"这本书的出版"，"出版"是句法层面的转化而不是词汇层面的转化。而"研究""讨论""危险""困难"等本身就兼具指称和陈述两种功能。

沈家煊（2009，2012，2013），沈家煊、张姜知（2013）也多次谈到陈述与指称的问题，主要用来解决名动词以及由此带来的汉语名动分野问题。"名动词"的概念最早是由朱德熙（1985）提出的。他认为早期名物化理论常常举的例子"劳动""翻译""分析""斗争"等，在做主语、宾语的时候确实具有名词的性质，但不是名物化。因为这些词能做"有"的宾语、可以受名词修饰、可以不带"的"直接修饰名词、可以受数量词语的修饰。尤其当它们做形式动词的宾语时，不能带宾语、不能受副词修饰，已经丧失了动词的语法功能而表现出名词特性。但是它们仍能够做谓语、带宾语、受副词修饰，因而这些词也还是动词。因此，朱先生认为可以根据① 能否做形式动词的宾语，② 能否受名词直接修饰，③ 能否受数量词修饰，④ 能否做"有"的宾语等区分出一类动词，这些动词带有名词的语类属性，可以称作"名动词"或动名兼类。

裴荣棠（1994）首先对"名动词"说提出了质疑。他认为朱先生提出的几个判断名动词的标准都存在很多例外的情况。例如，能做形式动词宾语的动词有一些很难受名词直接修饰，如"尊重""摧毁"，约占总数的23%；能做形式动词宾语的动词很多也不能做"有"的宾语，如"报名""表决"等，约占总数的40%。根据裴文的初步统计，如果满足上述一条标准就可以算作名动词，名动词将占双音节动词总数的46%，那么名词和动词的词类划分将失去意义；如果仅把能满足所有标准的动词算作名动词，那么名动词的范围就会非常小，一些确实体现出名词特性的词将会被划出名动词的范围，归入一般的动词，又不符合人们的语感。

沈家煊（2012）将裴文提出的各个难题总结为"标准不好把握，范围难以确定"，并由此产生了一系列问题。例如，由于"名动词"既有名词的性质也有动词的性质，当它做主语、宾语时，句子为歧义结构：

（13）a. 周密的调查$_N$很重要

b. 周密地调查$_V$很重要

（转引自朱德熙1982）

（14）a. 没有研究$_N$（没有历史研究、没有一些研究）

b. 没有研究$_V$（没有马上研究、没有研究文学）

（转引自朱德熙1985）

进而沈文认为，如果以上这些例子是有歧义的，那么由此可以推论出下面的句子也是有歧义的：

（15）a. 去$_N$很重要（刘备的第三次去很重要）

b. 去$_V$很重要（接二连三地去茅庐很重要）

（转引自沈家煊2012）

一旦承认了上述例子是有歧义的，就等于承认汉语里所有的动词都是动名兼类。

还有"N的V"结构中V的性质问题。朱德熙等（1961）认为"N的V"结构中的V仍旧是动词，因为在确定一个语言结构ab里a的性质时，不能只考虑这个成分本身的性质和与它发生关系的b的性质，还要考虑整个结构的性质。像"这本书的出版"这一结构，它的名词性不在于"这本书"，也不在于"出版"变成了名词，而是整个结构本身是名词性的，因为它既不能做定语，也不能受副词的修饰。而在这个结构中，"出版"不能带宾语、不能重叠，且可以受名词的修饰，并不是动词失去了某些特点或取得了名词的某些特点，而是它在这一结构中未实现某些语法性质，而实现了另一些语法性质。这个词本身的功能并没有发生变化。袁毓林（2010a）认为如果是光杆名动词出现在这个结构中，则该结构为歧义结构，V表现出名词性还是动词性要看它的扩展方式。例如：

（16）a. 这本书的<u>不出版</u>$_V$

　　　b. 这本书的彩色<u>出版</u>$_N$

例（16）中，a句"出版"的扩展方式是前加否定副词"不"变成"不出版"，所以a句的"出版"是动词性的；b句"出版"的扩展方式是直接受名词的修饰，构成"彩色出版"，所以b句中的"出版"是名词性的。

沈家煊认为，要想解决以上的难题，就要转变人们对传统的名动分野的看法，汉语实际上是一种名动包含的模式，即汉语里动词是名词的一个次类，动词包含在名词之中。

这里我们不想过多地讨论汉语词类的问题，因为探讨词类的问题会牵涉到对词类本质的认识、对词类划分的看法等。我们前面之所以摆出了许多汉语语法讨论中出现的意见分歧，也是想说明，很多争议的出现，尤其是关于名物化、名词化的相关讨论，都与对词类理解的不同有关。（参见施关淦1988，项梦冰1991，胡裕树、范晓1994，司富珍2004，石定栩2005，陆烁、潘海华2013等）

本书引入指称和陈述的概念也是想暂时避开关于词类问题的探讨。一般认为指称和陈述与语言的使用相关。我们的研究先仅谈用法和倾向，暂不予定性，因为性质的归纳也是从用法中来，如果不谈用法而仅讲性质，这个性质就是架空的，无异于舍本而逐末。

前面我们提到常有研究将指称和陈述对应于名词和动词。虽然两组概念在汉语中不像西方语言一样有比较一致的对应关系，但是有一点恐怕大家都不会质疑，即动词主要表示/用于陈述，名词主要表示/用于指称。发生纠结的地方主要在于那些所谓的"名动词"或某些特殊位置上的动词，如处在主语、宾语位置上的动词以及"N的V"中的V。

我们认为指称和陈述不是非此即彼的关系，而是由指称到陈述构成了一个连续统。也就是说，对于某一个特定的词来说，它所表现出的指称性或陈述性与它在连续统中的位置有关。

指称　　　　　　　　　　　　　　　陈述

图 2-1　指称和陈述的连续统

一些名词，如"太阳""土地"等，在语境中不能用于陈述，那么这些词在连续统的最左端。而有些名词，如"宝贝""淑女"，有时也可用于陈述，如下例（17）（18），那么它们在连续统中的位置就比"太阳"和"土地"更靠近陈述端一些。

（17）他不是我最宝贝的人，却是最宝贝我的人。

（转引自王冬梅 2010：133）

（18）她今天特别淑女。（自拟）

我们认为指称和陈述在汉语中可以用于两个不同的层面：一个层面是还未进入组合的词的层面，可以对它们可能实现的功能进行倾向性的预测；另一个层面是句法结构层面，用来说明该结构或句法位置能够实现什么功能。上面我们所说的是词汇层面指称和陈述的连续统，对于句法层面的指称和陈述也同样适用。以"N的V"结构为例，这一结构本身倾向于表示指称，而主语、宾语的句法位置具有一定的指称性。它们在连续统中的位置都是靠近指称一端。至于它们在指称—陈述连续统中的具体位置，则需要依靠其他手段去判断。

之所以要分出这两个层面，是因为这两个层面存在制约和被制约的关系。句法结构是一种组合模型，相当于一个"压模机"；词汇则是"原材料"，在压模机的挤压下会发生变化。各个压模机对原材料的要求和限制有所不同：有的比较严，只有符合一定尺寸或者说与模型比较契合的材料才能进行压模；有的则比较宽松，即使相差比较大也可以进入压模机进行压模。例如，主语、宾语位置对进入该位置的词的要求就比较宽松，即使是单音节动词也可以充当主语、宾语。进入该位置以后，这些动词或多或少会带上位置赋予的性质，但也会保留一些本身的陈述性。也就是说，如果词语本身的性质与该位置的性质相冲突，那么进入该位置后，虽然其本身的性质受到了抑制，但是与和该位置性质和谐的词语相比，该词语还会或多或少地体现本来的属性。对于主语和宾语位置来说，主语位置的指称性要比宾语位置高（张德岁、张国宪 2013）。郭锐（2000）提到过的"内在的表述功能"，是指词语固有的表述功能；"外在的表述功能"，是词语在某个位置上最终实现的表述功能。内在的表述功能和外在的表述功能与我们的看法基本上是一致的。

以上我们梳理了汉语名词、动词之间的纠葛以及汉语研究中对指称和陈述的不同处理，并提出了一些我们对汉语名词、动词与指称、陈述的基本认识。本书对汉语名词和动词的界定依据其主要的句法功能，尤其是动词。如果一个词的主要句法功能是做谓语，并能带时体助词或受副词的修饰，就认为它是动词。当动词出现在名词主要出现的语法位置上，我们就可以认为该动词发生了类别的转化。为了避免不必要的争论，我们从功能上给其命名，将这种情况统称为"指称化"。关于指称化的判定我们将在下一节做详细的讨论。

2.2　指称化的概念和判定标准

2.2.1　对指称化的认识的发展

学界对指称化的认识经历了一个形式上由单个词到短语、小句，性质上由"非此即彼"到"混合"的发展过程。

2.2.1.1　早期研究对指称化的认识

指称化现象在国外语言学界一直是讨论的热点，各个语言学流派和语法体系都或多或少地对指称化现象进行了相关研究。

结构主义语言学对于指称化的研究以叶斯柏森和布龙菲尔德为代表，

主要特点是将指称化现象置于句法分析体系中。虽然不是系统性的研究，但阐释了人们对指称化现象最朴素的认识。Jespersen（1937）将动词发生指称化后构成的词称为"联系式名词"（nexus-substantives），将指称化带来的句法上的变化称为"级转移"，即某一成分的句法层次发生了转移。

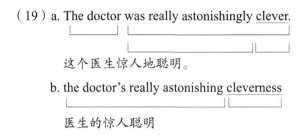

（19）a. The doctor was really astonishingly clever.

这个医生惊人地聪明。

b. the doctor's really astonishing cleverness

医生的惊人聪明

上例中，clever在a句中是第二个层级（第一层级是主谓结构）的中心语，而cleverness在b句中是第一个层级（定中结构）的中心语。除了clever以外，其他的句法成分也发生了或升或降的层级变化。叶氏认为指称化是用词的形式表达本来需要用从句表达的意义，在语义上更加抽象，因而它也具有一定的修辞、语体效果，特别适合科学语言而不大用于日常生活。布龙菲尔德对treatment，exploration这类词的处理则更为简单，主要是从句子结构分析的角度出发，认为它们是名词，在句子中只作为一个句法成分来分析。

形式主义语言学以乔姆斯基的研究为代表。他认为指称化（主要是名词化，不包括名动词）由于在词形和语义上个性化很强，很难有规律可循，因而是没有规则的。例如，名词laughter是由动词laugh加上后缀-ter构成的。而-ter在英语中只能用在laugh后将其转化成名词，不能构成规则。因此，他认为名词化只能从词汇意义上解释，是在词库中生成的。也就是说，如果从形式主义语言学的理论和方法出发，很难对指称化进行系统的研究。

系统功能语法对指称化的研究以韩礼德为代表，他从语法隐喻的角度来解释指称化发生的原因，并将指称化现象与语篇研究联系起来。他认为指称化的发生是语法隐喻的结果，"过程"和"特性"通过语法隐喻被重新措辞为名词，在小句中不再表示过程和特性而是承担事物的角色。他认为这种指称化最初可能是从科学和技术领域发展而来的（这一点继承了叶斯柏森的想法），发挥着两个方面的作用：一是为构建专业术语的不同层次提供可能；二是把复杂形式压缩成名词形式来做主位，使论证过程的展开成为可能。

认知语言学对指称化的研究以Langacker为代表。他从认知方式上区别了动词和其指称化的形式。人们在识解动词时采用的认知方式是次第扫描（sequential scanning），凸显动词是一个与时间有关的行为过程；而在识解名词时采用的认知方式是整体扫描（summary scanning），人们不再关注过程中的各个状态，而是将整个过程当作一个整体。两种认知方式的区别如下图所示：

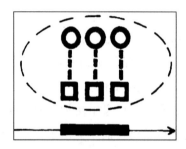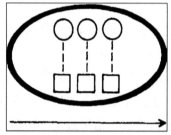

图 2-2　动词与其指称化形式的心理图式（Langacker 1987b：90）

早期的不同研究给指称化冠以了不同的名称。传统语法将指称化称为动名词（gerund），指从动词派生出来用作名词的成分，如Smoking is forbidden中的smoking。它区别于分词（participle），包括现在分词和过去分词，前者如I am going中的going，后者如I have walked中的walked。有些传统语法研究也将类似于smoking这样的词称为verbal noun，汉语译为"动词性名词"，即形式或意义类似于动词的名词。（参见《现代语言学词典》：258、380）认知语法中常使用的术语是nominalization，汉语中通常翻译为"名词化"。汉语中"化"是词缀，有两个意思，一个代表转化的过程，一个代表转化的结果。其实在Langacker（1987b：90）的表述中，nominalization主要是指转化的结果。一个动词的名词化过程是动词被赋予名词概念特征的过程，得到的结果是一个名词化的名词。虽然动词explode

和名词explosion能够描述同一个事件[①]（event），但是两者在语义上是不同的，因为它们用不同的图式去识解同样的概念内容。还有的语法研究将指称化结构称为deverbal construction，deverbal noun，deverbal nominals或者deverbal nominal constructions等。deverbal汉语里译为"动转的"，因而这些术语可以统称为"动转名结构"。

以上是学界早期对指称化的认识，可以归结为：指称化主要发生在单个动词上，衍生源是动词，衍生的结果是构成名词。

2.2.1.2　类型学对指称化的新认识

类型学对指称化的新认识体现在三个方面：① 指称化范围的扩大；② 指称化语类属性的混合性特征；③ 指称化程度具有等级性。

（一）指称化范围的扩大

Hopper and Thompson（1984）虽然没有明确提出指称化的概念，但是其对"词类"（lexical categories）的认识暗含着对指称化的新认识。他们的研究指出，如果从语言共性的角度去研究语言，世界上的语言一般都包含两个基本的部分：名词和动词。其他类别的表现往往由于语言的不同而有差异。例如，形容词在很多语言当中是动词的小类，是表示状态的动词。也就是说，名词和动词是语言中最基本的分类。而分出名词和动词这两类的依据是它们在篇章中的典型功能（prototypical discourse functions）。名词的典型功能是引入篇章内可控制的参与者（discourse-manipulated participant）[②]，而动词的典型功能是报道事件（report event）。在语言中，一个成分是名词还是动词，主要看该成分在多大程度上靠近名词或动词的典型功能。由此，可以认为词类是从篇章功能衍生出来的。具体来说，判断一个动词是不是典型的动词，不能完全依靠其句法或语义表现，而是要看它在一个篇章中是否能够"宣告一个事件的发生"（assert the occurrence of an event of the discourse）。因此即使是相同词根的动词，如果不能在篇章中宣告事件的发

---

① 不同研究对"事件"有不同的理解，这里遵照原文，使用"事件"一词，但本书所称的"事件"内涵有所不同。

② Du Bois（1980）和Givón（1981）所使用的术语是referential，指某个在篇章中具有身份的一致性并且在篇章展开中承担重要角色的名词。为了与语义中的指称区分开来，Hopper and Thompson（1984）使用了discourse-manipulated participant这一术语。

生，那么其动词的典型性将受到影响。例如：

（20）a. To throw a log that size takes a great deal of strength.

b. We watched the log-throwing contest.

c. The man throwing the log slipped and fell.

d. After the break, McTavish threw the log.

（转引自Hopper and Thompson 1984）

上面的例子中，只有d句中的throw才是典型的动词，因为它宣告了一个事件在篇章中是实际发生的。

他们还注意到，一个词在篇章中是否发挥了名词或动词的典型功能还体现在该词的形态上：

（21）a. Early in the chase the hounds started up an old red fox, and we hunted him all morning.

b. We went fox-hunting in the Berkshires.

（22）a. After the break, McTavish threw the log.

b. To throw a log that size takes a great deal of strength.

（转引自Hopper and Thompson 1984）

在（21）a句中，fox发挥的是典型名词的功能，它可以是单数也可以是复数；可以前加定冠词、形容词和指示词；如果该语言里有格标记，它还可以携带格标记。在（21）b句中，fox则没有体现出典型的名词功能，因为它不能携带任何标记名词的形态特征或者修饰成分。动词的情况同样如此。在（22）a句中，throw是典型的动词，它可以自由地带上时、体、态或主谓一致性等形态标记。但是在（22）b句中，由于throw并没有出现在宣告篇章实际发生事件的语境中，因此它是非典型的动词，不能携带任何标记动词的形态标记。从上述例子我们可以看到，典型性和非典型性的判断主要依靠篇章语境。当一个词出现在非典型的语境中时，名词和动词的区别就不显著了。

该文也提到了指称化，使用的是nominalization这一术语。结合对名词、动词典型性的认识，他们认为指称化主要发生在依附小句①（dependent clause）中，包括关系小句、目的小句、连动句等。发生指称化的动词可以作为另一个动词的论元，可以修饰名词短语。从篇章功能上讲，它们不再宣告实际发生的事件；从形态上讲，无论指称化的成分是否有名词或动词的形态标记，都把它看作发生了指称化，但是大部分的语言都有形式标记，即会失去一些典型动词的形态标记，诸如不能再自由携带时、体、态标记等，甚至失去携带论元的能力。例如：

（23）the person <u>standing</u> in the corner

（24）He went out to <u>drink</u> beer.

（25）the <u>gathering</u> of wild fruits

（转引自Hopper and Thompson 1984）

例（23）stand置于关系小句中，例（24）drink置于目的小句中，分别失去了带体标记和时态标记的能力。例（25）的gather指称化后不能再携带论元，只能用于领属结构。这些都说明动词的典型功能已经弱化了。

由于Hopper and Thompson（1984）主要探讨的是动词、名词的典型性与篇章功能的对应关系，因而他们关注的焦点是光杆的动词、名词。但是在后面对指称化的讨论中，他们不自觉地将关注范围扩大了，不仅包括光杆的动词，还包括由动词构成的短语、小句等。他们将对指称化的认识与事件（event）结合在一起，认为指称化就是"给一个被当作实体的事件命名"（names an event taken as an entity），而指称化的功能就在于指称事件（refer to events）。例如：

（26）The preparation of the manuscript takes several weeks.

例（26）中，可能存在实际发生的事件preparation of the manuscript（某人准备手稿），但这一事件是背景信息，被当作一个实体，整个句子要传达的信息是对这个事件实体的评价take several weeks（花了几个星期）。因此，这一评价才是前景信息，宣告在语篇中实际发生的事件。在这个句子中，发生

---

① 有的研究也称为"从属小句"。

指称化的是表示事件的整个短语the preparation of the manuscript。

Comrie and Thompson（1985：334）使用的也是nominalization这一术语。他们继承了Hopper and Thompson（1984）的思想，对指称化内涵的阐释已经明确地发生了变化。他们认为指称化从本质上说是"把某些东西变成名词"（turning something into a noun）。从这个定义我们可以看到，这里所说的指称化暗含着名词化前的成分不再局限于单个的动词，还包括其他形式。在他们的这项研究中，根据名词化前成分的句法结构的不同，名词化可以分为两类：一类名词化来源是单个动词或形容词，与之前所提到的研究类似；一类名词化的来源是整个谓语或命题（entire predicates and propositions），扩大了指称化的范围，也构成了对指称化的新认识。例如，在拉科塔语①（Lakota）中，句子的指称化仅是在句子的后面加上一个语缀，而其中的动词本身并没有发生任何形式上的变化，与其作为独立小句的时候一致，因此更适宜将这种情况理解为整个小句发生了指称化而不是其中的动词发生了指称化。例如：

（27）a. <u>Unglapi</u>.

'We are going home.'

我们正在回家。

b. <u>Unglapi</u>　　　　　kin　iyonicip'ipi.

we. are. going. home　the　has. pleased. you

'Our going home has pleased you.'

我们正在回家让你很高兴。

（二）指称化语类属性的混合性特征

类型学对指称化的新认识不仅涉及指称化的形式手段，还有对指称化性质的认识。

Hopper and Thompson（1984）指出，当一个事件被当作实体的时候，它的功能不是单纯报告一个事件，或指称篇章中一个可以控制的事件参与

---

① 拉科塔语是拉科塔族使用的语言。拉科塔族是由七个苏族部落组成的联盟，居住在美国西部，即今天的南、北达科他州。

者，而是兼有这两种功能。Koptjevskaja-Tamm（1993：6）的认识更进了一步。她认为指称化可以从三个层面去观察。① 从语义上讲，典型的名词包括事物、人或地点名称，典型的动词表示动作或过程。指称化兼有动词和名词的意义，动词性表现在它能表示动作或过程，名词性表现在它是动作或过程的名称。② 从篇章功能上讲，她认同Hopper and Thompson（1984）的研究成果，认为指称化兼有两类不同的篇章功能，即报告一个事件以及指称篇章中一个可以控制的事件参与者。③ 从形式上讲，指称化结构可能既有名词性的标记也有动词性的标记。总之，指称化在语义、篇章功能和形式上结合了动词和名词的双重特点。Koptjevskaja-Tamm将指称化的这种特点称为intermediate nature，我们将其翻译成指称化的"混合性"特征。

（三）指称化程度具有等级性

类型学对指称化性质的研究并没有停留在仅仅指出其具有混合性特征这一层面。随着研究的深入，学者们还逐渐认识到指称化从某种程度来说是能够度量的，或者说指称化构成了一个由动到名的指称化等级连续统。

Hopper and Thompson（1984）注意到，在名词化的过程中，动词会失去某些特征，如不能再带时、体成分，与此同时又获得了某些名词的特征，如可以加上数标记。然而不同的指称化结构失去动词性特征和获得名词性特征的多少是有差异的。如上文的例（27），小句指称化时其内部的动词并没有失去动词的特征，也未获得名词的特征。

Croft （1991）认为词类可以从两个维度来衡量，一是词汇意义，一是语用功能[①]。例如，destroy，destroying，destruction在词汇意义上几乎没有差别，区别在于语用功能不同。典型的名词的词汇意义是表示某个事物，语用功能是指称；典型的动词的词汇意义是表示某种动作，语用功能是陈述。典型的名词和典型的动词都是无标记的。

Malchukov（2006）则借助Croft（1991）对词类典型性的认识，对指称化的程度进行了量化。根据优选理论（Optimality Theory），Malchukov提出指称化其实是词类的两个维度"功能"和"词义"之间的博弈：语用功能

---

① 　这里的"语用功能"与Hopper and Thompson（1984）所说的"篇章功能"是一致的，由于该研究中使用的是pragmatic function，我们遵从原文，将其译为"语用功能"。

使指称化带上更多名词的形式标记，而词汇意义则使指称化保留更多的动词性标记。指称性最强的指称化成分应当是带有最多的名词特征标记而失去最多的动词特征标记；指称性最弱的指称化成分应当是带有最少的名词特征标记而保留最多的动词特征标记。在具体的语言使用中，指称化的形式往往保留了部分动词特征标记并且也带有部分名词特征标记。这也为指称化程度的等级化度量提供了可能。可以根据指称化成分保留了多少动词特征标记或者带有多少名词特征标记来判定结构的指称化程度。例如Comrie（1976）发现，在指称化的过程中，如果动词的论元要发生属格化，那么首先发生属格化的是主语而不是宾语；Comrie and Thompson（1985）则注意到在词汇指称化（即光杆动词指称化）的过程中，往往会保留体态和语态，但是时态、情态和一致关系则很少被保留。基于以往的研究成果和对世界上五十余种语言指称化形式特征的观察，Malchukov（2006）提出了一个动词范畴和名词范畴的层级化序列（hierarchy of verbal/nominal category），如下图所示：

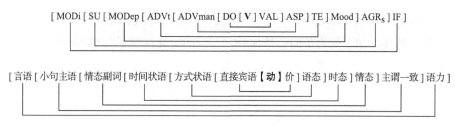

图2-3　动词范畴层级化序列

图2-4　名词范畴层级化序列

在动词范畴层级化序列中，越靠近动词中心的特征在指称化的过程中越难失去；在名词范畴层级化序列中，越远离名词中心的特征在指称化的过程中越容易获得。因此，可以根据指称化结构失去了哪些动词性特征和获得了哪些名词性特征来判定指称化的程度。

综合以上类型学对指称化的研究成果，我们认为类型学对指称化的新认识体现了如下一些特点：

第一，指称化范围的扩大。指称化不仅能够发生在光杆动词上，而且短语和小句都能够发生指称化，无论其是否带有明显的形式或形态特征。

第二，指称化结构的性质具有混合性。动词或动词结构发生指称化以后，其性质并不是完全发生了转变，而是处于一种中间性质的状态，兼有动词和名词的特点，可称之为"混合性"特征。

第三，指称化的程度是可以度量的。指称化的程度具有等级性，可以根据指称化结构失去了哪些动词性特征和获得了哪些名词性特征来判定指称化的程度。

2.2.2　指称化的判定标准

究竟什么是指称化？"化"暗示一种变化或转化，是由一种初始状态经过一个转化的过程而成为转化后的状态。从篇章功能的角度讲，指称化的初始状态是一个结构原本可以用来在篇章中宣告事件的发生，回答"发生了什么事"这样的问题；而转化后的状态则是该结构在篇章中不再能宣告事件的发生，而只能引入篇章内可控制的事件参与者。Hopper and Thompson（1984）明确提出，所谓的"指称化"就是"给被当作实体的事件命名"（A nominalization names an event taken as an entity）。

在界定指称化的时候，我们需要考虑两个方面的问题：一是初始状态，二是转化后的状态。我们先来看初始状态。要判断哪些结构发生了指称化，首先要确定哪些结构原本可以用来在篇章中宣告事件的发生，只有这样的结构才有发生转化的可能。如果一个结构本身就具有引入篇章内可控制的参与者的功能（如指人或物体的名词），那么就不需要发生功能的转化。从典型性的角度讲，以行为动词（action/action verb）为中心构成的结构最常用来宣告事件的发生。几乎所有语言都有名词和动词的分类。动词和名词的对立可以基本对应于结构的初始功能的对立。

Koptjevskaja-Tamm（1993：56）指出，几乎所有的语言都有一些语法上的表现来区分名词和动词。这些语法上的表现可以分为三个层次。第一个层次是语素表现，名词或动词可能包含一些特殊的语素，例如英语中的-ize（～化）是一个动词语素的标记；第二个层次是短语内表现，短语可能通过语序的变化来反映是否发生了指称化；第三个层次是小句内表现，小句内的名词或动词可能携带一些标记来表明该词在小句中的角色，是做谓语还是论元。不同的语言可能从不同的层次来标记名词和动词，形态丰富的语言主要通过第一个层次来表现；而形态不丰富的语言，如汉语和波利尼西亚语①则用第二个层次或第三个层次来表现。她还提出一种特殊情况：如果一个动词经常地既能做谓语，又能做论元，那么该如何判定它的性质？例如：

（28）密克罗尼西亚语②

　　a. Joamoaio　　loakjid　rehnnoawe.
　　　my: father　　fish　　　today
　　　'My father fished today.'
　　　我爸爸今天钓鱼了。

　　b. Loakjid　　inenin　　kaperen.
　　　fishing
　　　'Fishing is a lot of fun.'
　　　钓鱼很有意思。

例（28）中a、b两例同一词汇形式既能做谓语又能做论元。这种情况与汉语十分相似。例如：

（29）a. 她今天跳舞了。
　　　b. 跳舞是一件很没意思的事。

Koptjevskaja-Tamm认为几乎不可能调查每一种语言中名词、动词的对

---

① 波利尼西亚为中太平洋的岛群。

② 密克罗尼西亚联邦为西太平洋岛国。

立特征，因此她倾向于把上述情况从指称化中排除。她这样做是从研究的整体性和统一性上考虑的，毕竟有形式标记的语言占大多数。她自己也承认这是一种比较严格的做法。我们在进行汉语语法研究时，几乎没有人认为"跳舞"本身是一个非典型的动词。汉语研究者在进行词性判断的时候采用的是一种"排除"的方法（如朱德熙 1982），一个词不能出现在谓语位置、不能带时体助词等时，研究者才判断它为名词。因此，对于像汉语这种缺乏形态变化的语言，在判断一个结构初始性质的时候可以采用这种排除的方法。

我们再来看转化后的情况。相对于初始状态来说，转化后的状态的判定更容易操作。前面多次提到，Hopper and Thompson（1984）认为名词和动词的主要语法功能分别为引入篇章内可控制的参与者和宣告事件的发生，但这种功能差异如果从篇章整体来说明可操作性不强。从他们的研究中我们也可以看到，所谓的篇章功能，从某种程度上来说也可以认为是句法功能（syntactic function），即一个结构在独立小句[①]（非从属小句）中的功能。如果一个结构在独立小句中做谓语，那么我们可以认为该结构在篇章中具有宣告事件发生的功能；如果一个结构在独立小句中没有做谓语，那么该结构在篇章中发挥引入篇章内可控制的参与者的功能。

综上所述，在独立的小句中，如果一个以动作行为动词为核心的结构[②]（无论动词或动词结构有没有形式上的变化）没有出现在主句谓语位置上，而是作为篇章内可控参与者，那么我们就认为该结构发生了指称化。

2.3　指称化的类别

给指称化分类可以从三个不同的方面展开。按结构类型，指称化可以分为词汇指称、短语指称和小句指称；按指称化的程度，指称化可以分为低指称度、中指称度和高指称度二个等级；按指称对象，指称化可以首先分为自指和转指，自指可以进一步分为事件指称和活动指称。

---

① 主要是指由动作动词构成的句子。关于这一点，我们在2.3节中还会讨论。
② "以动作行为动词为核心的结构"以下简称"动词结构"。

2.3.1　指称化的结构类型

我们这里所说的指称化的结构类型是指指称化结构的句法单位层级，即发生指称化后的结构是词汇形式、短语形式还是小句形式。

Comrie and Thompson（1985）根据指称化结构来源的不同将指称化分为两种不同的类型：一类指称化结构的来源是词汇动词（lexical verb），构成的是动作行为指称（action nominalization）或论元指称（argument nominalization）；另一类指称化结构的来源是谓语或命题。

指称化结构的来源是动词的如：

动作行为指称

（30）arrive —— arrival（到达 v.——到达 n.）

（31）create —— creation（创造 v.——创造 n.）

有的语言还会根据动词语义的不同，使用不同的方式来指称。例如英语中，如果动词表示不同的过程义，就要使用不同的词汇形式来进行指称：

（32）believe —— belief　（相信 v. —— 相信 n.）　　[非过程]

　　　believe —— believing（相信 v. —— 相信 n.）　　[过程]

论元指称

（33）a. 指称施事 sing —— singer　　（唱歌 v. —— 歌手 n.）

　　　　　　　　 hear —— hearer　　（听 v. —— 听者 n.）

　　　b. 指称工具 slice —— slicer　　（切片 v. —— 切片机 n.）

　　　　　　　　 mow —— mower　　（割草 v. —— 割草机 n.）

　　　c. 指称方式 土耳其语 -(y)iş

　　　　ye- —— yeyiş　　　　（吃 v. —— 吃的方式 n.）

　　　　eat　　　way of eating

　　　　yap-ıl- —— yapılış　（制作 v. —— 制作的方式 n.）

　　　　make-PASS　　way of being made

论元指称还有指称受事、指称地点、指称原因等。

另一类指称化结构的来源是谓语或命题。这一类指称化结构根据指称化结构的中心是不是动词衍生来的名词可以再分为两类。一类包含动词衍生来的名词，可以称为"行为名词短语指称"（action nominals）。该指称化结构往往是一个短语，由动词衍生出来的名词以及一个或两个谓词论元共同构成。例如：

（34）the enemy's　　　destruction　　　　of　the city
　　　谓词论元-施事　　动词衍生的名词　　谓词论元-受事
　　　敌人的破坏城市

另一类不包含动词衍生来的名词，可以称为"小句指称"（clausal nominalization），该指称化结构可以看作短语，也可以看作小句，其核心的动词不是衍生形式，可以有人称和数的变化，但往往会失去时体标记，形式基本与其单独做主句的时候相同。例如，尤马语系的莫哈韦语①没有行为名词短语指称，但是有小句指称。例如：

（35）a. ʔinyeč　ʔakor　ʔ-isvaːr-k.
　　　　I　　　　then　　I-sing-TNS
　　　　'I sang then.'
　　　　我唱歌。

　　　b. ʔinyep　ʔakor　ʔ-suːvaːr-č　　ʔatay-pč.
　　　　me　　　then　　I-sing-NOM　　much-TNS
　　　　'My former singing was considerable（=I used to sing a lot）.'
　　　　唱歌我经常做。

（转引自Comrie and Thompson 1985：67）

在例（35）中，a是一般小句，带有第一人称标记"ʔ"和动词时体标记"-k"；b句画线部分为指称化结构，但是在该指称化结构中，可以看到名、动成分依然保留着第一人称标记"ʔ"，与它们做一般小句时一致，只是在指称化结构的末尾带上了指称化结构的标记"-č"。汉语也有很多小句

----

① 莫哈韦位于美国亚利桑那州和加利福尼亚州，当地居民被称为莫哈韦人，使用莫哈韦语。

指称的情况，甚至它们仍然可以较为自由地携带一些时体成分。例如：

（36）a. 他昨天完成了作业。（自拟）

     b. <u>他昨天完成了作业</u>让妈妈很高兴。（自拟）

动词来源的指称化和谓语或命题来源的指称化存在着两个方面的差异。第一，指称化以后的结构类型不同。动词来源的指称化构成的一般也是词，而谓语或命题来源的指称化构成的是短语或小句。第二，能产性不同。动词来源的指称化一般是不能产的，规律性不强，而谓语或命题来源的指称化是能产的，具有很强的规律性。

因此，我们认为Comrie and Thompson（1985）的指称化结构的类型可以概括为：

表 2-1　指称化的结构类型

结构类型		来源	特点	举例
词汇		行为动词	1. 由动词衍生出的名词； 2. 能产性不强	creation；arrival
短语	短语	行为动词短语	1. 包含由动词衍生出的名词； 2. 包含一至两个动词的论元； 3. 能产性强	the destruction of the city
	小句	行为动词短语构成的小句	1. 不包含由动词衍生出的名词； 2. 形式基本与单独做主句的时候相同	他昨天完成了作业让妈妈很高兴。

Koptjevskaja-Tamm（1993：49）根据指称化结构的中心成分是否发生了范畴的变化，将指称化分为词汇指称化（lexical nominalization）和小句指称化（clausal nominalization）。二者并不对应于我们常说的句法结构，由于她所研究的对象主要是指称化结构（短语或小句，不是光杆词），这里所说的"词汇指称化"比Comrie and Thompson（1985）所说的词汇形式的指称化范围要广。从属结构（subordination）都可以认为发生了指称化。如果从属结构有形式上的标记，也就是说从属结构本身就能够表明指称化的发生，不需要借助其他组成成分或其出现的位置来识别，则认为是发生了词

汇指称化，称为"降级"（deranking）。如果从属结构没有形式上的标记，动词在范畴上可仍保持不变，则认为是发生了小句指称化，称为"平衡"（balancing）。从属结构的标记有三类。① 语序，包括主句和从句之间的语序及从句特有的语序。② 从属标记语素，标记该结构是从属结构，如英语中的that。③ 依存动词形式，可以是动词在主句里的形态的丧失，如不再标记主谓一致、时体等；也可以跟原动词属于不同的范畴，也就是Comrie and Thompson（1985）所指的由动词衍生而来的名词；有的语言还有专门的依存动词的标记。

综合Comrie and Thompson（1985）、Koptjevskaja-Tamm（1993）两项研究成果，我们认为按指称化的结构类型，可以将指称化分为三类：

词汇指称 词汇指称主要指Comrie and Thompson（1985）所说的词汇形式的指称，它不仅来源于动词，而且发生了完全的范畴转化，可以认为是在一种语言的名词词库里增加了一个新词，跟普通名词在句法表现上有较高的一致性。如英语中的creation，singer，slicer等。不同语言中这种指称方式的能产性不同，但整体来说这并不是一种能产的指称方式，可类推性不强。

短语指称 短语指称主要指Koptjevskaja-Tamm（1993）所说的"降级"结构，判定的标准不是句法形式，因为从句法形式上来说它可以是短语也可以是小句（从属性的）。短语指称的判定主要依据其作为从属结构是否有形式上的标记。

小句指称 小句指称基本上对应于Comrie and Thompson（1985）、Koptjevskaja-Tamm（1993）所说的小句指称。从句法形式上来说小句指称一般都以小句的形式出现，但其根本特性并不在于它以小句的形式出现，而在于用于指称的小句在形式上几乎没有发生变化，与它表达陈述功能时的形式相同。

2.3.2 指称化的程度等级

类型学对指称化程度的判定主要依据指称化结构的语类属性和形式标记。按照这两个标准，指称化程度可以大致分为高、中、低三个等级。

判断指称化结构的语类属性要看指称化结构中是否包含词汇指称形

式。上一小节提到发生词汇指称的形式相当于在语言的词库中增加了一个新的名词，虽然该名词来源于动词，与动词有意义上的相似性。如果从认知的角度来理解，可以把名词当作动词的本体隐喻（ontological metaphor），但是在使用中，该名词与非动词衍生的名词具有高度的一致性。一般来说，由动词转化为名词都有形式上的标记，如英语中的后缀-tion，-ness等。因此，我们把发生语类属性转化并且有形式标记的指称化结构称为具有高度指称性的指称化结构。具有高度指称性的指称化结构都包含词汇指称形式。例如：

（37）In many religions, <u>creation</u> is the making of the universe, earth, and <u>creatures</u> by God.

在很多宗教中，创造就是上帝创造宇宙、地球和万物。

（38）We should not have <u>racial discrimination</u>.

我们不应该有种族歧视。

例（37）中，名词creation，creature是由动词create衍化来的；例（38）中，名词discrimination是由动词discriminate衍化来的，能直接受形容词racial修饰，构成名词性定中结构。因而它们都是指称化程度最高的结构形式。

在众多的指称化结构中，包含词汇指称形式的结构仅是其中一小部分，大部分的指称化结构并不包含词汇指称形式，这时候整个结构的语类属性就更多地体现出双重性质，既有名词的特点也有动词的特点。判断这些结构指称化程度的高低主要依靠形式手段。形式手段不仅包括形态的变化，还包括语序的变化、从句标记等。如果指称化结构没有形式手段标记其发生了指称化，我们可以认为这种指称化结构是指称化程度最低的结构形式。上一节所谈到的小句指称都是指称化程度最低的结构形式。

除了包含词汇指称形式的结构和小句指称结构，其余的指称化结构都可以看作具有中等的指称化程度。这里必须指明的是，中等指称化程度只是一个大致的说法，其内部不同的指称化结构也表现了不同的指称化程度。内部成员指称化程度的判定主要看该指称化结构获得了多少名词的特征，同时失去了多少动词的特征。上文中我们提到，Malchukov（2006）提出了一个动词范畴和名词范畴的层级化序列（参看2.2.1.2小节图2-3、图2-4）：在指称化的过程当中，位于序列外围的动词性特征最容易失去，靠近序列中心的动词性特征最难失去；名词性特征正好相反，位于序列外围的名词性特征最容易得到，而靠近序列中心的名词性特征最不容易得到。也就是说，随着指称化程度的提高，指称化结构的中心成分会由外到内逐渐失去标示其动词性特征的标记，而逐渐带上标示其名词性特征的标记。例如：

（39）a. Walking down the street, I usually meet my other students from the institute.

走在那条街上，我经常能遇见学院里我的其他学生。

b. When I walk/am walking down the street, I usually meet my other students from the institute.

当我走在那条街上的时候，我经常能遇见学院里我的其他学生。

例（39）中，a句和b句相比，a句中的分词结构walking down the street失去了时态的标记，不能再标记事件发生的时间，虽然语义几乎相同，但是其指称化的程度要高于b句中的从属小句When I walk/am walking down the street。

动词范畴的层级化序列中，最不容易失去的特征是动词携带直接宾语的能力。如果一个指称化的形式失去了带宾语的能力，那么它的指称性是最强的。例如：

（40）a. My horse's winning the race was no surprise.

我的马赢得了比赛一点也不奇怪。

b. My horse's winning of the race was no surprise.

我的马赢得了比赛一点也不奇怪。

例（40）中，a句的动词不但失去了时体标记，而且主语属格化了，虽然指称化程度较高，但是仍可以携带宾语；b句中动词的宾语也属格化了，动词失去了带宾语的能力，指称化的程度比a句更高。

综上所述，依据指称化结构的语类属性和指称化结构的形式标记，可以将指称化结构按其指称化的程度分为高、中、低三个等级。这三个等级只是一个大致的分类，每个等级内部也有指称化程度的高低之分。也就是说，指称化的等级不是截然分开的，而是由高到低构成了一个指称化程度递减的连续统。

表 2-2　指称化程度的分类

程度	语类属性	标记
低指称度	–N	–
中指称度	+/–N	+
高指称度	+N	+

2.3.3　指称的对象类别

根据指称的对象是否与原来的陈述对象所指相同，指称化可以首先分为自指和转指两类。自指可以进一步分为事件指称和活动指称两个基本类别。

在汉语语法研究中首先区分自指和转指的是朱德熙（1983）。他在文中明确指出"谓词性成分的名词化"[①]可以按照语义的不同分为两种。第一种，语义基本保持不变，如英语中的动词employ（雇佣），名词化是加上后缀-ment变成名词employment（雇佣），转化前后两个词的词汇意义相同，称为"自指"。第二种，语义发生变化，如英语中的动词write（写），名词化加上后缀-er变成名词writer（作者），转化前后两个词的词汇意义不同，称为"转指"，转指与动作相关的名词。朱文所谓的"自指"和"转指"与2.3.1小节中我们提到的Comrie and Thompson（1985）所谓的动作行为指称和论元指称是基本对应的。

本书所说的自指和转指与朱德熙（1983）所说的自指和转指在内涵上基本一致。在外延上，本书所说的自指范围要更大一些，既包括朱文所说的单个动词的指称化，也包括短语或小句的指称化。我们的研究主要关注自指，下文我们对指称对象的讨论也是在表自指的指称化结构中展开的。

---

①　"谓词性成分的名词化"就是本书所说的指称化。

2.3.3.1　事件指称

在展开具体讨论之前，我们有必要梳理一下关于行为和事件的相关概念。

通过对指称化认识发展的讨论我们发现，类型学对指称化的研究还有一个倾向性的共性，即他们研究的发生指称化的对象主要是行为动词，或以行为动词为中心构成的短语或小句，不过也有研究如Comrie and Thompson（1985）提出指称化不仅包括动作行为，还包括状态。例如：

> （41）quiet —— quietness
> stupid —— stupidity

但是，他们对于非行为动词指称化的研究主要是举例性质的，研究的主要关注点和结论的获得都是基于行为动词的相关表现。前面提到Hopper and Thompson（1984）对指称化的研究主要是基于篇章功能。典型的动词具有"报道篇章事件"（report discourse event）的功能，判断标准是能够回答"发生了什么"（what happened）。因而，他们认为状态动词（stative verb）是动词的非典型形式，它们不能报道事件的发生。英语中像know，be aware，love这样的动词在体态上都是中性的，尤其是不能表现"持续—非持续"这对对立特征。因此，这样的词一般不具有报道篇章事件的功能。

在指称化的研究中，我们经常接触到的一个概念就是上文所提到的"事件"。动作动词和状态动词的差别还体现在对事件的表达上。很多研究都提到了"事件"，但是关于"事件"的内涵各家的说法不同。

较早将"事件"概念引入语法研究的是Vendler（1967：97—121）。他根据完成性（telic）、动态性（dynamic）和持续性（durative）将英语中的动词分成了四类，分别是状态动词（statives）、活动动词（processes）、完成动词（accomplishments）和结果动词（achievements），见表2-3。这些动词可以构成状态句、活动句、完成句和结果句。其中后三类动词构成的句子可以表达事件，因而也可以称为活动事件句、完成事件句和结果事件句。

从Vendler对动词特点的分析中我们也可以看出，他所说的事件与状态的对立从根本上讲是动态与非动态的对立。动词必须具有动态性才能称为一个事件。早期研究所指的事件主要还是针对动词而言的，后来的学者们则将范围扩大，认为动词是事件的重要组成成分，事件还应包括其他成分。

表 2-3   动词的特点分析（Vendler 1967）

动词类型		完成性（telic）	动态性（dynamic）	持续性（durative）	举例
状态（statives）		−	−	+	know
事件（event）	活动（processes）	−	+	+	walk
	完成（accomplishments）	+	+	+	build
	结果（achievements）	+	+	−	notice

Pawley（1987）认为事件是包含一个动词的小句的意义，动作的发生通常置于特定的时间和地点。从Pawley的定义中我们发现，他所说的"事件"有两个特点：第一，事件不仅包含动词，还包含其他成分，应该是以动词为中心形成的小句；第二，事件联系着特定的时间、空间。很多学者也在研究中突出了事件的这两个特点。Comrie（1976）、Vikner（1994）、Zacks and Tversky（2001）等认为，事件的基本属性在于完成性和有界性，也就是强调了事件与时间、空间的联系。

认知语言学也有关于事件的一些讨论。Langacker主张用典型事件模型来解释句法成分和结构，语言中的基本句型是在典型事件模型的基础上形成的。王寅（2006：70）指出在典型事件模型中，主要有两个凸显的参与者：施事和受事。典型事件模型主要包含两个子模型：弹子球模型和舞台模型。弹子球模型是指一个生物体或物体A在某空间运动过程中撞击另一生物体或物体B，A将其能量传给了B，B在力的作用下发生了某种反应或变化。这个模型中主要有四个成分：时间、空间、物体和能量。时间和空间构建了一个场景，物体存在于空间之中，能量交互随时间改变。舞台模型是将事件参与者看作演员，力量的传递即参与者的互动关系是表演，其他成分则是舞台的道具和背景。说话者作为观众，其注意力常常集中在演员及表演上。因此，若将注意力仅集中在两个参与者的互动关系上，而不考虑其他因素，就形成一个典型的及物性主谓宾结构。

Croft（1991）对一个简单事件的理想认知模型进行了概括，大致来说，简单事件需要具有以下一些特征：

① 简单事件是致使网络的一个片段；

② 简单事件涉及某些个体对其他个体施加影响（有力的传递）；

③ 力的传递是不对称的，有起点和终点两个不同的参与者；

④ 简单事件是没有分支的致使链条；

⑤ 一个简单事件构成了一个三段式的致使链：致使—变化—状态；

⑥ 简单事件是终点导向的：动词可能是表示最后一部分（状态）、最后两部分（变化）或者整个三部分（致使）；

⑦ 简单事件是独立的。

从认知语言学对事件的讨论中我们可以发现，认知语言学也强调事件的独立性和完整性。独立性体现在它能独立于其他事件，有自己的起点和终点；而完整性则体现在典型的事件是由两个参与者和力的传递共同构成的。此外，认知语言学还将事件与句法成分和结构联系在一起，也为我们的研究打开了思路。

石毓智（2000：183）从标记论的角度指出了从句与典型句法结构之间的对应关系。他指出从句是句子的下位类，由于从句往往不受各种语境因素的制约，因而其语法格式代表的是句子在理想状态下的情况，可以认为是基本结构。如果是SVO语序的语言，从句的基本结构就应当是：

A+V+P

A代表施事（agent），V代表动词（verb），P代表受事（patient）。

关系小句、目的小句等从句是指称化发生的最为重要的句法环境（Hopper and Thompson 1984），因为从句不是典型的报道事件发生的句法位置。我们可以据此建立起指称化、从句、基本句型、典型事件之间的关系：

图2-5 指称化、从句、基本句型和典型事件的关系

图2-5表明了指称化、从句、基本句型和典型事件之间的类推关系。指称化经常发生在从句位置；而从句与基本句型之间存在对应关系，即从句常用基本句型表示；基本句型则反映了人们对典型事件的认知。那么我们可以进而推知指称化主要是典型事件的指称化，或者说指称化主要是对典型事件的指称。

需要特别指出的是，从句中的动词的形式或语序可能会发生变化，但是这并不影响其指称典型事件。也就是说，只要从句中有两个参与者，有动词（可能发生变化），我们都认为其指称的对象为典型事件。前面我们也提到一般表示事件的动词都是动态的，相当于类型学研究中主要关注的行为动词。

当然非典型的事件也可以发生指称化。功能语言学的研究认为情态也能指称化。例如：

（42）The possibility that the king was mad has to be considered.
必须考虑到国王疯了的可能性。

例（42）中的possibility被认为是情态的指称化。

本书的研究是基于类型学视角对指称化的认识，对指称化结构的考察也只限制在以动作行为动词为核心的短语和小句，因此本书所指的事件是以动作行为动词为核心，由特定的事件参与者共同构成的，有起点、终点，简单、独立的语言片段。当该事件不再作为陈述的核心，而是作为一个更大事件的参与者时，则该事件发生指称化，我们称其为"事件指称"。例如：

（43）a. They destroyed the city.
他们摧毁了这座城市。

b. <u>Their destroying of the city</u> shocked the world.

他们摧毁了这座城市震惊了世界。

c. <u>The destruction of the city</u> shocked the world.

这座城市的摧毁震惊了世界。

在上面的例子中，a是事件句；b、c画线部分为指称化结构，是对a所陈述的事件的指称。从事件陈述结构和指称化结构的对比中我们可以发现，指称化的语义内容以事件陈述为基础，但是从结构上来说，指称化结构往往会采用与事件陈述不同的形式手段。这一点我们将在下文展开说明。

2.3.3.2　活动指称

Comrie and Thompson（1985：368）还提到一种情况，几乎在所有语言中都有体现。例如：

（44）Swimming is good exercise.

游泳是一项好的运动。

（45）Lying on the grass is forbidden.

禁止躺在草地上。

（46）Criticism is hard to take.

批评很难接受。

以上三个例子都没有施事出现，Comrie and Thompson（1985）认为这些没有施事出现的指称化结构指称的是一种抽象的活动类型（type of activity），以下简称"活动指称"。在有的语言中，施事是否出现要求指称化使用不同的形式。例如，塔加拉语①中指称活动和指称事件要使用不同的动词指称化形式：

（47）a. Madali-ng　　　magsasalita

easy-Link　　　speak. BASIC

---

① 也译为"他加洛语"或"他加禄语"，为生活在菲律宾中部平原地区的塔加拉族的语言，在语言谱系上属南岛语系马来–波利尼西亚语族。

'Speaking is easy.'

讲话很容易。

b.*Madali-ng   magsasalita   niya/ni   Pedro

easy-Link   speak. BASIC   his/of   Pedro

'His/Petro's speaking is easy.'

他的/佩德罗的讲话很容易。

例（47）a句中，以动词为中心构成的结构是活动指称，可以使用 magsasalita（讲话）这种形式；b句中，以动词为中心构成的结构是事件指称，则不能使用相同的形式。

还有一种情况与之类似，Comrie and Thompson（1985：335）将其看作词汇名词化的形式，即我们上文所说的"词汇指称"。例如：

（48）drive a truck —— truck-driving

（49）trim a tree —— tree-trimming

（50）hunt for a house —— house-hunting

这种特殊的指称化结构的形式是动词和宾语换位。与例（44）—（46）相同，这种指称化结构也没有施事，不指称事件，而指称活动。

其实，是否出现施事并不是判断结构指称事件还是指称活动的根本，施事不出现其实是该结构没有出现特定的事件参与者，不能与现实发生的具体事件建立起联系，因而只能认为它指称的是一种活动。

可以认为，活动指称与事件指称的不同体现在以下三个方面：

第一，活动指称没有单指的事件参与者，事件指称必须有单指的事件参与者。

有时候，作为从句的事件指称，其事件参与者也不出现，但是可以根据语境补出特定的事件参与者，或者特定的事件参与者隐含在语境之中。例如：

（51）Walking down the street, I usually meet my other students from the institute.

走在那条街上，我经常能遇见学院里我的其他学生。

例（51）中指称事件的小句主语肯定是I，虽然没有形式上的表现，但是可以根据上下文语境补出一个有指的主语来。

相比于事件指称中出现的单指名词，活动指称中出现的名词都是无指的。例如：

（52）truck-driving

tree-trimming

house-hunting

例（52）中的名词truck，tree，house都是无指的，整个结构指称活动；而例（51）中的street，前有定冠词the，它是个体的，不是类指的，整个结构指称事件。

第二，从有界性上来说，事件与特定的时空相连，整体是有界的；活动不与特定的时空相连，相对于事件来说是无界的。

沈家煊（1995）列举了"把鱼盛碗里"和"盛鱼"来区分事件和活动。在"把鱼盛碗里"中，"鱼"和"碗"是有指的，表明有特定的参与者；"盛"是动作的起始点，"碗里"是动作的终止点，与特定的时空相连。因此，"把鱼盛碗里"是典型的事件。"盛鱼"没有内在的动作终止点，不与特定的时空相连，因而是无界的，是一种活动。

（53）我亲眼看见他<u>把鱼都盛在了自己碗里</u>。

（54）<u>盛鱼</u>得用勺子。

例（53）中画线部分为事件指称，是有界的；例（54）中画线部分是活动指称，是无界的。

第三，活动指称比事件指称抽象化程度高。

从认知上讲，活动是对事件的抽象，是事件抽离了时空和特定参与者后的类别。我们仍以"盛鱼"为例：

（55）a. 他<u>盛</u>了一条草鱼。

b. 他<u>盛</u>了两条黄花鱼。

c. 他刚刚从厨房<u>盛</u>了几条鱼。

例（55）中的三个句子是三个不同的事件，但是我们可以经过抽象，将它们概括为主体正在从事"盛鱼"这一活动。再如：

> （56）他们依托14个居委会社区服务站，招收家庭计时工，为有困难的家庭洗衣服、做饭、打扫卫生，为小学生开办家庭小饭桌。
>
> （57）我换了母亲的床单，洗了衣服，擦洗了多年来未被碰过的地方。

"洗衣服"是活动，例（56）是该活动在具体语境中的使用，而例（57）则是该活动的具体化、事件化。

陈述和指称使用不同的认知方式。当发生指称化时，实际上是用认知名词的方式来认知动作，这是一种本体隐喻，是人们将那些较为抽象的经验理解为有形的实体。对于事件指称来说，它可以直接与事件建立起联系，即对事件进行整体扫描，就得到了事件指称。然而对于活动指称来说，与它建立直接联系的是活动，而活动是对一个个具体事件进行抽象的结果，因此指称活动需要经过两次抽象化认知，而事件只需一次。

图 2-6　事件指称和活动指称的抽象化路径

语言符号并不直接指称现实世界，而是需要通过心理现实的中介。语言的结构反映了人们的认知规律和认知过程。事件指称与活动指称的抽象化路径不同，那么它们就可能有不同的形式表征。正如我们前面所列举的塔加拉语的例子，指称活动和指称事件要使用不同的指称化形式。再如：

> （58）He trimmed a tree this morning.
>
> 今天早上他修剪了一棵树。

（59）Let's go and <u>trim trees</u>.

我们去修剪树木吧。

（60）<u>Trimming the trees</u> in the garden made him really tired.

修剪花园里的树让他非常疲惫。

（61）Proper <u>tree trimming</u> is both science and art.

好的树木修剪是科学也是艺术。

例（58）—（61）画线部分依次为事件、活动、事件指称和活动指称。事件不同于活动，事件指称和活动指称也有差别，因此不同的功能采用了不同的形式手段。在下面的研究中，我们将对此做详细阐述。

综上所述，指称化可以根据指称对象的不同首先分为自指和转指，自指可以进一步分为事件指称和活动指称两种类型。

图 2-7　指称对象分类

2.4　指称化的形式手段

上一小节，我们从结构类型、指称化程度、指称对象三个不同的角度对指称化结构进行了分类。从讨论中可以看出，虽然分类的角度不同，但是分类的结果却表现出了对应性的倾向。具体来说，词汇形式指称化程度高，主要指称活动；短语形式指称化程度中等，主要指称事件，有时也可指称活动；小句形式指称化程度最低，多用来指称事件。

基于上述分类角度之间的对应关系，短语形式的指称化内部情况最复杂，因为词汇形式的指称可以看作一个普通名词，而小句指称可以看作一个小句，只有短语形式的指称在不同语言中可能使用不同的手段来标记，值得深入研究。

Koptjevskaja-Tamm（1993）主要也是针对短语形式的指称化的研究。

她认为世界语言中指称化的形式手段主要有八类，不同语言使用的形式手段不同。吴怀成（2014）对此也有相应的介绍。现将这八种指称化的形式手段简介如下：

第一类：小句式（Sentential）

该手段的特点是指称化结构中的名词仍然保留与独立小句中相同的名词从属标记[①]，即与该指称化结构做独立小句时的形式一致。以韩语为例：

（62）[Ku   ton   ûl   Pak   sənsæŋ   eke   cu-kı]   lûl
      that   money ACC   Pak   mister   DAT   give-AN   ACC
      palæ-yo
      hope-FIN
      'I hope [you gave that money to Mr. Pak].'
      我希望你已经把钱给朴先生了。

例（62）中，方括号内的指称化结构仍然保留了与该结构作为独立小句时各个名词的从属标记，如宾格标记、与格标记等。

第二类：属格–宾格式（Possessive-Accusative）

这类手段的特点是指称化结构中的施事属格化，受事仍然保留作为独立小句时的从属标记，即与独立小句相比，指称化结构施事属格化，受事不变。例如塞尔库普语[②]（Selkup）：

（63）[Qenty-ptä-n-y]   kunty   cunty-s-ak
      go-AN-GEN-1SG.POSS   during   shoot-PAST-1SG
      'I was shooting when[I was going].'
      我边走路边射击。

---

①   从属标记（dependent-marking），与中心语标记（head-marking）相对，是表明动词短语、名词短语非中心语成分的标记。

②   塞尔库普语是塞尔库普人的语言，分布于西伯利亚的鄂毕河和叶尼塞河地区，属于乌拉尔语系下的萨莫耶德语族。

例（63）中的指称化结构，施事带上了属格标记。

（64）Mat　　　ašša　　tɛnymy-s-ak　　　[tịmńa-n-y

　　　 I: NOM　NEG　know-PAST-1SG　brother-GEN-1SG.POSS

　　　 ima-p　　　 qo-ptä-ø-ty]

　　　 wife-ACC　 find-AN-NOM-3SG.POSS

　　　 'I did not know that [my brother had married].'

　　　 (lit. 'my brother's finding a wife')

　　　 我不知道我的兄弟已经结婚了。

例（64）中，指称化结构的施事为属格形式，而受事仍保留宾格标记。

第三类：作格–属格式（Ergative-Possessive）

这类手段的特点是受事和不及物动词的主语都属格化，及物动词主语的标记与被动句的主语标记一致。例如俄语：

（65）ispoln-enij-e　　　sonat-y　　　pianist-om

　　　 play-AN-NOM　　sonata-GEN　pianist-INSTR

　　　 'pianist's playing of sonata'

　　　 钢琴家的演奏奏鸣曲

例（65）中，指称化结构的受事属格化，原来的施事用常做被动句施事的工具格标记。

第四类：双属格式（Nominal）

这类手段的特点是将施事和受事都属格化，最典型的例子是英语。例如：

（66）the enemy's destruction of the city

　　　 敌人的毁坏城市

（67）my horse's winning of the race

　　　 我的马的赢得比赛

英语中有两种不同的属格化形式，一个是名词后加's，一个是名词前加of。上述例子中都使用了两种不同的属格化形式，将施事和受事都属格化了。

第五类：混合式（Mixed）

Koptjevskaja-Tamm（1993：182）认为混合式更像是属格–宾格式和作格–属格式的中间状态，其特点是不及物动词的主体属格化，及物动词的施事旁格化（可能是被动句的施事），但是保留受事的从属标记，即受事与独立小句中的形式相同。使用这种手段的语言不多，和同一种语言中其他的指称化手段相比也不占优势，总体来说较少使用。毛利语[①]（Maori）中可见有关用例：

（68）te　　　epa-nga　　i　　　te　　　kupenga　　e
　　　ART　　throw-AN　ACC　ART　net　　　　AGT
　　　te　　　tangata
　　　ART　　man
　　　'the throwing of the net by the man'
　　　那个男人的撒网

例（68）中，受事仍带有宾格标记，但施事所带的是表示被动句施事的标记。

第六类：关系式（Relative）

宾语被标记为属格，而主语则用关系从句的形式表示。例如豪萨语[②]（Hausa）：

（69）karɓ-a-n　　kuɗi　　da　　ya　　　yi
　　　take-AN-of　money　that　3M.PRFV　do
　　　'his taking of money'
　　　他的拿钱

---

① 毛利语是新西兰土著毛利人所使用的语言，与英语和新西兰手语并列为新西兰三大官方语言。

② 豪萨语主要在尼日利亚北部、尼日尔南部、喀麦隆北部等地被使用，属于闪–含语系乍得语族。

例（69）中，受事被标记为属格，虽然属格标记与前面的动词名词化形式相连；施事由关系小句来引导，表现为典型的关系式。

第七类：论元减缩式（Argument-Reducing）

这类指称化结构的形式特点是由及物动词衍生而来的名词从来不允许施事和受事两个论元同时出现，与其共同构成指称化结构，因此被命名为"论元减缩式"。楚克奇语[①]（Chukchee）有这类指称化结构。例如：

（70）kalewetgak-wərg-ən　　　Puškin-ən

　　　read-AN-ABS　　　　　Pushkin-POSS

　　　'Pushkin's reading(something)'

　　　普希金的阅读

在论元减缩式中，只能出现一个论元，因此上例只能出现施事论元，而受事论元不能同时出现在这个指称化结构中。

第八类：融合式（Incorporating）

这类指称化结构是由受事构成复杂行为名词的一部分。该指称化结构由两个直接组成成分构成，位于前面的组成成分是受事，位于后面的组成成分是由动词衍生的名词，它们共同组成一个更大的行为名词，也可以说是构成一个复杂行为名词。在指称化结构中，施事属格化，受事融合入动词衍生的名词中。例如，埃维语[②]（Ewe）是SVO语言，其主、动、宾关系主要依靠语序表示，名词短语中的修饰结构前置于名词，通过助词fé连接。

（71）fia　　　fé　　　xɔ

　　　chief　of　　house

　　　'the chief's house'

　　　酋长的房子

这种语言的指称化结构，类似于非衍生的名词短语，施事属格化，前

---

① 楚克奇语是楚克奇人所使用的语言。楚克奇人居住地位于西伯利亚的最东北部，俄罗斯联邦楚克奇自治区内。

② 埃维语主要在多哥与加纳等国使用，属于尼日尔–刚果语系格贝语支。

置于动词衍生的名词前，并使用助词连接。

（72）ḍeví   fé   didí

child   of   seek:AN

'the seeking of the child (that is, the child is seeking)'

孩子的寻找（孩子：施事）

如果没有助词连接，名词可以融合入衍生的名词，融合的名词与衍生前的动词是受事–动作关系。

（73）ḍevídidi

child:seek:AN

'the seeking for a child'

孩子的寻找 （孩子：受事）

这种融合式手段并不少见。Comrie and Thompson（1985：335）指出很多语言都有这种复杂的行为名词形式。它们的形成来源于动词与其直接宾语构成的动词短语，构成复杂行为名词时需要颠倒动词和宾语的顺序。在英语中，这种结构比较能产，我们在前面举过相关例子，现在再举几例：

（74）drink tea —— tea-drinking

（75）rent a house —— house-renting

（76）sell books —— book-selling

这种情况类似于另一种句法手段，语言研究中称其为名词的融合（noun-incorporation），即名词融合入动词，构成一个更复杂的动词。例如，在雅浦语①（Yapese）中，存在名词融合而构成的动词：

（77）a. Gu   bea   chuwqiy   ea   mareaw.

I   PRES   buy   CONN   copra

---

① 使用雅浦语的主要是雅浦人。他们主要居住在加罗林群岛的雅浦岛，位于大洋洲西北部。雅浦语属南岛语系密克罗尼西亚语族。

'I am buying copra.'

我正在买椰子核。

b. Gu bea   chuwaay' mareaw.

I   PRES   buy   copra

'I am copra-buying.'

我正在买椰子核。

Koptjevskaja-Tamm（1993：189）指出，现在还没有明确的证据能够说明这种复杂行为名词是直接来源于复杂动词，还是来源于简单行为名词融合其受事关系的名词。

以上是我们对指称化的形式手段的简要介绍，依据的是Koptjevskaja-Tamm（1993）的研究成果。这一研究结论是从约70种语言中归纳出来的。在选择研究对象的时候，她也做了一定的取舍。从以上所提到的指称化类型和所举例子中我们也能看出，该研究的对象是名词化结构（action nominal constructions），为此她也做出了限定：

第一，该结构需要包含一个由动词衍生出的名词（action nominal）；

第二，该名词的意义是表示一个行为（action）或过程（process）；

第三，该名词能够占据与非动词衍生的名词相同的句法位置；

第四，要有一定的能产性。

由于汉语缺乏形态的变化，没有类似其他语言的动词衍生标记，如英语中的-ing、韩语中的-m/ŭm或-kı这类表示动词名词化的后缀，因而在她的研究中汉语被首先排除了。

那么汉语的指称化手段有哪些？与其他语言相比有哪些共性和特性？在下面的章节中，我们将以上述类型学指称化的研究为背景，看看汉语中有哪些指称化的手段，尤其是$N_{的}V$定中结构，具有哪些类型学的特征。

2.5 小结

本章主要讨论四个问题：西方和汉语学界对名词、动词和指称、陈述的不同认识，指称化的概念及判定标准，指称化的类别以及指称化的形式手段。

西方和汉语学界关于名词、动词和指称、陈述存在不同的认识，主要是由汉语缺乏形态变化造成的。西方语言有比较丰富的形态变化，名词、动词和指称、陈述有比较一致的对应关系，动词用作指称也有形式的变化，可以通过形式标记来判定。汉语由于缺乏形态的变化，动词用作指称时没有形式上的标记，因此引发了汉语语法学界关于名动分野、名动词、名物化等问题的一系列争议。我们认为，可以从指称、陈述即功能角度重新审视汉语中有争议的相关问题，这也是我们引入指称化视角的主要原因。

我们对指称化的判定主要依据类型学研究对指称化的新认识。早期研究对指称化的认识比较孤立，主要停留在单个动词的转类上，认为动词完全转化为名词。但是透过类型学的相关研究我们发现，发生指称化的不仅是单个动词，还包括整个短语甚至小句，有的有形式上的变化，有的没有形式上的变化。形式上的变化也不仅是添加词缀，还包括语序的变化等。指称化结构不完全是一个名词，而是兼有动词和名词双重属性。指称化的程度是可以度量的，可以根据指称化结构失去了哪些动词性特征和获得了哪些名词性特征来判定其指称化的程度。

指称化可以从不同的角度进行分类。从结构类型上来说，指称化可以分为词汇指称、短语指称和小句指称；从指称化的程度来说，可以分为高、中、低三个级别；从指称的对象来说，首先可以分为自指和转指两类，自指还可以进一步分为事件指称和活动指称。虽然分类的角度不同，但是分类的结果却表现出了对应性的倾向。具体来说，词汇形式指称化程度最高，主要指称活动；短语形式指称化程度中等，主要指称事件，有时也可指称活动；小句形式指称化程度最低，只能用来指称事件。

短语形式的指称化内部情况最为复杂，因为词汇形式的指称化可以看作一个普通名词，而小句指称可以看作一个小句，只有短语形式的指称化在不同语言中可能使用不同的手段来标记。Koptjevskaja-Tamm（1993）将短语指称化的形式手段分为八种不同的类型。由于Koptjevskaja-Tamm（1993）的研究对象是名词化结构，即结构中需包含一个由动词衍生出的名词，因而汉语这种没有形态变化的语言就被排除在观察范围之外。

　　我们认为，虽然汉语缺乏与指称化相关的形式标记，但是可以通过结构的句法位置和与其他成分的组合关系来判断该结构是否发生了指称化。同样，汉语中的部分指称化结构也有相应的形式手段，表现出了类型学的特点。因此，可以从类型学的视角出发对汉语的指称化现象进行研究。

第三章　NV定中结构的原型范畴分析

本章基于认知语言学的原型范畴理论，讨论NV定中结构语义关系的倾向性及该结构的原型特征。

NV定中结构是一个原型范畴，根据N和V语义关系的不同，可以将NV定中结构分为两类：一类N是V的客体论元，称为"N$_客$V"；一类N是V的非客体论元，称为"N$_{非客}$V"。从认知语言学原型范畴理论的角度讲，N$_客$V是NV定中结构的典型成员，N$_{非客}$V是NV定中结构的非典型成员。

N$_客$V的原型特征体现在以下三个方面：① 能产性强；② 语类属性单一；③ 语义透明度高。

3.1　原型范畴理论

原型范畴理论是认知语言学的基本原理之一，是在批判经典范畴理论的基础上建立起来的。

两千多年前，亚里士多德提出了经典范畴理论。在西方学界，经典范畴理论一直在范畴认识的问题上占有统治地位。经典范畴理论的主要观点认为，范畴是根据充分必要条件/特征划分出来的集合，这些特征是客观的，范畴内所有成员的地位相等。范畴的边界是清晰的，根据事物是否具有该范畴的特征，一个事物要么是这个范畴的成员，要么不是这个范畴的成员，非此即彼，不存在模糊或重叠的情况。

直到20世纪50年代，维特根斯坦通过研究"游戏"范畴，对经典范畴理论提出了挑战。维特根斯坦发现，在"游戏"这个范畴中，有的游戏具有竞争性，需要论输赢，有的纯粹是为了娱乐；有的需要技巧，有的仅仅是凭运气。这些特征几乎没有一个或几个是所有游戏所共有的。他进而提出，"游戏"这个范畴是由复杂的相互重叠和交叉的相似关系构成的网络，就像一个家庭中的成员之间有各种各样的相互重叠和交叉，但是没有哪两个家庭成员的特征是完全一致的。因此，他将这种相似性称为"家族相似性"（family resemblance）。

70年代，心理学等一系列关于范畴的研究又使人们对范畴的认识发生了进一步的转变。Labov（1973）通过对英语中cup（杯）、bowl（碗）、vase（瓶）等范畴的研究发现，范畴的划分具有一定的模糊性和开放性。三种器皿中，可以根据宽度和深度划分出不同的范畴，一般而言，宽度与深度大体相当的是cup，宽而浅的是bowl，窄且深的是vase。范畴划分的模糊性和开放性就体现在，如果一个形状不太典型的器皿装的是食物，则被试往往称其为bowl；如果器皿里插上了花，即使深度不大，被试也会称其为vase。通过这个实验，Labov证明了范畴的划分不仅基于一些客观的特征，也与人的主体认知有关。

在此基础上，Rosch and Mervis（1975）、Rosch（1978）对鸟、水果、交通工具、蔬菜等十个范畴进行了实验研究，发现人们对这些范畴的认识表现出了原型效应。如"鸟"这个范畴包括十三种鸟的特征：

a. 生蛋	f. 身体小而轻	k. 有长颈
b. 有喙	g. 会吱喳地叫	l. 有装饰性羽毛
c. 有双翼和双腿	h. 腿细而短	m. 有醒目的颜色
d. 有羽毛	i. 常笼养	
e. 会飞	j. 饲养以用其肉、蛋或羽毛	

这些特征是通过家族相似性联系在一起的。原型性强的成员具有较多的范畴特征，原型性弱的成员具有较少的范畴特征。在"鸟"这个范畴中，知更鸟具有最多的范畴特征，是该范畴的典型成员。其他成员根据所具有范畴特征的多少而表现出不同程度的典型性。例如，鸽子具有更多的范畴特征，因而它比孔雀和公鸡的典型程度要高。所谓的"原型"就是范畴内最典型的成员，它具有最多的该范畴特征，人们可以围绕原型建立起一个模糊的

范畴认识。人们可以通过认识原型来认识该范畴，也可以根据认知对象与某一范畴原型相似度的高低来判断它是否属于该范畴。

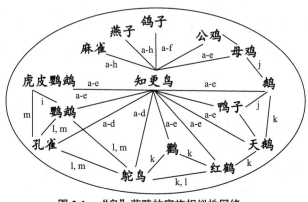

图 3-1 "鸟"范畴的家族相似性网络

Rosch将原型看作范畴内的典型成员，后来以Ungerer and Schmid（1996）和Taylor（2003）为代表的研究则认为原型是范畴成员的图式性表征，而图式则是从各个实例和次范畴中抽象出来的。Ungerer and Schmid（1996）以"椅子"这个范畴为例阐释了他们的观点。椅子的显著部分是几个功能重要的部件（支撑身体背部的靠背、支撑臀部的坐板和起稳固作用的四条腿）以及部件之间的合理比例和造型。下图中，只有a是"椅子"这个范畴的典型认知图式，b、c、d都是非典型的认知图式。

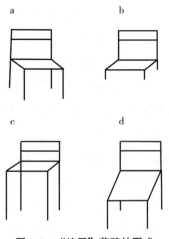

图 3-2 "椅子"范畴的图式

因此，目前认知语言学界对于原型范畴的认识可以大致分为两类。一类以Rosch and Mervis（1975）、Rosch（1978）为代表，认为原型是范畴内的典型实例，其他成员由于与原型之间存在着被感知的相似性而被归入同一范畴。不同的成员与原型的相似程度有差异，与原型成员相似度高的是该范畴的典型成员，与原型成员相似度低的是该范畴的非典型成员。另一类以Ungerer and Schmid（1996）和Taylor（2003）为代表，认为原型是范畴成员的图式性表征，而图式则是从各个实例和次范畴中抽象出来的。这两种对于原型的认识实际上反映了两种不同的范畴观，我们称前者为"下位范畴观"，后者为"抽象范畴观"。所谓"下位范畴观"，就是某一个范畴可以根据其内部成员典型性的高低或具有范畴特征的完备程度而进行下位的分类；而"抽象范畴观"则是指某一个范畴可以抽象出一个认知图式。

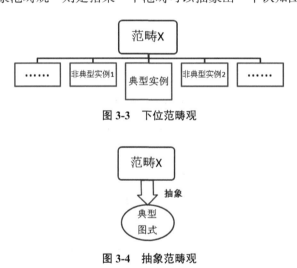

图3-3　下位范畴观

图3-4　抽象范畴观

如果单纯从认知上讲，两种不同的原型范畴观都有一定的道理。如果非要弄清人们在范畴的认识中究竟采用哪种方式，恐怕还要借助一些科学的仪器和方法。但是，如果从语言分析的角度来说，两种范畴观则体现出了不同的应用价值。下位范畴观使得语言分析有了更加具体的研究对象。要研究一个范畴，可以主要研究其作为原型的下位范畴，即研究该范畴的典型实例。如果采用抽象范畴观，则需先从复杂的范畴内部网络中抽象出一个原型图式，再进行进一步的分析。这里我们不讨论两种原型范畴观孰优孰劣，而仅从本书研究的角度出发，为了有更加具体明晰的研究对象，采用下位范畴观，即认为原型是范畴中的典型实例，这些典型的实例也可以认为是最能够代表范畴特性的下位范畴。

3.2　NV定中结构的分类

3.2.1　动名组合的论旨关系

动词与其前后的名词能够构成一定的句法关系，通常被称为"结构类型"，主要有五类，分别是：

> VN动宾关系：出租汽车　教育孩子
>
> VN偏正关系：出租汽车　教育领域
>
> NV主谓关系：学生喜欢　小王知道
>
> NV状中关系：友情出演　明天联系
>
> NV定中关系：环境保护　语言研究

除句法关系外，以动词为中心，动词与其前后的名词还可以构成各种不同的语义关系，语法研究中称之为"格关系"，也称"论旨关系"（thematic relation），名词在语义结构中扮演的语义角色即为"论旨角色"。由于研究对象和研究目的的差异，学者们对名、动语义关系的分类标准和分类结果或多或少存在差别。例如，郭锐（1995）针对动词的配价类型将论旨角色分为三大类，共12种。马庆株（1995）主要讨论动词做中心语或定语的偏正结构，动词做中心语时动名论旨关系有11种；动词做定语时动名论旨关系有14种。孟琮等（1999）主要考察动词之后的名词，名词能够表达的论旨角色有14种。袁毓林（2002）认为现代汉语动词所带论旨角色常见的有17种。

本章旨在通过NV定中结构与其他相关结构的对比，归纳典型NV定中结构的特点，因此，在确定动名论旨关系时，不局限于NV定中结构中出现的论旨关系，而是扩大观察范围，将NV、VN结构中可能出现的论旨关系都纳入进来。在上述研究成果的基础上，我们主要考察14种论旨关系，即名词可以表达14种论旨角色。

① 施事：自主性动作行为的主体。例如：<u>小明</u>游泳、<u>学生</u>参加。

② 感事：感知行为或活动的主体。例如：<u>我</u>认识、<u>他</u>喜欢。

③ 主事：性质、变化或状态的主体。例如：<u>气候</u>变化、<u>经济</u>复苏。

④ 受事：因施事的动作行为而受到影响且有所变化的事物。例如：修理<u>电器</u>、<u>环境</u>污染。

⑤ 结果：因施事的动作行为而产生的事物。例如：织<u>毛衣</u>、<u>公路</u>建设。

⑥ 对象：某种行为的针对者，可以变换为"向/对/给/为N进行V"结构。例如：教育<u>孩子</u>、<u>干部</u>培训。

⑦ 内容：动作行为的关涉，可以变换为"关于N的V"。例如：<u>文艺</u>争鸣、<u>节目</u>预告。

⑧ 工具：动作行为所凭借的事物，可以变换为"用NV"结构。例如：吃<u>大碗</u>、健身<u>器材</u>。

⑨ 材料：动作行为所使用的材料，与工具相比，材料在动作行为后有所损耗。例如：<u>粮食</u>援助、<u>公款</u>消费。

⑩ 方式：动作行为所采取的方式、方法，可以变换为"以N的方式"结构，或者在N前加"利用、通过"等。例如：<u>动态</u>分析、<u>小组</u>讨论。

⑪ 原因：动作行为发生的原因。例如：<u>手术</u>感染、<u>煤气</u>中毒。

⑫ 依据：动作行为进行的依据。例如：<u>道德</u>评判、<u>制度</u>约束。

⑬ 处所：动作行为发生的处所。例如：<u>北京</u>会面、<u>高山</u>滑雪。

⑭ 时间：动作行为发生的时间。例如：<u>明天</u>见、<u>婚前</u>检查。

还有一些学者提到的其他论旨角色如系事、范围等，由于出现数量很少，不会对我们的研究结果造成实质性影响，我们暂时不涉及这些论旨角色。

上述14种论旨角色可以根据句法、语义上的共性进行一定程度的概括，得出若干层级更高的论元类型（参见袁毓林2002）：

① 主体论元。主体论元在句子中一般做主语，表示V的主体，包括施事、感事、主事三种论旨角色。

② 客体论元。客体论元在句子中一般做宾语，表示V的客体，包括受事、结果、对象、内容四种论旨角色。

③ 凭借论元。凭借论元在句子中一般做状语，表示V的凭借，包括工具、材料、方式三种论旨角色。

④ 由据论元。由据论元在句子中一般也做状语，表示V发生的原因或依据，包括原因和依据两种论旨角色。

⑤ 时空论元。时空论元在句子中一般也做状语，表示V发生的时间或处所，包括时间和处所两种论旨角色。

表 3-1　论元类型与论旨角色的关系

论元类型	论旨角色	论元类型	论旨角色
主体论元	施事	凭借论元	工具
	感事		材料
	主事		方式
客体论元	受事	由据论元	原因
	结果		依据
	对象	时空论元	时间
	内容		处所

名词的论旨角色与名词的句法位置和动词的类型有关。同一个名词置于动词前后能够表达不同的论旨角色，如"学生研究"和"研究学生"，前者"学生"是施事，后者"学生"是对象。同样，同一名词置于不同类型的动词前也能够表达不同的论旨角色，例如"小王研究"和"小王喜欢"，前者"小王"是施事，后者"小王"是感事。

有时候相同次序、相同论旨关系的动名组合会构成不同的结构类型。例如"出租汽车"，可以构成动宾、定中两种不同的结构类型，但是"汽车"的论旨角色都是动词"出租"的对象。

名词的论旨角色对结构类型具有偏向性制约，即当N为某种论旨角色时，N和V的组合更倾向于被理解为某一结构类型。例如，李晋霞（2008：99）认为N为施事时，"双音节V+双音节N"更容易被理解成定中结构。不同论旨角色制约"双音节V+双音节N"结构类型偏向性的等级序列是：

施事>方式>工具>场（处）所>（原因）>时间>结果>致使>受事>对象[①]

序列中越靠左，"双音节V+双音节N"越容易被理解为定中结构。

基于上述对论旨角色的分类以及对论旨关系与句法结构间关系的有关认识，下面我们将主要讨论NV定中结构本身的论旨关系倾向性，以及该倾向性与其他NV结构（主谓、状中）论旨关系倾向性的差异，并在此基础上，依据原型范畴理论对NV定中结构进行分类。

3.2.2 论旨关系对NV结构类型的制约

上一节我们提到，"N+V"在短语层面可以表示主谓关系、状中关系和定中关系三种结构类型。NV结构更倾向于被理解为哪种结构类型，与N和V的论旨关系有关。

3.2.2.1 NV主谓结构的论旨关系倾向性

陈平（1994）考察了名词的论旨角色对其充当句子主语、宾语倾向性的影响，考察的结果是：

施事>感事>工具>系事>地点>对象>受事

在这个等级序列中，名词的论旨角色越靠左，越容易在句子中充当主语，越靠右越容易在句子中充当宾语。例如：

（1）我常听耳机。——*耳机常听我。 （施事>工具）

（2）小王明天去北京。——*北京明天去小王。 （施事>地点）

（3）卤水点豆腐。——*豆腐点卤水。 （工具>受事）

（4）米煮了粥。——*粥煮了米。 （对象>受事）

（以上各例引自陈平1994）

与主体论元不同，表示工具、处所、对象、受事、结果意义的N做主语，其后的谓语通常不能是光杆动词，而需要有其他成分的配合。换言之，这些论旨角色需要更复杂的条件才能投射到NV主谓结构中。例如：

---

① "＞"表示"优先于"。

（5）a. 这把剪刀可以裁剪旗袍。　　　（工具）

　　　 b. ?剪刀裁剪

（6）a. 台上悬挂着横幅。　　　　　　（处所）

　　　 b. ?台上悬挂

（7）a. 先进应该表扬。　　　　　　　（对象）

　　　 b. ?先进表扬

（8）a. 地雷已经排除了。　　　　　　（受事）

　　　 b. ?地雷排除

（9）a. 旗袍裁剪好了。　　　　　　　（结果）

　　　 b. ?旗袍裁剪　　　　　　　　（主谓）

　　　　 旗袍裁剪　　　　　　　　（定中）

　　这些论旨角色单独出现在NV结构中，要么不能成立，要么是主谓结构以外的其他结构。上面各例中，例（5）—（8）中的b作为短语都难以成立，（9）b虽可以成立，但也以理解为定中结构为宜。换言之，在短语层面，这些论旨角色难以投射到主谓结构中，除非是在句子层面，即需要完句成分的支撑或语境的支持。

　　在NV主谓结构中，N一般只能是动作的施事或感事。例如：

　　施事—动作：大家帮忙　老师指导　学生查找　员工承担

　　感事—行为：领导知道　观众喜欢　大家明白　群众感激

　　或者说，由施事、感事这两种论旨角色构成的NV与主谓结构有着自然程度最高的关联，即当N的论旨角色为施事或感事时，NV结构一般只能理解为主谓关系，而不能理解为其他关系。

　　因此，NV被理解为主谓结构的语义倾向性可以表示为：

　　施事、感事>>受事、对象、结果、工具、地点等①

---

① "＞＞"表示"远优先于"。

以上论旨角色与NV主谓结构的契合度等级序列可以进一步概括为：

主体>>客体、凭借、处所

3.2.2.2 NV状中结构的论旨关系倾向性

孙德金（1995）对《HSK词汇等级大纲》中的名词做状语情况进行了考察。考察结果显示：词表中的3892个名词，仅有60个可以做状语，主要表达方式、范围、工具、依据等论旨角色。例如：

方式—动作：集体讨论　手工制造　曲线救国　实况转播
范围—动作：战术打击　侧面证实　微观考察　原则同意
工具—动作：掌声鼓励　广播找人　电话联系　实话告诉
依据—动作：友情出演　顺序下车　真心帮助　全力冲刺

除了时间名词能够直接做状语外，如果处所、工具等论旨角色的名词直接做状语，孙文认为是省略介词的结果。从功能上来说，状语可以分为两类：描写性状语和非描写性状语。描写性状语和谓语之间一般要加"地"。因而，NV状中结构中的N都是非描写性状语，是从时间、处所、工具、方式、范围、依据等方面对V的限制和说明。这里我们暂时不考虑是否介词省略，而把V前表示时间、处所、工具义等的N统一看作V的状语，构成NV状中结构。

根据刘慧清（2005b）的考察结果，名词做状语表达的论旨关系有如下几类：

时间—动作：明天出发　下午离开
处所—动作：北京见　　低空飞行
方式—动作：政治解决　技术控制
工具—动作：电话联系　电脑监控
凭借—动作：动力飞行　制度约束
原因—动作：食物中毒　手术感染

当N为主体或客体论元时，NV结构不能理解为状中结构。也就是说，

NV状中结构也具有论旨关系的倾向性，即当论元N为凭借、时空和由据时，NV更倾向于被理解为状中结构。

这几类不同的论元所构成的NV状中结构内部也存在差异。沈家煊、张姜知（2013）指出，从认知上讲，一般人们会从方式上来给动作行为分类，而不大从时间上来分类。因此，从论元的角度来看，人们在认知上倾向于从动作行为的凭借范畴出发来给动作行为分类，而通常不从时空范畴出发来给动作行为分类。表示动作行为分类的状中结构一般是谓词性的，但少数状中结构在一定条件下也可以有体词性用法。例如：

> （10）a. 当日，记者<u>电话联系</u>了"速克"生产厂家的不良反应投诉中心。
>
> 　　　b. 这种系统需将现有闸门改为自动控制或电动（手工操作）的，其控制系统内涵丰富多样，……也可以在计算机的控制下，采用<u>电话联系</u>与人工操作进行系统控制。

上例中，a句"电话联系"是谓词性的，是状中结构；b句"电话联系"是体词性的，是定中结构。

这也与傅爱平（2004）的考察结果一致。傅文考察了1990个NV定中结构，其中表示时空论元的仅占5.83%，而凭借论元占11.86%。凭借论元比时空论元更容易被理解为定语成分，构成NV定中结构。从另一个角度来说，NV结构被理解为状中结构的论元倾向性等级序列为：

　　　时空>凭借、由据>>主体、客体

3.2.2.3　NV定中结构的论旨关系倾向性

根据以往的研究成果，NV定中结构可能表现的论旨关系主要有：

　　　施事—动作：用户体验　专家评估
　　　受事—动作：环境污染　树木砍伐
　　　结果—动作：文件起草　公路建设
　　　对象—动作：干部培训　身体检查
　　　内容—动作：文艺争鸣　节目预告

工具—动作：电视监控　激光照排

材料—动作：粮食援助　公款消费

方式—动作：动态分析　小组讨论

原因—动作：手术感染　煤气中毒

依据—动作：道德评判　制度约束

处所—动作：高山滑雪　港口运输

时间—动作：婚前检查　假日旅游

除了感事和主事这两种论旨角色没有出现在NV定中结构外，其余大部分名动论旨关系都在NV定中结构里有所体现。感事和主事没有出现与动词的意义有关，感事要求动词表感知义，而主事则要求动词表状态和性质的变化。我们在语料考察中发现，NV定中结构里的动词均表动作行为。这也是NV定中结构中V的特点之一。关于V的特点我们将在第五章展开讨论。

从绝对数量上来说，几种论旨关系的表现是不同的。马真、陆俭明（1996），刘慧清（2007），贺阳（2008）等均指出，"客体—动作"是NV定中结构最能产的格式。齐沪扬等（2004：41）指出，该结构中的N充任客体论元的占60%以上，其他依次为方式、工具、原因等。傅爱平（2004）考察了1990个NV定中结构，其中N为客体论元的最多，达66.68%，凭借论元11.86%，主体论元11.26%，时空论元5.83%，其他论元4.37%。

除了绝对数量以外，前面我们论述过，当N为客体论元、V为光杆动词时，NV短语被理解为主谓结构是特别受限的，需要复杂的句法条件才能成立，如例（8）；或者只能理解为定中结构，如例（9）。这里再举几例：

（11）受事—动作

a. 树木砍伐完了。

b. ?树木砍伐　　　　　　　　　（主谓）

树木砍伐　　　　　　　　　（定中）

（12）结果—动作

a. 文件已经起草了。

b. ?文件起草　　　　　　　　　（主谓）

文件起草　　　　　　　　　（定中）

（13）对象—动作

    a. 干部应该培训。

    b. ?干部培训　　　　　　　　（主谓）

      干部培训　　　　　　　　　（定中）

（14）内容—动作

    a. 节目预告完毕。

    b. ?节目预告　　　　　　　　（主谓）

      节目预告　　　　　　　　　（定中）

例（11）—（14）中，客体论元受事、结果、对象、内容做主语时，如各例中的a句，V不能是光杆形式；而当V是光杆形式时，如各例中的b句，NV不能理解为主谓结构，只能理解为定中结构。

N为客体论元时，NV一般也不能理解为状中结构。孙德金（1995）指出，判断一个名词能否做状语主要看"它能否修饰处在句子谓语位置上的谓词"。当N为客体论元时，不能修饰谓语位置上的谓词，也就不能构成NV状中结构。例如：

（15）a. 他们污染了环境。

    b. *他们环境污染了。

（16）a. 工人们正在建设公路。

    b. *工人们正在公路建设。

（17）a. 我们昨天检查了身体。

    b. *我们昨天身体检查了。

（18）a. 电视刚刚预告完节目。

    b. *电视刚刚节目预告完。

例（15）—（18）中，客体论元在句子中可以充当谓词的宾语，但是不能修饰谓语位置上的谓词，因此NV一般不能被理解为状中结构。

因此，当N为V的客体论元时，NV倾向于被理解为定中结构，换句话说，NV与定中结构有着自然程度最高的关联。

N为其他论旨角色时，有的可以被理解为NV定中结构。我们原则上同意傅爱平（2004）的统计结果，虽然傅文在个别成员的语义结构的处理上与我们的判定有出入，但是并不影响整体的趋势。我们认为不同论旨关系的NV被理解成定中结构的倾向性等级序列为：

客体>>凭借、主体>时空>其他

即N为客体时NV结构最容易被理解为定中结构，其次是N表示凭借和主体时，N表示时空或其他语义类型时NV不容易被理解为定中结构。

3.2.3　以论旨关系为基础的NV定中结构分类

根据N和V论旨关系的差别，我们可以将NV定中结构分为两大类：一类是N为V的客体，包括受事、结果、对象、内容四种论旨角色，我们将这一类称为 $N_客V$；一类是N为V的非客体，包括N表V的主体、凭借、时空等各种不同的论元，我们将这一类统称为$N_{非客}V$。在以往的研究中，很多学者都注意到了这两大类NV定中结构的不同，并在分析时加以区分。

车竞（1994）根据N、V能否倒置，将NV定中结构分成两类：一类NV定中结构中N、V能够换位，形成VN短语；另一类则N、V不能换位。从论旨关系上看，前者N为V的受事、对象或者结果，即V的客体论元；后者N是动作涉及的某个方面（如"经济侵略""精神打击"）或动作的方式（如"口头创作""小组讨论"），即V的非客体论元。齐沪扬等（2004：24）则从结构整体的语用功能方面指出了两者的差别，认为由$VN_客$短语转化而来的NV定中结构总是体现出类别指称义，其他的NV定中结构体现出的语义不定。

在3.2.2节中，我们分析了不同的论旨角色对NV结构类型的偏向性制约。当N为主体论元时，NV倾向于表达主谓结构；当N为时空、凭借和由据论元时，NV倾向于表达状中结构；而当N为客体论元时，NV倾向于表达定中结构。

如果从认知的角度来审视两大类不同的NV定中结构，我们认为$N_客V$和$N_{非客}V$的种种差异正是范畴内典型成员与非典型成员差异的体现。如果我们将NV定中结构认定为一个原型范畴，那么$N_客V$和不同类型的$N_{非客}V$共同构成这个上位范畴。NV定中结构这个上位范畴的一个最突显的下位范畴就是$N_客V$，即$N_客V$是这个范畴的典型成员，而$N_{非客}V$是这个范畴的非典型成员。

这里我们所划分的典型性和非典型性只是一个宽泛的分类。典型性内部各成员之间还可以区分出不同程度的典型性。同样，非典型性内部各成员之间也具有典型性程度的差异（详见第七章）。就像我们在3.2.2节所提到的，相比于时空论元等，N表示V的凭借论元或主体论元时，NV更容易被理解为定中结构。也就是说，在$N_{非客}V$内部，$N_{凭借}V$和$N_{主体}V$比$N_{时空}V$更具有典型性。成员典型性程度越弱，它所具有的该范畴的特性就越少，而与其他范畴成员的共性就越多。

下一节我们将主要讨论$N_客V$的原型特征。

3.3 $N_客V$的原型特征

本节将从标记论与原型范畴的关系角度讨论$N_客V$的原型特征。

标记论是以原型范畴理论为基础的。一般认为，无标记项是一个范畴中数量最多、限制最少、最能体现范畴特征的成员，有标记项是一个范畴中数量较少、限制较多、范畴特征不充分的成员。也就是说，无标记项是一个范畴的典型成员，有标记项是一个范畴的非典型成员。

沈家煊（1999b：32—34）在西方学者相关论述的基础上，归纳了判别有标记项和无标记项的六条标准，分别为：

① 组合标准。一个语法范畴中用来组合成有标记项的语素数目比无标记项的多，至少一样多。例如，英语中名词的单数（如boy）是无标记项，复数（如boys）是有标记项，因为复数形式比单数形式多了一个语素-s。

② 聚合标准。聚合成一个无标记范畴的成员比聚合成一个有标记范畴的成员多，至少一样多。例如，英语中第三人称代词单数是无标记项，有he，she，it三个成员；复数是有标记项，只有they一个成员。

③ 分布标准。在句法中无标记项可以出现的句法环境比有标记项的多，至少一样多。例如，汉语中谓词性主语相对于体词性主语是有标记项，谓词性成分做主语时对谓语动词有较多的限制。

④ 频率标准。无标记项的使用频率比有标记项的使用频率高，至少一样高。例如，汉语中体词性主语是无标记项，它的使用频率比作为有标记项的谓词性主语的使用频率高。

⑤ 意义标准。无标记项的意义比有标记项的意义宽泛，或者说有标记项的意义包含在无标记项之中。例如，"高"相对于"矮"是无标记项，"两米高"的"高"是"高矮"，既包含"高"的意思也包含"矮"的意思。

⑥ 历时标准。从历时上看，一种语言如果有标记项和无标记项都有标志，总是有标记项的标志先于无标记项的标志出现，晚于无标记项的标志消失。如果一种语言单复数都有标记，那么复数标记先于单数标记出现，晚于单数标记消失。

在这六条标准中，组合标准和聚合标准主要适用于形态语言，并且由于本书暂不涉及历时考察，因此对$N_客V$原型特征的考察主要参照频率标准、分布标准和意义标准。

我们认为$N_客V$的原型特征体现在以下三个方面：① 能产性强；② 语类属性单一；③ 语义透明度高。其中，① 对应于频率标准，② 对应于分布标准，③ 对应于意义标准。

3.3.1 能产性强

在讨论词缀时经常会涉及能产性的问题。例如，现代汉语中一些新的词缀，如"族"（啃老族、上班族）、"圈"（娱乐圈、文艺圈）、"坛"（文坛、体坛、歌坛），比较能产。Bauer（1983）认为词汇的能产性是母语者可以根据生成规则随时随地创造新词。例如，英语中的-er可以加在很多动词的后面构成一个新的名词，表示动作的施事：write（写）——writer（作家），work（工作）——worker（工人），hunt（打猎）——hunter（猎人）。所以，-er在英语中是一个很能产的词缀。再如，汉语中的"～物"，也可以加在动词后面，表示动作的受事：读——读物，参照——参照物。但是"～物"在汉语中并不是一个很能产的词缀，只有为数不多的动词能够加上"～物"构成动作的受事。

除了词之外，短语也涉及能产性的问题。我们认为从能产性上讲，N$_客$V是能产的结构，而N$_{非客}$V是非能产的结构。N$_客$V的能产是NV定中结构原型范畴特征的体现。

N$_客$V的能产性体现在两个方面，一是绝对数量，二是构成新用例的能力。

首先，如果把NV定中结构看作一个整体范畴，参照傅爱平（2004）的统计结果，那么N$_客$V这类成员在这个范畴中所占比例最大（不同类型NV定中结构的数量差异如表3-2所示）。从绝对数量上来讲，N$_客$V是最多的，这正是其能产性的表现。如果N$_客$V是非能产的，就不会形成数量如此庞大的用例。相比之下，N$_{非客}$V的能产性比较低，构成的NV定中结构从数量上来讲就比较少。

表 3-2　不同类型NV定中结构的数量差异

N的语义角色	主体	客体	时空	凭借	其他
占比	11.26%	66.68%	5.83%	11.86%	4.37%

其次，N$_客$V的能产性还表现在其构成新用例的能力上。如果说N$_客$V在绝对数量上占优势是其能产性带来的结果，那么其构成新结构的能力则是能产性过程的体现。

目前，在书面语语料中，我们随处可见N$_客$V定中结构的用例，有的已经凝固化了，如"环境保护""大气污染""体制改革""工商管理"等；有的更像是临时的组合，如"小孩接送""毛衣编织""报纸订阅""时装展示"等。有的N$_客$与V的组合，即使在我们考察的范围内没有出现，但是从语感上来讲，这些N$_客$V也是可以接受的，如"据点包围""力量比较""障碍拆除"等。

实际上，就目前N$_客$V的发展趋势来说，它的使用已经不限于题目或称名，或者如一些学者所说的相当于一个复合词，越来越多的N$_客$V更像是一个临时组成的短语。就像以"吃"为核心构成的动宾短语，可以有"吃米饭""吃肉""吃蔬菜""吃饺子"等无限临时的组合，只要后面的名词可以充当"吃"的受事，很多N$_客$V也有类似的表现。对于同样一个V，只要N

的语义角色为V的客体，并且N无指、抽象、非指人且为双音节[1]，一般都能构成语感上可以接受的N_客V定中结构。例如：

保护：环境保护　生态保护　动物保护　植物保护

建设：政治建设　城市建设　文化建设　家乡建设

研究：语言研究　数学研究　国情研究　政策研究

制造：机器制造　汽车制造　药品制造　食品制造

描写：人物描写　细节描写　状态描写　结构描写

相比较来说，N_{非客}V不太能产，对于同样的V，一般不能够根据N的语义角色临时构造成各种新的短语。例如：

讨论（方式）：小组讨论　集体讨论　?大组讨论　?全体讨论

举报（施事）：群众举报　市民举报　?商贩举报　?学生举报

运输（处所）：港口运输　公路运输　?车站运输　?码头运输

检查（时间）：婚前检查　产前检查　?婚后检查　?学前检查

而且，很多N_{非客}V具有较强的称名性质，固化程度高，相当于一个名词，特指某一种新出现的社会现象，不具有类推性。例如：

城乡挂钩　白条送礼　餐桌污染　超额奖励　出口退税

电子签名　范例教学　公章旅行　规模经营　技术下乡

假日消费　军民共建　空中教育　人口老龄化　计算机检索

从上面N_客V和N_{非客}V构成新结构的能力对比可以看出，N_客V的生成表现出了越来越强的规则性。

因此，N_客V和N_{非客}V的差别体现在能产性上，N_客V能产，N_{非客}V不能产。能产是N_客V原型范畴特征的具体体现。

3.3.2　语类属性单一

除了在绝对数量上占优势以外，与其他语义类型的NV定中结构相比，

---

[1]　N_客V中N的特点我们将在第五章作详细的考察。

N$_客$V的语类属性单一，而N$_{非客}$V的语类属性则相对复杂。

对NV主谓结构而言，N为主体论元是无标记的；对NV状中结构而言，N为时空、凭借论元是无标记的；对NV定中结构而言，N为客体论元是无标记的。

从论旨关系对NV结构类型偏向性制约的讨论中我们可以看到，主体论元对主谓结构而言是无标记的，谓语可以是光杆动词，所以N$_主$V从分布来讲多是主谓结构，是谓词性的，但有时也可以是体词性的，如"群众举报""市民投诉"等。同样地，时空、凭借论元对状中结构而言也是无标记的，是谓词性的，有时也可能被理解为体词性的，如"电话联系""公款消费"等。

对于主谓结构来说，客体论元是有标记的。所以，当客体论元做主语时，谓语受到较多的限制，不能是光杆动词。N$_客$V也不能构成状中结构。因此，在V为光杆动词的条件下，N$_客$V通常只能理解为定中结构。

N$_客$V语类属性的单一性表现在：在V的前后不添加其他成分的条件下，N$_客$V不能出现在只允许谓词性成分出现的位置上。而N$_{非客}$V既可以出现在与N$_客$V相同的句法位置上，也可以出现在只允许谓词性成分出现的句法位置上。

N$_客$V常出现在主语位置上，表现出一定的体词性。N$_{非客}$V也可以出现在相同的位置。例如：

（19）不过语言<u>研究</u>最关心组合位置中的替换，因而也比较多地从这一角度研究语言中的聚合关系。

（20）缺乏必要的细节描写，或者<u>细节描写</u>不完善，就会影响整体美。

（21）<u>婚前检查</u>已成为中国人提高生活质量和出生人口素质、阻断疾病的有效手段。

（22）<u>公款消费</u>现在已经堂而皇之地走入我们的社会生活中。

例（19）（20）中的"语言研究""细节描写"都是N$_客$V，它们出现在主语位置上；（21）（22）中的"婚前检查""公款消费"都是N$_{非客}$V，它们也出现在主语的位置上。

现代汉语中，一些动词只允许谓词性成分充当宾语。$N_{客}V$不能占据这类动词的宾语位置，而$N_{非客}V$可以。

朱德熙（1982：58—61）根据宾语的性质将谓语动词分成两大类。能带体词性宾语的动词称为"体宾动词"，如"骑（马）""修理（电灯）"；能带谓词性宾语的动词称为"谓宾动词"，如"喜欢（打太极）""希望（出国）"。谓宾动词也能带体词性宾语，如"喜欢（这个人）"。也有学者在此基础上提出三分法。宋玉柱（1991）认为上面的两分法存在两个弊端，一是谓宾动词宾语的语法性质不统一，二是体宾动词和谓宾动词的定义不对称，体宾动词的宾语只有一类，而谓宾动词的宾语有两类。因此他提出将两分法的谓宾动词进一步分类，只能带谓词性宾语的叫谓宾动词，既能带体词性宾语又能带谓词性宾语的称为体谓宾动词。为了避免术语间的混淆，本书将只能带体词性宾语的动词称为"体宾动词"，只能带谓词性宾语的动词称为"纯谓宾动词"，既能带体词性宾语又能带谓词性宾语的动词称为"体谓宾动词"。例如：

> 体宾动词：骑　买　捆　喝　驾驶　修理
> 纯谓宾动词：能　会　觉得　打算　主张　希望　渴望　呼吁　禁止
> 体谓宾动词：喜欢　安排　赞成　担保　检查

$N_{客}V$不能出现在纯谓宾动词后[①]。例如：

（23）a. 他能驾驶汽车。（自拟）

　　　b. *他能汽车驾驶。

（24）a. 我们打算维修设备。（自拟）

　　　b. *我们打算设备维修。

（25）a. 学子们渴望建设国家。（自拟）

　　　b. *学子们渴望国家建设。

---

① $N_{客}V$定中结构一般也不能出现在体宾动词之后，这与其指称化的功能属性相关。这一内容我们将在第四章进行讨论。

（26）a. 这里禁止砍伐树木。（自拟）

b. *这里禁止树木砍伐。

N表其他语义关系的NV结构则能够出现在纯谓宾动词之后。例如：

（27）政府呼吁群众举报。（自拟）

（28）会议禁止小组讨论。（自拟）

（29）老张希望电话联系。（自拟）

（30）我们有一些关系单位，现在不允许公款消费，他们来得很少了。

从结构语类属性的单一性上来讲，N_客V作为短语总是表现出体词性，而N_{非客}V作为短语有时表现出体词性，有时表现出谓词性，语类属性相对复杂。从另一个角度看，N_客V是NV定中结构这一范畴的典型成员，只具有NV定中结构的典型特征，不具有相邻范畴的特征，表现出语类属性的单一性；而N_{非客}V是NV定中结构这一范畴的边缘成员，带有相邻范畴的性质，表现出语类属性的复杂性。

3.3.3　语义透明度高

语义透明度是指合成词、词组从其组成成分及组合关系推知其整体意义的程度。（高翀 2015）例如，"白色"就是"白的颜色"，可以从其组成成分"白""色"和组合关系"定中关系"直接推知整体意义，语义透明度高；而"白菜"并不是"白（色）的菜"，意义与"白"不相关但与"菜"相关，语义半透明；"马上"是"立刻"的意思，与组成成分及组合关系都不相关，语义透明度最低。

高翀（2015）提出影响语义透明度的因素主要有字面义和非字面义。其中字面义可以分为组成成分义和组合义，组合义则进一步可以分为抽象组合义（结构关系）和具体组合义（语义关系）。非字面义则分为转义和专科义。字面义的语义透明度高于非字面义，抽象组合义的语义透明度高于具体组合义。这种对词的语义透明度的分析也同样适用于短语。例如：

【饭碗】图 ①盛饭的碗。②借指职业。

"饭碗"在《现代汉语词典》中有两个义项。义项①就是字面义，词义跟语素义直接相关。义项②是非字面义，词义整体发生了变化，属于转义。专科义则是科技条目、哲社条目所具有的意义。例如"小雨"的义项②"气象学上指1小时内降雨量在2.5毫米以下，或24小时内降雨量在10毫米以下的雨"属于专科义。

据此，我们来比较两类不同的NV定中结构。首先看N$_客$V定中结构。该结构的意义为短语的字面义，由"组成成分义+组合义"构成。其中的组合义是抽象组合义。抽象组合义是两个词语的自然组合，不需要其他词语就能够彼此直接联系，往往是人们头脑中熟悉的几种短语结构关系，如动词、形容词陈述名词，及物动词带受事宾语，形容词修饰名词，副词修饰动词等。N$_客$V定中结构中，N是V的客体，是由及物动词带宾语这种人们最为熟悉的短语结构关系派生而来。谭景春（2010）指出词的结构义不仅是词义"大于"组成成分义的部分，而且必须是一组同类结构中的相同部分。它必须是从一组同类结构中抽象出来的共同意义，是类意义，应当是语法意义。N$_客$V定中结构具有成类型性，有共同的结构义。邢福义（1994）指出N$_客$V后边都可以出现"活动""方法"之类管界名词，例如"方言调查"也可以说成"方言调查活动"。邢文中所说的"管界名词"实际上可以看作N$_客$V的复指成分。N$_客$V定中结构专门用来指称某种活动，结构具有相同的组合义。因此，N$_客$V定中结构的语义透明度最高。

N$_非客$V定中结构的意义也常为短语的字面意义，由"组成成分义+组合义"构成，但是其中的组合义往往不是抽象组合义，而是具体组合义。具体组合义不是两个组成成分义的自然组合，因为汉语中名词一般不用来修饰动词。在具体组合义中，两个组成成分不能直接发生联系，往往需要添补其他谓词性或介词性词语才能使二者联系起来。如"小组讨论"和"电话联系"，名词不是动词陈述的对象，而是其方式和工具，因此理解短语的意义时需添加介词，如"以……的方式""以……为工具"。这些定中结构多由名词做状语的状中结构临时活用而来。刘慧清（2005b）指出名词做状语一般表示非常态的情况。由于是非常态的情况，结构可类推的能力就比较弱，比如，可以说"小组讨论"，但是很少说"小班讨论""大组讨论"；可以说"电话联系"，但是却不常说"手机联系"[①]"电脑联系"，不具有成类型性，没有共同的具体组合义。少数类似"群众举报"这样的N为主体角色的定中结构，不是抽象组合义，而是具体组合义，结构也不具备类推性。

还有一些$N_{非客}$V定中结构，它们从来不在谓语位置上出现，是一个体词性成分，而且这些结构往往固化程度较高，如"餐桌污染""公章旅行""高山滑雪"等。这些$N_{非客}$V定中结构的意义不再是短语的字面义，而是非字面义。具体表现在以下四方面。首先，短语的其中一个或两个组成成分都不是取其本义。"餐桌污染"中"餐桌"代指食物，"公章旅行"中"旅行"代指四处奔走。其次，组成成分的组合义也往往不是自然组合，而是需要通过添补谓词或介词的方式让两者建立起联系。"餐桌污染"是"在餐桌上的污染"，"公章旅行"是"为了公章而'旅行'"。再次，部分该类结构是专科义。如"高山滑雪"不完全是"在高山上滑雪"，而是指专业的运动项目。最后，该类结构也不能类推，不具有共同的组合义。

因此，$N_客$V定中结构的意义为短语的字面意义，由"组成成分义+组合义"构成，语义透明度高。$N_{非客}$V定中结构内部情况较为复杂，一部分$N_{非客}$V定中结构的意义为短语的字面意义，由"组成成分义+组合义"构成，但是其中的组合义往往不是抽象组合义，而是具体组合义；一部分$N_{非客}$V定中结构的意义为非字面意义，或者是转义，或者是专科义。无论是哪一种情况，$N_{非客}$V定中结构的语义透明度均低于$N_客$V。

3.4 小结

本章主要讨论了NV定中结构语义关系的倾向性及其对NV定中结构典型性的制约。

不同的语义角色对NV结构类型具有偏向性制约。当N为主体论元时，NV一般倾向于表达主谓结构；当N为时空、凭借论元时，NV倾向于表

[①] 虽然"手机联系"在语感上也可以接受，但是语料库中收录的用例都是"用手机联系"。

达状中结构。虽然NV定中结构中N和V的语义关系类型几乎涵盖了所有论元关系，但是在理解上表现出了不同的倾向性。"客体—动作"与NV定中结构具有最高程度的关联，即NV结构最倾向于表达"客体—动作"关系。其次是凭借论元和主体论元。NV被理解为定中结构的语义角色倾向性等级序列为：

客体>>凭借、主体>时空>其他

我们对NV定中结构典型性的研究是建立在原型范畴理论基础上的。如果我们将NV定中结构认定为一个范畴，那么$N_{客}V$和不同类型的$N_{非客}V$共同构成这个范畴。NV定中结构这个上位范畴对应的一个最突显的下位范畴就是NV定中结构的原型$N_{客}V$，即$N_{客}V$是这个范畴的典型成员，而$N_{非客}V$是这个范畴的非典型成员。

$N_{客}V$的原型特征体现在三个方面：一是能产性强，二是语类属性单一，三是语义透明度高。相比较之下，$N_{非客}V$的能产性弱，语类属性复杂，其中一些是某一领域的专门词汇。

由于$N_{客}V$是NV定中结构的典型成员，可以通过研究$N_{客}V$来说明整个原型范畴NV定中结构的属性特征。因此，在下面的章节中，我们的讨论主要围绕$N_{客}V$定中结构展开。

第四章 N_客V定中结构的类型学特征

在第二章中，我们从类型学的视角探讨了指称化的界定、分类与形式手段。在本章及下一章中，我们将以类型学对指称化的认识为理论基础和参照，考察NV定中结构中的原型成员N$_客$V的类型学特征及组成成分的特点。

本章考察N$_客$V的类型学特征，内容分为四个部分：第一部分通过探讨汉语指称化结构的判定标准，说明N$_客$V定中结构是一种典型的指称化结构；第二部分通过对比汉语中指称不同对象所使用的不同指称形式，说明N$_客$V定中结构是一种专门的活动指称手段，其功能是指称高度规约化的活动；第三部分主要讨论指称化形式与指称化程度的关系，证明N$_客$V定中结构是一种指称化程度较高的指称形式；第四部分主要研究N$_客$V定中结构所体现的混合性语类属性。

4.1 汉语指称化结构的判定标准

本书所关注的指称化主要限于发生在独立小句中的指称化现象。在第二章我们曾提出指称化的判定标准："如果一个以动作行为动词为核心的结构（无论动词或动词结构有没有形式上的变化）没有出现在主句谓语位置上，而是作为篇章内可控参与者，那么我们就认为该结构发生了指称化。"也就是说，处在主语、宾语、定语、状语等位置的以动词为核心的结构都带有指称性。

在不同的位置，指称化的程度是不同的。以往的研究中，学者们关注的多是发生在主语、宾语位置上的指称化，因为在主语、宾语位置，指称化的程度比较高，而在定语、状语位置，指称化程度比较低，陈述性更强。换句话说，在主语、宾语位置上的指称化结构，指称性强，陈述性弱；而处在定语、状语位置上的指称化结构，指称性弱，陈述性强。但不能否认的是，无论指称性/陈述性强弱，处在这些位置的动词结构都具有混合性特征，既表示陈述，也表示指称。

虽然汉语缺乏形态变化的手段，发生指称化时常常没有相应的形态变化，但是汉语指称化也并非完全没有形式标记。当动词结构处在非谓语位置上，包括主语、宾语、定语、状语等位置时，有时也会或多或少地表现出一些形式上的变化来标志其功能的转化，主要体现在动词携带时体成分的能力减弱甚至丧失。例如：

主语

（1）a. 我看了一会儿书。

　　　b. 我看过书了。

　　　c. 我看了看书。

　　　d. *看了一会儿书很长知识。

　　　e. *看过书了很长知识。

　　　f. *看了看书很长知识。

　　　g. 看书很长知识。

例（1）中，a—c句以动词为中心的结构做谓语时，可以带上"了""过"以及动词重叠等时体标记，而当相应的动词中心结构做主语时，就不能够再带上相应的时体标记（d—f句），只有去掉时体标记时句子才能成立（g句）。

宾语

（2）a. 我看了他跳舞。

　　　b. 我看过他跳舞。

　　　c. 我看了看他跳舞。

　　　　d. *我看①他跳了舞。

　　　　e. *我看他跳过舞。

　　　　f. *我看他跳了跳舞。

　　例（2）中，a—c句中，谓语动词可以有时体标记，而作为宾语的动词小句则不能有时体标记，如果加上时体标记如d—f句，则不成立。

　　定语

　　　　（3）a. 他做了桌子。

　　　　　　b. *他做了的桌子。

　　　　（4）a. 他刷的墙

　　　　　　b. ?他刷了的墙

（转引自唐正大 2014）

　　例（3）中，a句动词"做"作为谓语中心可以加完成体标记"了"；b句以"做"构成的动词结构做定语，不能再带体标记。例（4）中，以"刷"构成的动词结构不带时体标记可以做定语，加上时体标记后句子可接受度就差了很多。唐正大（2014）认为这里动词短语做定语时是否带时体成分与该短语中宾语的受动性强弱有关，受动性越强，语义越倾向于完结，越不容易带上时体成分。这里我们不对这个问题做过多探讨，主要想说明当动词短语处于非谓语的位置时，动词携带时体成分的能力减弱甚至丧失。

　　状语

　　　　（5）a. 我提前离开了机场。

　　　　　　b. *我提前了离开机场。

　　　　（6）a. 最终，约旦法庭缺席审判了沙拉比。

　　　　　　b. *最终，约旦法庭缺席了审判沙拉比。

　　例（5）（6）句中都包含动词做状语。与做谓语的动词相比，做状语的动词都不能带时体标记。

---

　　① 这里"看"是实义动词，"我看"不是话语标记。如果把"我看"当话语标记理解，d句和e句都可以成立。

我们列举以上各例是想证明，处于非谓语位置的动词结构陈述性减弱，指称性增强。这也符合类型学研究中的动词指称化等级序列，即在指称化的过程中，动词会逐渐失去一些动词属性。但是并非所有处于非谓语位置的动词或以动词为中心的结构都会有相应的形式变化。有时，处于非谓语位置的从属小句与其单独作为句子时的形式相同。例如：

（7）a. 他打败了敌人。

　　 b. <u>他打败了敌人</u>使大家都为之一振。

这里必须说明的是，不同句法成分在指称、陈述连续统中的位置不同。主语、宾语位置相对于定语、状语位置来说指称性强，陈述性弱，这也是之前很多学者在研究指称性问题的时候主要关注主语、宾语位置的原因。

我们认为，在汉语中判定一个结构是否发生了指称化，可以按如下步骤进行：

第一，确定范围。本书研究的指称化发生的范围仅限于单句，不包括复句。也就是说，我们所研究的指称化只发生在单句中的某个句法位置上。

第二，确定动词。只有动词用于指称才能称为指称化，名词用于指称是其无标记的功能，也就称不上"化"。在汉语的语法研究中，比较通行的判定词类的依据是一个词出现的句法位置以及该词与其他成分结合的能力。但是根据这些标准去判定动词，就会出现很多具有所谓"名动词"性质的词，从类型学对指称化性质的认识来看，这些词很可能是发生了指称化的，因为它们具有混合性特点。汉语研究者在进行词性判断的时候采用的是一种"排除"的方法（如朱德熙 1982：40）。一个词不能出现在谓语位置、不能带时体助词等时，我们才判断它为名词。因此，本书从词类的角度对于动词的判断采用的也是"排除法"。

第三，确定动词性结构的句法位置。如果以动词为中心构成的动词性结构（包括光杆动词、短语、小句）不在句中做谓语，就可以认为该动词性结构发生了指称化。

N_客V定中结构是以动词为中心构成的短语，它常出现在主语、宾语、定语位置。例如：

做主语

（8）环境保护是我国的一项基本国策。

（9）广州筹建产权交易中心，国企改革有新契机。

（10）教学管理不严格。

做宾语

（11）不管美朝是否进行对话，美国都将继续向朝鲜提供粮食援助。

（12）从目前的情况来看，研究者们已开始运用计算机技术进行语言研究。

（13）2001年中期每股收益0.247元，主营汽车制造。

（14）股份公司是为国家建设迅速集资的最有效形式。

（15）报告说，将环境保护"视为公共卫生战略中最重要的组成部分是保证21世纪人类健康的关键"。

（16）这要求我们在企业管理中更要注重公平原则。

例（11）—（13）中，$N_客V$做动词宾语；例（14）—（16）中，$N_客V$做介词宾语。

做定语

（17）逻辑推理是一种合理地缩小可能性空间的信息加工方式。

（18）自2000年1月1日起，汽车制造企业生产的所有汽油车都要适合使用无铅汽油。

（19）旅游资源的开发在注重经济效益的同时，必须注重环境效益，拟定好环境保护措施。

从我们所观察的范围来看，$N_客V$定中结构不能做谓语或谓语中心语，常出现在主语、宾语、定语等句法位置，因此$N_客V$是一种指称化的结构。作为一种指称化结构，$N_客V$有哪些特性，在汉语指称化系统中扮演什么角色，处在什么位置，是我们接下来考察和研究的重点。

4.2　N_客V定中结构的指称特性

根据指称对象的不同，指称可以分为事件指称和活动指称两种不同的类别。在第二章中，我们分析认为事件指称和活动指称都是对具体事件的抽象化认知，但是抽象化路径存在不同。因此，在汉语中，事件指称和活动指称会采用相同的形式手段，也有差异化的表现。N_客V定中结构是一种专门指称活动的形式手段，指称一种高度规约化的活动。

4.2.1　汉语的事件指称形式

在第二章的讨论中我们提出，所谓"事件"就是以动作行为动词为核心，由特定的事件参与者共同构成的有起点、终点的独立语言片段。按照Hopper and Thompson（1980）从篇章功能角度对名词、动词的理解，动词发挥典型功能时，动词结构作为前景信息，报道篇章中实际发生的事件。事件的发生需要与一定的时间相关联。如果抽去了事件的时间性，该事件则成为篇章的背景信息。这时，该事件作为一个可操控的参与者，就具有了指称化的性质，就是"事件指称"。在认知上，人们也把这个事件识解为一个实体。

现代汉语中用来指称事件的形式手段主要有四种，分别为：① 小句；② VN动宾结构；③ "N的V"结构；④ 数量/指量短语+V。下面分别进行阐述。

4.2.1.1　小句

从组成成分上看，一个完整的事件结构应该至少由三个部分组成：施事、动作行为、受事。在一个最简单的事件中，一般施事做主语，受事做宾语。事件除了对动词有要求（这里指要求动词表示动作行为义）外，对名词也有一定的限制。一般来说，名词应该是有指的，尤其是施事名词，因为无指成分一般不能以主语的身份出现（陈平 1987）。而对于宾语来说，也倾向于是有指的名词，这与事件的有界性相关。我们所定义的事件是有起点和终点的，这就是"有界"。根据沈家煊（1995，2004）对"有界""无界"的研究，"有界"就是要求动作有一个内在的终止点。这个内在的终止点可以由本身包含内在终止点的动词结构来表示，如动补结构"打破""摔碎"

等；也可以由延续性动词加上有界宾语共同构成有界性的动词结构来表示，如"盛这条鱼""吃两碗饭"。宾语有界，也就是名词有界。单指的名词是有界的。因此，要表达一个简单完整的事件一般要求事件的参与者是单指的。

与世界上很多语言类似，汉语在指称事件的时候能够使用的一种手段就是小句。指称事件的小句结构与陈述事件的小句结构从形式上看几乎没有差别，也就是说指称事件的小句结构几乎没有形式上的变化。而判定一个小句是否发生了指称化，只能依据它是否内嵌于另一小句，更确切地说，如果一个小句结构在另一个小句中充当主语、宾语，则充当主语、宾语的小句就是指称性结构，指称一个完整的事件。例如：

（20）a. 中国队昨天输了那场比赛。

　　　b. 中国队昨天输了那场比赛让很多人都大跌眼镜。

（21）a. 天使牵动了伤口。

　　　b. 天使牵动了伤口，使他激烈的词语大打折扣。

（22）a. 他去了银川。

　　　b. 后来我听说他去了银川。

（23）a. 他昨天已经坐车离开北京了。

　　　b. 我知道他昨天已经坐车离开北京了。

从例（20）—（23）我们可以发现，b句中用于指称的小句都可以独立地用于陈述。在语料中我们也发现，汉语中如果要指称一个完整的事件，还常使用"这""那""这件事""那件事"等回指的形式。例如：

（24）迈克尔只跑了8圈，这是为了给其他工作人员更多时间去检查、调校赛车。

（25）几个月后汇丰银行用巨资购买了10%的股份，这成了很多人攻击秦晓的理由——贱卖国有资产。

（26）楚国准备用这种新式武器进攻宋国。墨子听说这件事，就去到楚国，要对楚王进行劝阻。

（27）王光复终于获准回家去探望久别的亲人，这件事至今仍使他很感动。

（28）凯蒂小时候胆大任性，满脑子的恶作剧，<u>有一次竟然将一个黄蜂巢带进了教堂</u>。那件事令库尔牧师非常生气。

例（24）—（28）中画直线的部分是一个事件，后一个小句用"这""这件事""那件事"回指这个事件。这是语篇中常用的一种衔接方式。从分布上来说，"这"和"那"一般做小句的主语，"这件事""那件事"有时做主语，有时做宾语。

还有一种情况，由"主事—性质/变化"构成的主谓结构中，当主事为单指的名词短语时，整个结构也可以指称一个具体的事件，我们也将其看作小句指称的形式。例如：

（29）a. <u>中国经济发展了</u>。

　　　b. 如此高昂的成本，已经使中国国内事实上形成了重重关卡，严重阻碍了<u>中国经济发展</u>。

（30）a. <u>世界人口增加了</u>。

　　　b. <u>世界人口增加</u>固然是导致淡水紧张的原因，但许多人……

例（29）中，"中国经济"与"发展"构成"主事—性质/变化"关系，"中国经济"是单指的名词短语；例（30）中，"世界人口"与"增加"同样构成"主事—性质/变化"，"世界人口"也是单指的名词短语。当两个小句位于主句主语和主句宾语的位置时，都可以看作小句的指称化，指称一个具体的事件。

4.2.1.2　VN动宾结构

在使用中，事件指称还常常省略主语，形式上为VN动宾结构。例如：

（31）（我）<u>作出这个决定</u>花了我很长时间。

（32）我们当前的任务就是（我们）<u>扎扎实实地抓好《纲要》的贯彻实施</u>。

（33）你的目标是（你）<u>找出该记在账内但现在在账外的东西</u>。

（34）我就是想（我）<u>弄清楚这一点</u>。

例（31）—（34）虽然省略了主语，但是在语境中能够补出，我们仍然认为其表达了一个完整的事件，是事件指称。

有的VN动宾结构在语境中很难补出主语，但由于其宾语是单指的，因此整个结构也能指称一个具体的事件。例如：

（35）<u>修建青藏铁路</u>是西藏各族人民的夙愿。

（36）<u>改变这种状况</u>，归根到底要靠科学技术的力量。

（37）<u>形成这样的矛盾</u>，不能不说与教育体制改革的决策有关。

（38）<u>把握好这个关键</u>，才能保证国有企业改革健康有序地进行。

例（35）—（38）中，VN动宾结构很难补出一个确定的主语来，但由于宾语N是单指的，因而并不妨碍整个结构指称一个具体的事件。

4.2.1.3　"N的V"结构

汉语中还有一类特殊的指称事件的结构，即"N的V"。该结构也可以用于指称活动。"N的V"指称活动将在下一小节讨论。指称事件是"N的V"结构的主要功能。

根据内部组成成分及语义角色的不同，"N的V"可以分为三种情况：

A. 表现完整的事件组成部分：施事、受事、动作行为。

（39）<u>张三的见记者</u>是出于多方面考虑的。

（40）总统对于<u>里比科夫的离开内阁</u>感到很遗憾。

（41）常四爷的<u>爱大清国</u>，有他十分具体的爱法，属武装斗争一类。

（42）在伦敦，她那种天真无知，<u>她的缺乏一切文化教养</u>，都只能使她成为他的秘密玩物，不可能再是别的。

（43）比如郑一远和肖晶的婚礼，和<u>木春和宋小妹的消除误会</u>，热烈拥抱，都显得仓促和突然。

例（39）—（43）中加下划线的部分都是指称一个完整的事件，但是与上面几乎没有形式变化的小句指称不同，它们采用在施事和动词间加入

"的"的形式。如果将"的"看成现代汉语属格标记，那么"N的V"就相当于Koptjevskaja-Tamm（1993：110）所归纳的指称形式中的"属格–宾格式"，即施事（主语）属格化，而受事（宾格）仍保留原来在小句中的形式。

有学者指出，施事、受事、动作行为同时出现的"N的V"结构，多数是语言学家为了语法讨论而专门造出来的句子，人们可以接受却很少使用（参见陈宁萍 1987）。通过语料考察我们也发现，施事、受事、动作行为同时出现的"N的V"结构数量极少，大多数时候是施事和受事仅出现一个。

B. 只出现施事和动作行为。

（44）女儿的帮助深深地感动了这位同学。

（45）这一立场得到与会各国的赞成。

（46）日本的侵略激起国人极大的民族义愤，抗战呼声响彻大江南北。

（47）骑士团的攻击一开始取得了一定的成功，但俄罗斯联军厚重的方阵使他们很难彻底撕开防线。

（48）政府的保护及宏观调控措施，将是避免市场化后出现大起大落的有效"砝码"。

（49）有一个时期，我们的建设有不计成本、破釜沉舟的偏向，说是要算"政治账"。

（50）在这里，成排的车轮脱落或是烟囱生锈的火车头在等待退休铁路工人的维修，重获新生。

例（44）—（50）中的"N的V"结构，N是动作的施事，V是光杆动词。虽然在语境的帮助下，我们可以确定该结构的宾语，但是补出宾语后，句子就不成立了。例如：

（51）*女儿的帮助他深深地感动了这位同学。

（52）*日本的侵略中国激起国人极大的民族义愤，抗战呼声响彻大江南北。

C. 只出现受事和动作行为。

（53）新中国宪法的制定，首先要解决制宪权的正当性问题。

（54）京津地区贫困带的消除，不能单纯依靠"市场之手"。

（55）可惜，他没来得及看到文集的出版。

（56）正常的维修改造更有利于大昭寺的保护。

（57）多年来，经常听他说的话题就是中国现代文学馆的建设。

（58）布达拉宫的维修，在我国的古建筑维修工程中，是政府投资最大、施工周期最长、最为浩繁艰巨的一项工程。

例（53）—（58）中的"N的V"结构，N是动作的受事且为单指，整个结构指称一个具体的事件。

上面所举的例子都是及物动词的情况，还有不及物动词，它们构成的"N的V"结构中，N只能是施事。例如：

（59）客家先民的迁徙不是一次性的，而是多次连续性的。

（60）我们的胜诉，得益于改革开放后国家法制的健全。

（61）也门南北方战争的爆发、巴西石油工人的罢工，特别是长达3个月之久的尼日利亚石油工人罢工等，也给油市带来了一定的紧张气氛。

（62）影片中左权的阵亡、陈赓妻子王根英的牺牲、小战士"马尾巴"的献身，都使我们深感胜利来之不易。

例（59）—（62）中，"N的V"中的动词"迁徙""胜诉""爆发""罢工""阵亡""献身"等都是不及物动词。虽然"N的V"结构允许一部分不及物动词进入，但是从数量上来说，及物动词占大多数。

因此，用于指称事件的"N的V"结构有如下一些特点：

第一，施事和受事通常不同时出现。

第二，N的语义角色无论是施事还是受事，一定都是单指的，这跟事件与特定的参与者相联系有关。必须依靠特定的参与者，说话者才能将动作与特定的事件联系在一起。没有特定的参与者，说话者很难将动作与特定的事件联系起来，这时候指称的就不是一个具体的事件，而是一个概括的活动。

第三，N是施事还是受事与动词的特点有关。有的动词只能与施事构成"N的V"结构，如例（44）—（47）；有的动词只能与受事构成"N的V"结构，如（53）—（55）；有的动词既能与施事也能与受事构成"N的V"结构，如例（48）—（50）和（56）—（58）。至于哪些动词的特点决定了其与哪些语义角色组配构成"N的V"结构，汉语语法研究学界有过一定的讨论，可参考詹卫东（1998a，1998b），沈家煊、王冬梅（2000），高航（2009）等。

由于用于指称事件的"N的V"结构一般不允许施事和受事同时出现，可以认为这种手段类似于Koptjevskaja-Tamm（1993：194）所归纳的指称形式中的"论元减缩式"，即由动词衍生出来的名词构成指称性结构时从来不允许施事和受事两个论元同时出现。

4.2.1.4　数量/指量短语+V

"数量/指量短语+V"在现代汉语中也能够用于事件指称，指称语境中发生的特定事件。例如：

（63）江泽民同志对当前腐败现象发展蔓延的主要原因作了分析：……这个分析是全面和深刻的。

（64）现在我们使带电体运动得更快些，这样，作用于磁极的力增大了，磁针从原来的位置偏转得更显著了。这个观察产生了另一种严重的困难。

（65）这段时间老爸的腰一直很疼，于是，趁着我回家，今天陪他到医院做了一个检查。

（66）孙中山遂决定派蒋介石以"大元帅府行营参谋长"的身份率领"孙逸仙博士代表团"赴苏联进行考察。……这次考察历时三个多月，蒋介石在注重考察苏联军事的同时，也考察了无产阶级专政下的苏联社会概况。

（67）在这种情况之下，原省委记许士杰同志发动了关于"海南开发上、中、下三策"的研讨。……这次讨论确实起到了捍卫特区设方向的作用。

（68）在那些漫长的下午，当她唯一的消遣是坐在摇椅上看最新出版的小说时，那次演出便萦绕在她的心头，占满了她的脑海。

（69）华盛顿大学的卡罗琳·韦布斯特·斯特拉顿做了一次研究。他把母子关系分为三种，……

例（63）—（65）是"指示代词/数词+名量词'个'+动词"的形式，例（66）—（69）是"指示代词/数词+动量词'次'+动词"的形式，功能都是回指前文或某一个曾经发生过的事件。

数量短语可以分成两类，一类是名量短语，一类是动量短语。能够受名量短语修饰是名词的句法特性之一，也是某一结构指称程度高的形式标志（马庆株 1995）。如果动词结构能受名量短语修饰，那么它一定是指称性较强的。依据名量短语来判定指称结构的时候也存在一个问题，那就是名量短语（不包括量词"种"）一般不能修饰抽象名词，而事件指称往往是抽象的。胡明扬（1996：263）指出，抽象名词虽然不能直接受一般名量词的修饰，但是能直接受前置的动量词特别是动量词"次"的修饰。因而，"指示代词/数词+动量词'次'+动词"也可以跟"指示代词/数词+名量词'个'+动词"一样有指称事件的功能。

综上所述，我们认为，现代汉语中用于指称事件的形式手段主要有四类：第一类是小句，即指称事件的小句结构与陈述事件的小句结构采用相同的形式；第二类是VN动宾结构，有时该结构可以根据语境补出主语，有时主语不明确，不能根据语境补出，但是宾语N一定是单指的；第三类是"N的V"形式，一般来说N是动词的施事或受事，相当于Koptjevskaja-Tamm（1993）所归纳的指称形式中的"论元减缩式"；第四类是"数量/指量短语+V"的形式，常用于指称曾经发生的某个具体事件。

4.2.2 汉语的活动指称形式

上一节中我们谈到指称事件一般要求动作的参与者在语境中是单指的，这样才能与具体的事件建立起联系。如果动作的参与者是无指的，那么就很难与具体的事件联系在一起，只能指称概括的活动。

吴怀成（2014：47）将我们上文所说的"事件指称"称为"具体事件指称"，而将我们所说的"活动指称"称为"类事件指称"，意为"对个体事件的高度概括"。从内涵上讲，我们所说的"事件指称""活动指称"与吴文所说的"具体事件指称""类事件指称"既有相同之处，也有一定的区别。首先，吴文观察的范围主要是短语层面和词汇层面的指称化，不包括小句的指称化。其次，他对指称化的分类主要是以指称化的程度来区分的，而指称化的程度主要看指称化结构丧失了哪些动词特征，同时获得了哪些名词特征。具体事件指称是低等程度的指称，类事件指称属于中等程度的指称。指称化程度最高的是"物化事件"指称，即失去了全部动词特征，而获得了受数量定语、名词定语、形容词定语修饰的名词特征。本章我们在观察指称结构的时候，主要从指称的对象出发。指称事件的结构应该包括动作行为和具体的事件参与者，而指称活动的结构只包括动作行为，有时也包括无指的动作参与者。正如前面章节我们论述的那样，事件与活动的差别在于事件与特定的时空相联系，而活动不与特定的时空相联系；事件有特定的参与者，而活动则是泛指的，没有特定的参与者；事件是有界的，而活动是无界的。因此，如果使用"类事件"，落脚点还是"事件"，也就意味着其应当与特定的时空或特定的参与者相关。但是所谓的"类事件"不与特定的时空相联系，也没有特定的事件参与者，不宜再用"事件"来命名。这里我们把不与特定时空相联系、没有特定参与者的结构用于非谓语位置的情况称为"活动指称"。

现代汉语中用于活动指称的形式手段有很多，常见的有六种：① 光杆V；② VN动宾结构；③ N_客V定中结构；④ 小句；⑤ "N的V"结构；⑥ 数量/指量短语+V。下面分别展开说明。

4.2.2.1　光杆V

光杆V由于不涉及事件的参与者，因此可以用来指称活动。

用于指称活动的光杆V，可以是单音节的，如例（70）—（72）：

（70）听是一种准司法行为，同样适用司法审判的公开原则。

（71）哭是一种宣泄感情减压的良方。

（72）在文学中，恨是一种丑陋的审美。

也可以是双音节的，如例（73）—（78）：

（73）逃避是没有用的。

（74）教育有其自身的规律，规律是不能违背的。

（75）沟通是人类社会永恒的主题。

（76）黑朋友在人格上和法律上，已获得肯定。

（77）教育质量的提高依靠改革。

（78）模仿不是创造，而创造离不开科学，其实创造本身便属于科学范畴。

朱德熙（1982：101）虽然认为绝大多数动词都能做主语、宾语，但是语言事实和一系列研究表明，现代汉语中光杆动词做主语、宾语并没有那么自由，而是受到种种条件的限制。尤其是单音节动词，极少单独用于指称某种活动。单音节动词做主语、宾语的时候，谓语只能是有限的几个动词，如"是""有""可以"等。（参见朴重奎 2003，张德岁 2011、2014等）。贺阳（2008：62）举过几个例子，证明光杆动词做主语、宾语单独指称活动的时候，结构的可接受性比较差；但当其组成复杂形式时，就变得很自然了。例如：

（79）a.?增加将造成更多的皮肤癌

　　　　b.有害射线的增加将造成更多的皮肤癌

（80）a.?建立加快了农业社会化的进程

　　　　b.新体制的建立加快了农业社会化的进程

（81）a.?有保护

　　　　b.有警察的保护

（82）a.?导致开始

　　　　b.导致生命的开始

光杆动词单独指称活动与其他形式比起来自由度低，陆丙甫（2012）认为这与谓词的具体性和指称性的关联有关。谓词越具体，内涵越丰富，在人们的认知中就具有更大的可别性，因此也就更容易发生指称。这也可以用来解释为什么双音节动词比单音节动词更容易直接指称，因为双音节动词从语义上来讲要比单音节动词更具体，内涵更丰富。齐沪扬等（2004：43—44）指出，与单音节动词相比，双音节动词具有三个方面的特点：一是代表一个活动，可以用"活动"同指，由多个动作组合而成，如"滑雪""游泳""表演"；二是具有场景性，如"竞选"包括了演讲、投票等多个场景；三是具有过程性，由多个环节构成，如"出版"包括了编辑、校对、印刷等多个环节。双音节动词单独指称一个活动比单音节动词自由，光杆动词单独指称活动在现代汉语中是一种受限的手段。王淑华（2005）的研究证明，如果一个光杆动词能做主语，那么以该动词为核心构成的复杂结构也一定能做主语；但是如果一个复杂的动词结构能做主语，其光杆动词形式不一定能单独做主语。王文给出的解释是，一些动词尤其是心理动词和非动作动词，它们本身的语义不自足，不能表达一个完整的事件，因此很难作为陈述的对象，不能单独用来指称。我们认同这种观点，但是可以进一步深入。一般来说，动词与其论元构成一个更具体的活动时，激活完整的认知框架，才会在人的认知中构成一相对来说识别度更高的认知对象，即具有更高的可别度，人们才能够进行指称。这一点我们还将在第八章中展开更详细的论述。

当然，有些光杆动词在语境中可以补出一个单指的事件参与者，这时光杆动词指称一个事件。例如：

（83）云南的北衙金矿，过去一直被认为是一个铅锌矿的呆矿，勘探花了很多钱，但不能开采。

（84）安利一些直销员说，700元买一个套装加入传销，示范用了不少，自己又用了不少。

例（83）中，光杆动词"勘探"在语境中隐含了宾语"北衙金矿"。例（84）中，光杆动词"示范"隐含单指主语"直销员"和单指宾语"套装"。两个例子实际上都可以看作事件指称。

所以，排除了这些隐含单指主语和宾语的情况，光杆动词一般只能用来指称活动。

4.2.2.2　VN动宾结构

VN动宾结构不但可以指称事件，也可以用来指称一类活动。例如：

（85）吸烟有害健康。

（86）吃药不是小事，吃过量对身体不好，量不够没有用，不得不做一番认认真真的算术。

（87）农村的婚姻，往往就是这样简单，不像城里人有逛公园、看电影、写情书、压马路这一套。

（88）由于街道服务站服务方式灵活，收费低廉，服务范围广泛，从洗衣、做饭、托儿、照顾病人、代买东西、代订书报、预购戏票、清扫房屋、美化家庭以至婚丧嫁娶等都可办理，受到广大职工群众的热烈欢迎。

（89）阅读书籍，对人们的思想总是会有一定影响。

（90）"治理污染、保护环境"，在工业企业中普遍被看作一项沉重的负担，甚至危及企业的生存和发展。

（91）因此研究语言、把握语言应是任何节目都要重视的。

（92）从景气调查结果看，企业对自身的打算，认同率较高的有加强内部管理、培养人才、促进市场销售和技术改造。

例（85）—（89）中的VN动宾结构处在主语、宾语的位置上，都是指称一种活动，这些活动不与特定的时空相联系，也没有特定的参与者。例（85）—（87）是单音节动词与受事的组合，例（88）—（92）主要是双音节动词与受事的组合。与光杆动词单独指称活动相比，动词与受事共同指称一个活动在现代汉语中比较自由，也可以说，VN动宾结构指称活动是现代汉语活动指称比较常用的一种形式手段。

我们认为，VN动宾结构之所以能够经常用来指称活动，主要与认知框架和完形心理有关。

沈家煊（1999b）提出了"认知框架"的概念，指"人根据经验建立的概念与概念之间的相对固定的关联模式"。主要的认知框架有：

① 容器—内容（胃和胃中食；壶和壶中水）

② 整体—组成部分（人体和四肢；一年和四季）

③ 领有者—领有物（学生和书包；小孩和玩具）

④ 劳动者—工具（作家和笔；铁匠和锤子）

⑤ 物体—性状（桌子和大小；女孩和胖瘦）

⑥ 机构—所在地（美国政府和白宫）

⑦ 当事—行为/经历（宝宝哭；他失败）

⑧ 施事—动作—受事/结果（老张开车；小宝写字）

⑨ 施事—动作—与事—目标/受事（玲玲送老师一束花）

其中后三个包含动作行为的，属于"配价图式"（valency schema），是人们认识活动或事件的基本框架。对应于句法结构，即我们前文所提到的"S+V+O"是典型事件的基本结构。

心理学的研究证明，认知框架在心理上是完形的。我们认为这种完形效应体现在两个方面。一个方面即转指或转喻。以"施事—动作—受事/结果"框架为例，出现动作和受事，可以转指施事，如"开车的"指"开车的人"。另一个方面，在配价图式中，即使基本框架只出现一部分，人们也能借助完形效应补出整体，来认识活动和事件。吴怀成（2014：52）指出只有动作和论元结合才能激活一个事件框架，但是他并没有说明原因。我们认为这与人的认知完形效应有关。具体来说，当事件框架为"施事—动作—受事/结果"时，只出现"施事—动作"或"动作—受事"都能代表整个事件。例如：

（93）今天老张开，咱们可以放心了。

（94）<u>写几个字</u>，对小宝来说太容易了。

例（93）（94）中，虽然没有出现完整的事件框架的组成部分，但是人们并不觉得这是不完整的事件。再如：

（95）a. 人民大学出版社今年出版了一部《马克思主义研究》。

　　　　b. 人民大学出版社今年出版了一部《马克思主义研究》，这件事引起了很大反响。

c. 今年出版了一部《马克思主义研究》，这件事引起了很大反响。

d. 出版了一部《马克思主义研究》，这件事引起了很大反响。

e. ?人民大学出版社今年出版，引起了很大反响。

f. *今年出版，引起了很大反响。

g. *出版，引起了很大反响。

例（95）中各例表明，与施事和动作的组合相比（如e句），动作和受事的组合（如c、d句）更容易激活一个事件认知框架；而单独一个动作（如g句），或动作与其他论元的组合（如f句）则很难激活一个事件框架。

从活动与事件的关系角度讲，活动通过与特定的时空和参与者相联系便是事件。也就是说，活动和事件其实是同一种认知框架，不同的是活动是事件的一种抽象表达形式。因此，从理论上讲，只出现"施事—动作"或"动作—受事"也能够代表整个活动。但是由于施事通常都是单指的，联系着特定的事件参与者，因而动作与无指的受事一起，在完形效应的影响下，能够代表一种活动，激活完整的认知框架。上文我们提到活动一般需要动词与其论元共现，构成一个更具体的活动，才会在人们的认识中构成一个识别度更高的认知对象。现在我们可以说，这个论元应当主要是受事论元，因为方式、工具、时间、处所等论元不在该认知框架内。活动需要动词与其受事论元共现，构成一个认知框架，人们才容易识别和认知。

吴怀成（2014：43）认为动词的次范畴分类往往靠光杆宾语。然而，沈家煊、张姜知（2013）指出从认知上讲给动作分类往往是通过方式论元。我们认为吴文的观察是正确的，但是说明得还不够具体。动词与光杆宾语的组合更容易指称一种活动，并不是因为动词的次范畴分类是依靠光杆宾语，而是因为动词与光杆宾语的组合更容易激活一个完整的认知框架。

4.2.2.3　N$_客$V定中结构

正因为动作和光杆宾语的组合更容易激活一个完整的认知框架，所以N$_客$V定中结构就具有了指称活动的可能。现代汉语中，N$_客$V定中结构是一种特殊的指称活动的形式手段。例如：

（96）随着科学技术的发展，语言研究不仅与社会科学，而且还和很多自然科学发生了密切的关系。

（97）学术讨论就是要辩明正确与谬误，这是十分正常的。

（98）环境保护是我国现代化建设中的一项基本保证条件和战略任务，是一项基本国策。

（99）从根本上说，图书发行依然没有摆脱"守株待兔"或曰"姜太公钓鱼"的被动态势，无论是出版社还是新华书店都是静候顾客即读者主动上门，自己挑选。

（100）商品生产不是为生产者自己消费，而是为了交换而进行的产品生产。

（101）经济体制改革是中国改革开放最重要的内容之一。

（102）英美模式着重学术考证和作品欣赏，近年来也对思想和社会背景给以更大注意。

例（96）—（102）中，都是N客V定中结构指称活动。N客V定中结构还可以转化成VN或"N的V"结构，转化后的句子依然可以成立。例如：

（103）a. 随着科学技术的发展，研究语言不仅与社会科学，而且还和很多自然科学发生了密切的关系。

b. 随着科学技术的发展，语言的研究不仅与社会科学，而且还和很多自然科学发生了密切的关系。

（104）学术的讨论就是要辩明正确与谬误，这是十分正常的。

（105）保护环境是我国现代化建设中的一项基本保证条件和战略任务，是一项基本国策。

虽然N客V定中结构转化成VN或"N的V"后，句子基本都能够成立，但是从语感上来讲，N客V定中结构更像是一个不可分割的整体，很多学者认为它类似于一个复合词，而VN和"N的V"结构更像是一个临时性的组合。

与其他指称活动的结构相同的是，N客V定中结构的N也都是无指的名词或名词短语。与其他指称活动的结构不同的是，N客V定中结构中的V只能是双音节的及物动词（V的其他特点我们将在第五章讨论）。

N_客V定中结构属于Koptjevskaja-Tamm（1993：184—191）归纳的指称化形式手段中的"融合式"，即由受事构成复杂行为名词的一部分的指称化结构。

4.2.2.4 小句

现代汉语中，指称一类活动同样可以使用小句的形式。与小句形式的事件指称不同的是，活动指称小句中的主语、宾语都需要是无指的形式：

（106）<u>主人请客人吃什么</u>是主人的情意。

例（106）中的主语"主人"和宾语"客人"在语境中都是无指的名词，整个小句指称一类活动而不是一个具体的事件。

还有很多例子是表示"主事—性质/变化"关系的。当主事是无指的名词时，构成的主谓结构小句可以用来指称一类活动。例如：

（107）<u>经济复苏</u>开始之后，往往会出现衰退的第二波。

（108）<u>经济发展</u>、<u>商品流通</u>，都有其自然的、历史的发展规律和联系。

（109）今后，<u>人口增加</u>、<u>耕地减少</u>、<u>人民生活水平提高</u>这三个趋势不会改变。

（110）<u>土地荒漠化</u>、<u>资源匮乏</u>、<u>环境污染加剧</u>、<u>气候变化</u>、<u>淡水资源短缺</u>、<u>臭氧层的破坏</u>、<u>森林锐减</u>和<u>物种加速灭绝</u>等等都是自然界受到巨大创伤后给我们敲响的报复警钟。

例（107）—（110）中的NV主谓结构均是表"主事—性质/变化"关系的。由于作为主事的名词都是无指的，因而以上画线部分都是活动指称。

由于事件指称和活动指称都可以用小句结构来表示，有时事件和活动并不容易区分。例如：

（111）<u>中央银行调控货币总量</u>将会对经济总体趋势造成一定影响。

如果这里的"中央银行"是无指的，那么整个小句是活动指称；如果

"中央银行"是有指的，那么整个小句就是事件指称。

4.2.2.5　"N的V"结构

"N的V"结构指称活动时，N和V的关系一般有两类：一类N和V是"主体—动作"的关系；一类N和V是"客体—动作"的关系。

"主体—动作"关系的"N的V"，例如：

（112）气候的变化可能会引起一系列的问题：……

（113）流动人口的增加意味着一个城市的活力。

（114）经济的发展、人们生活水平的提高，也使人们对文化生活有了更高的要求。

（115）资源的减少和环境的恶化，使我们人类的未来面临着更加严峻的挑战。

（116）白银货币的流通，在清朝初年是比较稳定的，当时对外贸易出口生丝、茶叶、瓷器等，输入的主要是白银。

例（112）—（116）中都是"N的V"结构指称一种活动。在这些例子中，几乎都可以去掉"的"，构成小句形式的活动指称。同样，有些"N的V"结构是指称具体事件还是活动，边界是比较模糊的。如例（116），"白银货币的流通"也可以看作事件指称。

虽然构成"主体—动作"框架的"N的V"结构和NV主谓结构都能用来指称活动，且两者可以比较自由地转化，但是"N的V"形式由于使用了指称化标记"的"，因而其指称化程度高于没有形式标记的NV主谓结构。

"客体—动作"关系的"N的V"结构，例如：

（117）农业生态环境的保护是稳定和提高农业综合生产能力的根本途径，关系到整个国民经济的可持续发展。

（118）它不设信息处理中心，信息的处理由各部门自己完成。

（119）废纸的回收利用无论从资源的利用与保护，还是从环境保护的角度上分析，都具有显著的社会效益。

（120）水污染的治理关键是执法，全社会特别是领导干部应该提高认识，高度重视。

（121）<u>历史地理的研究</u>不应该仅仅停止在静态的时空变化中，要与人类活动的足迹联系在一起。

（122）<u>图书的出版</u>现在越来越被当作商品生产和经济活动来对待和从事，这已成为一个基本的事实和定势。

例（117）—（122）中"N的V"指称一种活动，可以认为是由指称活动的VN动宾结构转化而来的。但并不是所有的指称活动的VN动宾结构都能够转化成"N的V"结构。如果V是单音节的，如"吃饭""看电影"等，就不能转化为"N的V"结构。也不是所有双音节的V构成的VN动宾结构都能够发生转化。有些VN动宾结构变成"N的V"结构可接受度比较高，如"保护环境——环境的保护""治理污染——污染的治理"。有些VN动宾结构变成"N的V"结构可接受度要差一些，如例（88）中指称活动的一些VN动宾结构"照顾病人""代买东西""代订书报""预购戏票""清扫房屋"，变成"N的V"结构"病人的照顾""东西的代买""书报的代订""戏票的预购""房屋的清扫"，其可接受度就不如"环境的保护"和"污染的治理"。"病人的照顾"等如果作为指称化结构，只能指称事件，很难指称活动。吴怀成（2014：63）认为"N的V"结构和VN动宾结构在意义上有一些差别。"N的V"结构更体现活动是自然发生的，而VN动宾结构由于保持及物性，突出了该活动是人为有意识促成的。我们这里暂时不探讨两者意义的差别，但是可以肯定的是，因为"N的V"结构携带指称化的标记"的"，所以与VN活动指称相比，其指称化程度更高。

"N的V"结构也是现代汉语中比较常用的一种指称活动的手段，表示"主体—动作"关系的"N的V"结构主要是论元属格化；而表示"客体—动作"关系的"N的V"结构既是论元属格化，也是论元减缩，因为其主体论元一般不能出现。

4.2.2.6　数量/指量短语+V

除了上述五种常用的指称活动的形式手段外，"数量/指量短语+V"也可以用来指称某种活动。在上一小节我们提到，"数量/指量短语+V"结构可以指称具体的事件，在一定的语境下，同样的形式手段也可以用来指称一种活动。判断"数量/指量短语+V"结构是指称事件还是指称活动要根据具体的语境。如果"数量/指量短语+V"与语境中某个具体的事件相关，那么该结构就是事件指称；如果"数量/指量短语+V"不与语境中某个具体的事件相关，而是代表一种抽象的活动，那么该结构就是活动指称。例如：

（123）医院各科室对病人的检查时间安排也不合理，导致患者今天做一个检查，明天做一个检查，过几天还得做化验，每次排很长时间的队，给病人带来极大的不便，也促使病人去托熟人。

（124）在无人为我们鼓掌的时候，给自己一个鼓励；在无人为我们拭泪的时候，给自己一些安慰；在我们自惭形秽的时候，给自己一片空间、一份自信。

（125）它使下属认识到，完成一定的任务会带来积极的奖励，这种奖励不仅包括物质奖励，更重要的还包括精神奖励和从社会各方面得到的尊重。

（126）这种不加改变的方式对于剧变中的儿童来说，其实是一种压制，是希望儿童退回到过去的状态。

（127）共产党员要避免这种可怕的危险的结局，在革命斗争中逐步成长起来，都离不开党的教育、同志的帮助、群众的监督。但是，这种教育、帮助和监督能否起作用，起的作用是大还是小，从根本上说还是取决于共产党员自己主观上的努力。

例（123）—（127）中的"数量/指量短语+V"都指称一类活动。例（123）中的"一个检查"不是指称某一个具体的人在某时某地检查的事件，而是指称"检查"这类活动。其他例子也同样如此。

与"数量/指量短语+V"指称事件不同的是，指称活动时该结构主要使用名量词，因为动量词"次"往往代表动作是有终结点的，即所指称的事件是有界的。与"数量/指量短语+V"指称事件相同的是，该结构指称活动时也是指称化程度最高的形式。当人们用"数量/指量短语+V"这种形式手段指称某种活动时，在认知上往往把这种活动当作一个更接近于名词的实体，因而用修饰名词的手段来指称。

综上所述，现代汉语中常用的指称活动的形式手段主要有光杆V、VN动宾结构、N$_客$V定中结构、小句、"N的V"结构、"数量/指量短语+V"，对应于Koptjevskaja-Tamm（1993）的以下几种类型：小句式、论元属格式、论元减缩式和融合式。虽然"数量/指量短语+V"并不属于Koptjevskaja-Tamm（1993）所列举的指称化的形式手段，但却是孤立语的一种常见的指称化结构（吴怀成2014：99）。当然我们并不是说现代汉语中仅有这几种指称活动的手段，以上这些仅是比较常见的成系统的类别。还有一些其他的形式手段，在特定的句法环境下也能够用于指称活动，这里仅举两例：

> （128）采用谎称有奖或者故意让内定人员中奖的欺骗方式进行有奖销售。（兼语结构）
>
> （129）最近，该局对四个衰老矿井重新分类，根据不同情况分别实行独立法人承包和委托法人经营等方式，法人实行年薪制，并交纳风险抵押金，把经营者的利益和企业的发展挂上了钩。（主谓结构、兼语结构）

4.2.3　高度规约化活动的指称形式——N$_客$V定中结构

上文我们列举了现代汉语中事件指称和活动指称所采用的一些主要的形式手段。通过对比我们发现，能够指称事件的形式手段也都能够用来指称活动；而能用来指称活动的形式手段，不都能够用来指称事件。只能用来指称活动的形式手段主要是光杆V和N$_客$V定中结构。由于光杆V指称活动是一种比较受限制的手段，而且在特殊语境下也能够用来指称事件，因此可以说，N$_客$V定中结构是现代汉语中一种专门用来指称活动的形式手段。

这一节我们主要探讨N$_客$V定中结构指称化的类型学特征。N$_客$V定中结构的类型学特征表现在它属于融合式指称，用来指称一种高度规约化的活动，已经成为现代汉语中一种比较能产的指称化形式手段。

在以往的对汉语NV定中结构的研究中，一些研究提到了NV定中结构的结构义或结构功能。李晋霞（2003）明确指出NV定中结构的结构义是"从名词所表示的概念范畴角度对动词所表示的动作行为进行分类"。齐沪扬等

（2004：24）认为由述宾短语转化而来的NV定中结构总是表现出类别指称义，随着N的改变，NV定中结构会指称不同的相关类别。傅爱平（2004）从广义事件框架的角度来理解NV定中结构。她所定义的广义事件框架，包括客观世界与V这个事件有关的各个角色，也包括人们从各个方面对V这个事件的认识和作用。由V构成的名词性结构是在V的事件框架中把某些成分提取或凸显出来，按一定的格式与动词组合，指称特定的对象。例如在"生产"的事件框架下，可以提取施事成分组成V+N格式的"生产企业"，指称事件框架中的施事；也可以组成N+V格式的"企业生产"，用施事来限制"生产"的内涵，指称事物化的事件"生产"。在"管理"的事件框架下，可以提取受事成分组成N+V格式的"企业管理"，用受事来限制"管理"的内涵，指称事物化的事件"管理"。所以傅文也认为NV定中结构是一个指称性结构，是从论元的角度限制事物化事件的内涵并进行指称。吴为善（2013）认为NV定中结构是一种事件称谓，能够进入该结构的V都是事物化的事件，N是从关涉对象的范围来给V分类。吴怀成（2014：65）则认为NV定中结构是对事件类型的下位分类，能够进入该结构的V一般能够单独激活一个事件框架。

以上学者对NV定中结构的结构功能的认识，有的仅限于我们第三章所界定的典型NV定中结构N_客V，有的还包含非典型的NV定中结构N_非客V。无论在哪种范围下，学者们都注意到NV定中结构中主要是N为客体的情况。然而，在对NV定中结构结构义或结构功能的概括上，以上研究都没有反映出NV定中结构的这一特点。从结构关系上讲，学者们都赞成N对V起修饰限制作用，因而N是对V的分类。在第三章中我们也做了考察，对动作的分类主要是从方式的角度出发。所以我们不得不重新审视NV定中结构的结构义和结构功能。如果N是对V的进一步分类，为什么N主要是客体而不是其他语义类型？

第二章中，我们回顾并总结了类型学关于指称化的研究成果。Comrie and Thompson（1985：335）指出很多语言都存在一种复杂的行为名词形式，它们的形成来源于动词和其直接宾语构成的动词短语，构成复杂行为名词时需要颠倒动词和宾语的顺序。在英语中，这是一种比较能产的形式，如

house-hunting，tree-trimming等。Koptjevskaja-Tamm（1993）进一步将这种指称手段归纳为融合式，即该指称化结构由两个直接组成成分构成，位于前面的组成成分是受事，位于后面的组成成分是由动词衍生的名词，它们共同组成一个更大的行为名词，也可以说是构成一个复杂行为名词。这里所说的复杂行为名词就是本书所指的指称化结构。

我们再来看现代汉语的N$_客$V定中结构。从组成成分内部的语义关系上讲，N和V是客体和动作的关系；从整体功能上讲，N$_客$V定中结构是一种指称化的结构。因此，N$_客$V定中结构就是类似于Comrie and Thompson（1985：335）所指的复杂行为名词，属于融合式手段构成的指称化结构。范晓（1991b：54）认为在很多语言里，定语是用来修饰名词性词语的，但在汉语里，却有定语修饰谓词性词语的情形，这也构成了汉语语法的一个特点。从上述观点来看，定语修饰谓词性词语并不是汉语特有的语法特点，而是世界语言中一种普遍存在的现象。

虽然从类型学上讲，N$_客$V定中结构是一种普遍存在的指称化的形式手段，但是这还是没有从根本上说明为什么N总是动作的客体。前文我们借用认知框架理论和完形心理说明动词和其客体宾语的组合更容易激活一个事件框架。"施事—动作—受事"构成基本的事件认知框架。人们在认识事件的时候具有完形心理，即可以透过"动作—受事"的部分来感知整个事件。活动是事件去掉时空和特定参与者后形成的抽象类别，而施事往往是有定的也就是特定的参与者，所以作为一种活动指称，N$_客$V定中结构中的N主要是受事。

"N+V"的组合在短语层面可以表示三种不同的句法结构关系：主谓关系、状中关系和定中关系。NV结构更倾向于被理解为何种类型，与N的论元类型密切相关。当N为主体时，该结构更倾向于被理解为主谓关系；当N表时空、凭借、由据时，该结构更倾向于被理解为状中关系；而N为客体时，该结构更倾向于被理解为定中关系。可以说，N的论元类型与N$_客$V定中结构之间存在着无标记的组配。

Koptjevskaja-Tamm（1993：189）指出，世界上不同的语言中，N$_客$V定中结构的能产性不同。有的语言非常能产，如英语；而有的语言则很不能产。在俄语中，只有那些高度规约化的活动才能用N_客V定中结构来指称，例如有čajpitie—tea-drinking（喝茶），kofepitie—coffee-drinking（喝咖啡），却不能说sokopitie—juice-drinking（喝果汁）。因为在俄语使用者的认识中，只有"喝茶"和"喝咖啡"才是高度规约化的活动，而"喝果汁"并不是高度规约化的活动，不能用N_客V定中结构来表示。在楚克奇语（Chukchee）中，uñélyä't（燃料收集），nuurkíqinet（树木砍伐）是高度规约化的，它们使用融合后的复合词（动词）的形式来表示，而úttuut népriä'n（灌木折断），ä'ttwet ġetíneñeLin（船只装载）则使用独立的动词和名词来表示：

（130）vai　uñélyä'　ġuq,　nuurkíqinet úttuut　　népriä'n…

there fuel.gathered oh!　wood.cut　brushwood plucked

garančêmaúlên,　uwä´'quč　ä'ttwet　ġetíneñeLin　yaráñı

tent.broken.has　husband　boat　loaded.has　tent

nineiñéqin.

loaded.on

They gathered fuel, cut wood, and broke off brances of bushes...(when she came home,) her husband had broken camp, loaded a boat, and loaded the tent on the boat.

他们收集了燃料，砍伐了树木，折断了灌木枝……（当她回家的时候）她的丈夫已经拆了帐篷，把船装好，帐篷也装在船上了。

（Mithun 1984：861）

但是语言类型学对这种融合性指称手段的研究还不够充分。正如Koptjevskaja-Tamm（1993：184—191）所指出的那样，这种融合式的指称手段与其他指称手段共同在一种语言中使用，现在还没有充分的研究证据说明一种语言中什么时候会使用融合式表达指称。

关于名词的融合，Mithun（1984，1986）做了一系列相关研究。他指出名词融合入动词构成复合词（lexical compounding）是名词融合（noun incorporation）最常见的一种类型。复合词的形成受命名动因的促发，只有那些值得被命名的实体、属性和活动才会构成复合词。以英语当中的名词性复合词为例，有bus money（车票钱），lunch money（午饭钱），而sock money（袜子钱），berry money（浆果钱）就很少见，除非是在某些特殊场合，比如某人被雇佣采摘浆果，那么他的工资可以说成berry money。名词融合入动词形成的动词性复合词[①]，也是用来命名"可识别的活动"（recognizable activities）。例如，在英语中，如果询问Where is your brother?，使用名词融合结构的可接受程度不同：

> （131）a. He is out berry-picking.
>
> 　　　 b. He is off mountain-climbing.
>
> 　　　 c. *He is out ladder-climbing.

berry-picking和mountain-climbing都是可接受度比较高的。ladder-climbing虽然句法没有问题，但是一般不这么说，因为ladder-climbing不是一个规约化的活动；除非在一些特殊语境下，ladder-climbing成为一种新的体育项目或者在消防训练中使用。因此，他认为N_客V结构这种融合式的形成表现了一种活动在该语言中多大程度上被规约化，值得被命名。

4.3　N_客V定中结构的指称化程度

4.3.1　汉语指称化形式与指称化程度的关系

在前面的小节中，我们梳理了现代汉语中指称不同对象所使用的形式手段。事件指称的形式手段主要有四种，可以分为三类：一类是小句和VN动宾结构，一类是"N的V"结构，一类是"数量/指量短语+V"结构。这三类事件指称形式分别代表了不同的指称化程度。

同其他语言一样，小句指称形式代表了最低程度的指称化。因为发生了指称化的小句在形式上跟陈述句一致，动词在小句范围内仍然是谓语

---

① Mithun的研究包括英语中house-hunting这样的指称化结构，也包括N融合进V后构成的NV动词性结构。后者的表现不同语言有差异，有的成为不及物动词，有的仍然可以带宾语，这也构成了不同的融合类型。他将这种现象统称为融合后形成的动词性结构。

的核心，可以带时体助词，及物动词可以带宾语或补语，受状语修饰。例如：

（132）<u>中国队昨天输了那场比赛</u>让很多人都大跌眼镜。

例（132）中，"中国队昨天输了那场比赛"是典型的小句指称形式。在这个指称化的小句中，动词"输"是小句的谓语中心语，它可以带时体助词"了"，可以带宾语"那场比赛"，时间名词"昨天"做状语修饰整个谓语部分。如果脱离了该语境，该小句一般表示陈述而非指称。也可以说，小句的指称化往往是小句在特殊条件下发生的临时性的功能转化。如果人们在表达指称时仍使用陈述性的结构，表明在人们的认知里仍旧将其看作一个在特定时空发生的事件，只是出于特定的语用需求如将某事件作为谈论的话题时，才临时发生功能的转化。因此，用陈述性结构来表达指称，指称性是最弱的。

VN动宾结构指称事件时，指称化程度也比较低。有时能够根据语境补出主语，类似于小句指称；有时虽然主语不显著，不能够根据语境补出主语，但是仍然保持着陈述性结构的语序，也能携带时体标记。例如：

（133）<u>修好了这个电视</u>就算完成任务。

上例中，VN动宾结构仍然可以携带时体成分，形式上为陈述性结构，类似于一个小句，因而指称化程度较低。

指称事件的"N的V"结构是中等程度的指称化。从结构上来说，"的"是属格标记，"N的V"是属格化结构，而属格化结构是典型的指称性结构。与小句形式使用陈述性结构来指称相比，使用指称性结构来指称本身就表明，在人们的认知中，该事件是作为一个更抽象的实体来整体认知的，而不是临时发生的功能转化，因而指称性更强。而之所以说"N的V"结构是中等程度的指称化，原因在于V并没有完全失去动词的属性。虽然其中的动词不能在结构中充当谓语中心的角色，失去了时体标记，但是它仍能够带宾语、补语，受副词修饰。例如：

（134）总统对于<u>里比科夫的离开</u>（*了）内阁感到很遗憾。

（135）《东京梦华录注》的再次出版（*了），已充分显示了这个注本的生命力。

例（134）（135）中动词在指称性结构中不能做谓语中心，失去了时体标记，但是仍然能够带宾语，如"离开内阁"，受副词修饰，如"再次出版"。

"数量/指量短语+V"结构是最高程度的指称化。数量结构是典型的指称性结构，因为从认知上来说，有边界的实体才是可以计量的。如果只从结构类型上讲，可能只能说"数量/指量短语+V"结构的指称化程度高于小句指称；但是如果从结构内部动词的表现上来说，"数量/指量短语+V"是最高程度的指称化结构，因为其中的动词失去了所有动词的特征。以典型的由名量词构成的"数量/指量短语+V"指称化结构为例：

（136）a. 江泽民同志对当前腐败现象发展蔓延的主要原因作了分析：……这个分析是全面和深刻的。

b. *江泽民同志对当前腐败现象发展蔓延的主要原因作了分析：……这个分析了是全面和深刻的。

c. *江泽民同志对当前腐败现象发展蔓延的主要原因作了分析：……这个分析现象是全面和深刻的。

d. *江泽民同志对当前腐败现象发展蔓延的主要原因作了分析：……这个多分析是全面和深刻的。

例（136）中，动词"分析"既不能做谓语、带时体助词，也不能带宾语、受状语修饰，失去了动词的全部特征，反而获得了受名量词修饰这一名词的特征。因此整个结构代表了最高程度的指称化。

以上我们所列举的都是各个形式手段最典型的用例。形式手段内部还可以再分类，或者有一些特殊情况，其指称化的程度都会有所不同。比如，"N的V"结构可根据施事、受事是否同时出现分为三种不同的类型：当施事、受事同时出现时，"N的V"的指称化程度较低，因为动词仍能够携带宾语；当N是受事时，"N的V"指称化程度较高，因为动词不再能够携带宾语；当N是施事时，指称化程度中等，动词不携带宾语，但是保留了指派宾语的能力。

从对事件指称三类不同指称化形式手段指称化程度的分析中，我们可以看出，如果从形式出发来判定某一结构的指称化程度，可以参照两个标准：

第一，看该形式使用陈述性结构还是指称性结构来表达指称。使用指称性结构来表达指称的比使用陈述性结构来表达指称的指称化程度高。这也符合Koptjevskaja-Tamm（1993：6—7）所提出的：指称化的程度与指称化形式的内部句法结构相关，看其更像一个小句还是一个名词短语。

第二，看结构中动词的表现形式。指称化程度的判定要看动词失去多少动词的特征，以及获得多少名词的特征。根据Malchukov（2006）提出的动词范畴的层级化序列，汉语动词在指称化的过程中最先失去的应该是时间状语和时态，接着是方式状语，最后失去的是指派宾语的能力；根据名词范畴的层级化序列，汉语动词在指称化的过程中最先获得的是受关系格名词修饰的特征，这时指称化程度较高，当其受数量短语修饰时，指称化程度更高。

4.3.2　指称化程度高的活动指称——N客V定中结构

根据上一节提出的判定指称化程度的两条标准，我们来看活动指称的各个形式手段的指称化程度。

现代汉语活动指称的形式手段主要有六种：光杆V、VN动宾结构、N客V定中结构、小句、"N的V"结构、"数量/指量短语+V"。在这六种形式手段中，VN动宾结构、小句使用陈述性结构表达指称，指称化程度较弱；"N的V"结构、N客V定中结构和"数量/指量短语+V"结构使用指称性结构来表达指称，指称化程度较强。

指称化程度较强的三种形式手段中，与事件指称类似，"数量/指量短语+V"结构仍表示最高程度的指称化。"N的V"结构、N客V定中结构虽然都失去了指派宾语的能力，但是N客V定中结构是凝固性较强的指称性表达，反映了它所指称的活动在人们的认知中具有相对稳定的地位，人们更倾向于把它看作一个实体，因而它的指称性要强于"N的V"结构。我们将在6.2小节对"N的V"结构与N_备V定中结构指称化程度的差异作进一步的分析。

这里比较难处理的是光杆V形式表指称的情况。由于光杆V没有进入更大的组合，我们无法判定它使用陈述性结构还是指称性结构来表达指称。理论上说，既可以认为其陈述性比较强，也可以认为其指称性比较强。但实际情况却并不是如此：

（137）打没有用。

（138）刺激没有用。

虽然上面两例中都是光杆V表示指称，但是从语感上讲，例（138）中光杆V的指称性似乎强于例（137）。为什么会有这种语感的差异？我们认为这与动词本身的指称性有关。

我们前面讨论的都是结构的指称化程度，而对于汉语这种缺乏形态变化的语言来说，动词本身也有指称化程度的差异。正如我们在2.1.2节中讨论过的，指称和陈述在汉语中可以用于两个不同的层面，一个层面是还未进入组合的词的层面，可以对它们可能实现的功能进行倾向性的预测；另一个层面是句法结构层面，用来说明该短语结构或句法位置能够实现什么功能。这种功能的倾向性实际上就是说动词本身是否具有一定的指称性。

对于形态丰富的语言来说，当动词表示指称功能时，往往伴随着形式上的变化。以英语为例：

（139）It exists between your ears. You create it.

（140）She asserted that she was creating a new paradigm.

（141）Creating is fully active participation.

（142）From creating of modern novel, we can see that the poem ending is more artic than sudden and direct ending.

例（139）中，create是动词的原形，做谓语，是陈述性的。例（140）中，creating是动词的现在分词，虽然所在的小句可以整体指称，但是动词仍然带时体标记，带宾语，做谓语中心，因此陈述性较强。例（141）（142）中，creating是动词的指称化形式，不能做谓语中心，指称性较强。

而对于汉语来说，动词表示指称的时候，没有形式上的变化：

（143）第二次世界大战后，日本<u>创造</u>了资本主义国家经济发展的奇迹。

（144）模仿不是<u>创造</u>，而<u>创造</u>离不开科学，其实<u>创造</u>本身便属于科学范畴。

（145）在提供优质产品的同时，精准营销更注重服务价值的<u>创造</u>。

因此，对英语来说，动词功能的判定既可以根据形式，也可以根据句法位置。而对于汉语来说，动词功能的判定不能根据形式，只能根据出现的句法位置。从另一个角度来看，汉语中同样形式的动词对应于两种不同的功能。

吴怀成（2014：29—32）提出汉语不存在所谓的"名动词"是非常有见地的。一些研究（如裘荣棠1994等）质疑名动词的说法的主要原因就在于名动词没有一个明确的定义。而且按照朱德熙先生提出的判断名动词的标准，如果采用析取的方式，所划分出的名动词的范围过窄，不符合人们的语感；如果采用合取的方式，所划分出的名动词的范围过宽，破坏了名动划分的意义。我们再来看看朱德熙（1982：60，1985）和胡明扬（1996：262—263）所提出的几个划分名动词的标准：

A. 能做准谓宾动词的宾语

B. 能做"有"的宾语

C. 能修饰名词

D. 能受名词的直接修饰

E. 能受名量词或动量词"次"的修饰

以上这些标准实际上是提供了不同的句法位置。这些句法位置是判定动词是否具有指称功能的主要句法位置。也就是说，只有指称性强的动词才能够进入这些位置。能进入的位置越多，说明动词的指称性越强。而这种指称性是动词本身具有的属性。正如我们在2.1.2中所提出的，汉语中一些动词本身兼具指称和陈述的双重功能，而另一些动词只具有陈述性功能。

很多学者都曾探讨过单双音节动词功能的差异（陈宁萍1987；张国宪

1989a、1989b、1994；李晋霞 2008；沈家煊 2009、2012、2013等），大都认同双音节动词是动词功能增殖的必要条件之一，虽然不是充分条件。我们设想，单双音节动词功能的差异与汉语缺乏形态手段有关。在形态丰富的语言中，动词的指称性可以通过添加词缀来标记。如果说名词化动词在表义上具有名词与动词的混合性特征，其动词意义由动词本身来表达，而名词意义由词缀来表达。而汉语由于缺乏形态的手段，动词只能通过自身来表达指称的意义，这就为动词功能的增殖提供了可能性。如果全部动词的功能都发生增殖，那么就会使汉语缺乏最基本的名动区别，因此汉语只能是部分动词发生增殖。至于为什么双音节动词会发生功能增殖，以及还有哪些条件会对动词的功能增殖产生影响，则有待于进一步的考察。

我们再回到上面例（137）（138）。之所以"刺激"做主语比"打"做主语时语感上指称性更强，是因为"刺激"本身具有一定的指称性，如可以说"进行刺激""有刺激""几个刺激""刺激作用""心理刺激"等。当用在具有指称性的主语位置时，更容易激活其本身的指称性。而"打"本身是陈述性的，即使用在指称性的位置，也是临时的功能转化，人们更倾向于将其理解为陈述性较强的成分。

至于$N_客V$定中结构和光杆V指称性的强弱，我们可以从结构中动词失去动词性特征和获得名词性特征的角度来判定。在$N_客V$定中结构中，动词失去了指派宾语的能力，而获得了受名词修饰的能力；光杆V进行指称时，并没有失去指派宾语的能力，也没有获得受名词修饰的能力。因此$N_客V$定中结构的指称性要强于光杆V。

因此，这六种活动指称的形式手段，按照指称化程度从高到低可以排序为：

数量/指量短语+V>$N_客V$定中结构>"N的V"结构>光杆V>VN动宾结构、小句

由活动指称指称化程度的序列可以看出，$N_客V$定中结构是一种指称化程度较高的形式手段。

4.4　N客V定中结构的混合性语类属性

在第二章中我们曾指出，类型学对指称化的新认识不仅是关于指称化的形式手段，还有对指称化性质的认识。Hopper and Thompson（1984）、Koptjevskaja-Tamm（1993：6）等均认为指称化结构并没有完全转变成名词，而是在形式、语义和篇章功能上结合了动词和名词的双重特点，具有混合性特征。从整体上来说，指称化结构的语类属性介于名词和动词之间；具体来说，不同指称化结构的语类属性表现不同，有的更靠近名词，有的更靠近动词。

N客V定中结构作为一种以指称性结构来表达指称的形式，其语类属性必定更靠近名词一端。但是作为一种具有混合性性质的结构，不能将其语类属性简单地等同于典型名词所表现出的特性。

一个结构的语类属性主要通过其句法位置来表现。不同的句法位置对应于不同的表达功能（参见郭锐2000，陆俭明2003，周国光2007等）。主语、体宾动词的宾语、准谓宾动词的宾语和介词宾语是指称性较强的句法位置；谓语、补语、真谓宾动词的宾语是陈述性较强的句法位置；定语和状语是实现修饰功能的句法位置，修饰性句法位置的功能介于指称和陈述之间。从整体上来说，N客V定中结构可以出现在指称性较强的句法位置，也可以出现在具有修饰功能的句法位置（做定语），但是不能出现在陈述性较强的句法位置。

4.4.1　指称性句法位置

我们先来看看N客V定中结构出现在指称性句法位置时的情况。

4.4.1.1　做主语

N客V定中结构可以占据主语的位置。当N客V定中结构做主语时，对谓语成分表达的意义是有一定限制的，不同于典型名词或典型指称性成分做主语的情况，而更类似于陈述性成分或结构做主语的情况。车竞（1994）指出N客V定中结构做主语与一般动词充当主语的条件相同，通常出现在谓语表示判断、产生、存在、起始、评议等意义的句子里。我们对语料的考察也支持这一论断。例如：

> （146）<u>环境保护</u>是我国的一项基本国策。
>
> （147）<u>工商管理</u>作为一门科学在我国是伴随着市场经济体制的建立和完善而逐渐受到普遍的重视的。
>
> （148）<u>国企改革</u>有许多新鲜思路、新鲜经验和措施，……
>
> （149）<u>图书出版</u>不仅包括精神生产，而且包括物质生产。
>
> （150）<u>资格审查</u>应以企业各自的出口实绩和外销价格为准，对深加工和原料出口政策应不一样。

例（146）—（150）中的谓语都是对主语的性质或内涵进行的解释说明，不同于典型名词做主语的情况。从$N_客V$定中结构做主语对谓语成分的限制情况来看，虽然$N_客V$定中结构整体上被认为是指称性的，但是它与一般的指称性结构在语义属性上还是存在一定的差别。$N_客V$定中结构是对活动的指称，不具有典型名词性主语（主要指施事）在表义上的自主性、感知性、使动性、位移性等特点[①]。因此，从$N_客V$定中结构做主语对谓语动词的限制来看，$N_客V$定中结构与典型的名词还是有一定的差异。

4.4.1.2 做宾语

体宾动词的宾语、准谓宾动词的宾语和介词宾语是实现较强指称功能的句法位置，$N_客V$定中结构只能做准谓宾动词的宾语和部分介词的宾语，而不能做体宾动词的宾语。

朱德熙（1982：58—61）根据宾语的性质将谓语动词分成两大类。能带体词性宾语的动词称为"体宾动词"，如"买（东西）""修理（电灯）"；能带谓词性宾语的动词称为"谓宾动词"。谓宾动词可以进一步分为两类。一类是真谓宾动词，其宾语可以是光杆动词，也可以是主谓结构、动宾结构、动补结构、连动结构或状中结构，如"同意（参加/参加会议/立刻参加/坐火车参加）""喜欢（笑/说话/大家一起吃饭）"；一类是准谓宾动词，其宾语不能是主谓、动宾、连动等结构，只能是双音节动词或定中结构，如"进行（调查/农村调查）"。

---

① 典型名词性主语的语义特点，参见陈平（1994）。

N_客V定中结构不能做体宾动词的宾语，如例（151）（152）：

（151）购买土地——*购买土地使用

（152）修理房屋——*修理房屋租赁

典型的名词可以做体宾动词的宾语，而N_客V定中结构虽然具有一定的指称性，但是与典型的具有指称性的名词还是有所不同，不能做体宾动词的宾语就是一个具体的体现。

现代汉语中的准谓宾动词主要有"进行、有、作、加以、给以、受到、予以"等。周刚（1987）根据形式动词的语义和句法表现将其分成两类。一类是表示施加义和授予义的"加以""予以""给以""给予"，称为DVa类；一类是表示从事义和举行义的"进行"和"作"，称为DVb类。DVa类准谓宾动词不能带N_客V定中结构做宾语，只有DVb类能带N_客V定中结构做宾语。例如：

（153）进行语言研究——*加以语言研究

（154）进行环境保护——*予以环境保护

N_客V定中结构进入这两类准谓宾动词的差异与两类动词的语义特点和N_客V定中结构的语义功能相关。DVa类表示施加义和授予义，语义上具有短时完成、非持续、无过程、要求受事的特征；而DVb类表示从事义和举行义，语义上具有非短时完成、持续、有过程、不要求受事的特点。

DVa类：【+短时完成】【−持续】【−过程】【+受事】

DVb类：【−短时完成】【+持续】【+过程】【+/−受事】

从以上语义分析可以看出，DVa类更强调动作本身，表示将某种行为施加到某人或物之上，而DVb类强调的是从事某种活动，N_客V定中结构表达的正是一种规约化的活动，不强调动作本身，仅指称活动的类型。

N_客V定中结构与DVb类动词的搭配正体现出了N_客V定中结构指称化的特点。一方面，DVb类动词强调从事某种活动，要求其后的宾语要高度地指称化，N_客V定中结构能够作为其宾语正体现了高度指称化的特点。另一方面，DVb类动词语义上的持续和有过程的特点其实是其后宾语语义特点的反映，因为这些准谓宾动词的语义都是虚化的。持续和有过程的语义特点正是N_客V定中结构本身陈述性的体现，只有动作才有持续义和过程义，典型的名词是没有持续义和过程义的。

N_客V定中结构的这一特点还体现在其做介词宾语时对介词的选择上。它除了可以做引入对象的介词的宾语外，还经常出现在"在……中""在……上""在……方面"这样的框式介词结构中。例如：

（155）<u>在企业管理中</u>，他们坚持把对人的管理放在第一位。

（156）<u>在机构改革中</u>，他要求山西各级政府加强环保局的力量。

（157）由于分税制涉及中央和地方利益格局的调整，因此<u>在方案设计上</u>是采用渐进的方式。

（158）20世纪60年代以来，发达国家<u>在环境保护方面</u>采取了大量措施，收到了一定成效。

（159）<u>在英语学习方面</u>，这一阶段不适合再去背大量的单词。

马庆株（1995）指出能够进入"在……中""在……上"等结构的动词都具有一定的过程性或持续义。这是N_客V定中结构陈述性的体现。而能够做介词的宾语则体现了N_客V定中结构的指称性。

由此可见，N_客V定中结构虽然从形式上看是一种指称化程度较高的结构，但是它在句法功能上仍然体现出混合性的特点。

4.4.2　修饰性句法位置

N_客V定中结构不能做状语，这里修饰性的句法位置是说N_客V定中结构做定语的情况。N_客V定中结构做定语可以分为两类。一类是"N_客V定中结构+的"做定语。例如：

（160）目前，<u>少儿图书出版的缺陷</u>有三个方面：……

（161）说到治理汽车尾气污染，人们往往认为是<u>汽车制造的责任</u>。

（162）语法研究的目的在于认识语言的规则，而规则是从大量的事实中概括出来的。

另一类是N_客V定中结构直接做定语。例如：

（163）加快<u>市场管理制度</u>和运行规则建设，建立超脱的有权威的市场管理和监督机构。

（164）按照该公司的<u>人才培训计划</u>，工作半年后的管理人员便要接受一次考核。

郭锐（2002：107）认为加"的"做定语并不能体现结构本身的语类属性，只有直接做定语的结构本身才具有修饰功能。因此，这一小节我们主要考察N_客V定中结构直接做定语的情况。

通过语料考察我们发现，有大量的N_客V定中结构可以直接做定语。例如：

（165）学校管理处　图书采购部　香水制造公司　贷款提供国

（166）军马饲养场　军史陈列馆　工艺品展销区　食品批发市场

（167）语言研究者　小说评论家　心理治疗师　财政监察专员

（168）方言调查表　土地测量报告　纸张粉碎机　电路设计图

（169）土地使用权　财务管理制度　人才培养机制　环境保护法

例（165）指称一类部门或机构，例（166）指称一类场所，例（167）指称一类人，例（168）指称一类事物，例（169）指称一类法规或制度。当然还有其他的语义类型，这里不再一一列举。有些N_客V结构，单独使用时可接受度不高，但是当其做定语组成更大的定中结构时，可接受度明显提高。例如：

（170）?贷款提供——贷款提供国　贷款提供者

　　　?军马饲养——军马饲养场　军马饲养方法

　　　?纸张粉碎——纸张粉碎机

　　　?军史陈列——军史陈列馆

我们认为这种情况与N_客V定中结构的功能有关。N_客V定中结构指称一种高度规约化的活动，换句话说，N_客V定中结构的可接受度与其指称的活动在使用汉语的人群中是否高度规约化有关。规约化的程度越高，其单独成立的可接受度就越强。像"贷款提供""军马饲养""纸张粉碎""军史陈列"等N$_客$V定中结构可接受性差并不是句法或语义的原因，而是它们所指称的活动在汉语使用者的认知里还没有高度地规约化。然而，当它们做定语时，受到结构因素的影响，整个结构指称专门从事某类活动的部门/机构、场所、人、事物、法规/制度等，这就使得N$_客$V定中结构所指称的活动被临时凸显为一种规约化的活动。从语料考察中我们也发现，做定语是N$_客$V定中结构最能产的功能。N$_客$V定中结构作为独立指称存在一个接受的过程，能否接受或接受的快慢应当与N$_客$V定中结构的使用频率和使用环境有关。

因此，就某一N$_客$V定中结构来说，如果它仅能做定语而不能单独做主语、宾语，其指称性就要弱一些。齐沪扬等（2004：23）也持类似的看法。储泽祥、王艳（2016）认为有表示性状的OV结构，与独立的OV结构相比，表示性状的OV结构独立性不强，不能受数量词修饰，体现内涵意义，表示某种性状，主要起修饰作用。因此，与能够单独做主语、宾语的N$_客$V定中结构相比，仅能做定语的N$_客$V定中结构在"指称—陈述"的连续统中更靠近"陈述"一端。

综上所述，N$_客$V定中结构虽然从形式上来说使用了指称性结构来表达指称，指称性较强，但是作为一类指称化的结构，它仍然保留了类型学所谓的指称化结构语类属性上的混合性特征。

这里还要补充一点。在语料考察中我们发现，有少量的N$_客$V定中结构的V仍然可以受状语修饰。例如：

（171）社会治安综合治理是一项宏大的社会工程，尽管……

（172）钱学森同志认为，我国现行的化学工业管理体制太分散，资源合理利用的问题十分突出，急需从行业管理的体制上加以改进解决。

（173）技术创新为产品结构优化调整铺平了道路。

（174）……使垄断资本必须借助国家力量对劳动力再生产进行社会规模的调节，这就是所谓"福利国家"得以发展的原因。

例（171）中，"治理"受动词"综合"做状语修饰；例（172）中，"利用"受形容词"合理"做状语修饰；例（173）中，"调整"受动词"优化"做状语修饰；例（174）中，"生产"受副词"再"做状语修饰。可见，在以上这些N_客V定中结构中，动词并没有完全丧失动词的特征，仍然可以受副词修饰。这也反映了N_客V定中结构具有混合性的特征。

4.5　小结

本章主要讨论了N_客V定中结构的类型学特征。

我们认为类型学对指称化的判定标准也适用于汉语，即处在主语、宾语、定语、状语位置的动词中心结构都或多或少地带有指称性。N_客V定中结构一般出现在主语、宾语或者定语的句法位置上，因此N_客V定中结构是一类指称化结构。

根据指称化对象的不同，指称化结构可以分为事件指称和活动指称。现代汉语中，事件指称的形式手段主要有四种，分别是小句、VN动宾结构、"N的V"结构、"数量/指量短语+V"结构。活动指称的形式手段主要有六种，它们是光杆V、VN动宾结构、N_客V定中结构、小句、"N的V"结构、"数量/指量短语+V"。活动指称中出现的N都是无指的。现代汉语中的N_客V定中结构属于类型学研究所说的融合式指称。其功能是用来指称一种高度规约化的活动，已经成为现代汉语中一种比较能产的指称化形式手段。

从形式出发来判定某一结构的指称化程度可以参照两个标准。第一，看该形式使用陈述性结构还是指称性结构来表达指称。使用指称性结构来表达指称的比使用陈述性结构来表达指称的指称化程度高。第二，看结构中动词的表现形式。指称化程度的判定要看动词失去多少动词的特征，以及获得多少名词的特征。根据以上两个标准，六种活动指称的形式手段中，按照指称化程度从高到低可以排序为：

数量/指量短语+V>N_客V定中结构>"N的V"结构>光杆V>VN动宾结构、小句

因此，N_客V定中结构是一种指称化程度较高的形式手段。

　　作为一种指称化结构，$N_{客}V$定中结构还体现了类型学所谓的指称化结构的混合性特征，即结合了动词和名词的双重特点。具体体现在：① $N_{客}V$定中结构做主语时常出现在表示判断、评价、出现、存在等意义的句子里；② 不能做体宾动词的宾语，但是可以做准谓宾动词的宾语；③ 常出现在"在……上""在……中""在……方面"等介词结构中，体现动作的持续性和过程义；④ 有些$N_{客}V$定中结构只能做定语，不能单独做主语、宾语。因此，在语类属性上，不能简单地认为$N_{客}V$定中结构等同于典型的指称性结构，它还体现一定的陈述性。

第五章 指称化背景下的N$_\text{客}$V定中结构构成分析

在上一章中，我们依据类型学对指称化的认识，考察了N$_\text{客}$V定中结构的类型学特征。对N$_\text{客}$V定中结构的类型学特征的考察主要关注其外部功能，本章将从N$_\text{客}$V定中结构的内部特征出发，主要讨论N$_\text{客}$V定中结构对进入其中的N和V都有哪些限制条件，或者说具有哪些特点的N和V更容易构成N$_\text{客}$V定中结构。

本章内容分为两个部分：第一部分讨论N的特点，第二部分讨论V的特点。

5.1 N的特点

本节主要考察能够进入N$_\text{客}$V定中结构的N的特点。N$_\text{客}$V定中结构对进入该结构的N的限制主要体现在生命度、指称类型、抽象度、正式度和音节特点等五个方面。下面分别展开说明。

5.1.1 生命度

Comrie（1981）提出了生命度由高到低的基本等级序列：

> 人类>动物（人以外的生物）>无生命物

这里我们只区分指人和非指人两类，指人的N生命度高，非指人的N生命度低。生命度对N构成N_客V定中结构的影响表现在：对于相同的V来说，具有高生命度的N不容易构成N_客V定中结构。例如：

（1）a. 保护动物——动物保护

　　b. 保护学生——*学生保护[①]

（2）a. 介绍经验——经验介绍

　　b. 介绍同事——*同事介绍

（3）a. 研究语言——语言研究

　　b. 研究教师——*教师研究

（4）a. 处理问题——问题处理

　　b. 处理学生——*学生处理

例（1）—（4）中，同样的动词，由于N的不同，构成N_客V定中结构的可接受度不同。当N为非指人名词时，如"动物保护""经验介绍"等，很容易被理解为定中结构；当N为指人名词时，如"学生保护""同事介绍"等，通常不会被理解为定中结构。

N_客V定中结构之所以排斥生命度高的名词，与汉语的语序以及人们对施事的心理认知有关。首先，汉语是SVO语序，处在动词前的名词容易被认为是主语。其次，人们在认知上有将指人名词理解成施事的倾向。刘国辉（2005）通过考察英语、法语、德语、汉语等的主语的语义共性发现，具有【+生命】特征的施事会被优先理解为主语。也就是说，施事与高生命度有着天然的关联，而名词位于动词前又容易被认为是主语，因而具有高生命度的名词位于动词前时，首先在认知上激活的是"施—动"关系，而"施—动"关系又被优先理解为主谓结构，而不是定中结构。

Mithun（1984）指出，名词融合入动词的主要动因在于将论元背景化（background an argument）。相对于非有生宾语来说，说话者显然更加重视有生宾语。因此当客体为指人名词时，倾向于不采用融合式结构。例如：

（5）全局大力开展创文明单位、创文明行业、争做文明警察的

---

① 这里的"*"表示该结构不容易被理解为定中结构，而非该结构不成立。

"两创一争"活动。从环境卫生、警容警貌、<u>接待群众</u>到<u>物品摆放</u>、禁止吸烟等诸多方面，一点一滴规范民警的言行举止。

（6）每月一次问卷调查，对任课教师进行评价。内容分为"工作作风、工作态度、教学水平、<u>对待学生</u>、<u>作业布置</u>、<u>作业批改</u>、<u>学生辅导</u>"等几个方面，分三个等级评价。

例（5）中"接待群众"和"物品摆放"都是活动指称，前者由于动作的客体是人，因此采用了VN结构表指称；后者动作的客体是物，则采用了NV结构表达指称。例（6）中"对待学生""作业布置""作业批改""学生辅导"都是活动指称。"对待学生"客体是人，采用了VN的形式；"作业"是物，则采用了NV的形式。客体是人的时候也可以采用NV式，如"学生辅导"。

名词的生命度对N客V定中结构的影响是一种显著的倾向，而不是绝对的控制。有些高生命度的名词也可以构成N客V定中结构。高生命度的名词构成N客V定中结构主要有两种情况：一是高生命度的N不具备从事该动作行为的能力；二是由高生命度的N构成的N客V定中结构所指称的活动具有极强的规约性。

我们先来讨论第一种情况：高生命度的N不具备从事该动作行为的能力。

例（4）中，"学生处理"通常不会被理解为N客V定中结构，但是如果在"学生"前加定语"问题"，变成"问题学生处理"，N客V定中结构就变得可以接受了：

（7）处理问题学生——问题学生处理

例（7）中，"学生"受定语"问题"修饰后，其从事"处理"这种动作行为的能力降低了。如果"学生"前加其他定语，构成如"优秀学生处理""高年级学生处理""高校学生处理"等，整个结构仍倾向于被理解为主谓结构。再如：

（8）培训员工——员工培训

（9）护理老人——老人护理

（10）接送小孩——小孩接送

例（8）—（10）中的N一般不具备执行V的能力，"员工"往往是"培训"的对象，"老人"一般也不常"护理"他人，"小孩"不具备"接送"的能力，他们通常只能作为动作行为的对象，因此由光杆V构成的NV结构一般倾向于理解为定中结构，而不是主谓结构。

第二种情况是由高生命度的N构成的N$_客$V定中结构所指称的活动具有极强的规约性。

有一些NV结构理论上可以主谓、定中两解。例如：

（11）选拔干部——干部选拔

（12）选举总统——总统选举

（13）研究鲁迅——鲁迅研究

例（11）中，"干部"既可以是"选拔"的对象，也可以是"选拔"的施事；例（12）中，"总统"既可以被"选举"，也可以"选举"他人；例（13）中，"鲁迅"可以是被"研究"的对象，也可以是研究者。因此，理论上来说，这三例NV可以算作歧义结构。但是，通过对语料库的考察我们发现，"干部选拔""总统选举"和"鲁迅研究"没有一例是用作主谓关系的。这种情况的出现与"干部选拔""总统选举"和"鲁迅研究"这三种活动的高度规约化有关。由于这三类活动在语言使用中被高度规约化，所以人们在遇到这些表达时自然地将其理解为定中结构。如果要作主谓结构来理解则需要特殊语境的支持。

5.1.2 指称类型

从指称类型的角度来讲，N$_客$V定中结构中的N是无指的。

陈平（1987）探讨了与名词指称类型相关的四组概念，分别为：① 有指—无指；② 定指—不定指；③ 实指—虚指；④ 通指（即类指）—单指。有指是名词性成分的表现对象是话语中的某个实体，反之是无指。无指性的成分主要在五种情况下出现：

第一种：复合词的构词成分。如：

（14）<u>鸡</u>蛋糕　<u>桃子</u>树　<u>羊</u>毛　<u>饭</u>桶　<u>木头</u>桌子

第二种：分类性的表语成分。如：

（15）她是一名<u>保育</u>员，是为了照顾我的生活才从丰台一家单位调到我原来公司的。

第三种：比较结构中用在"如""像""有"等词语后面的成分。如：

（16）一只松鼠如<u>绅士</u>般捧着一支蒲公英，入神地嗅着它的香气，这一有趣场景被摄影师Ken Haley拍到。

第四种：否定结构中在否定成分管界内的成分。如：

（17）于是，他与几位村民有了这番对话："现在的日子打混混，到冬天没<u>粮食</u>吃咋办？"

第五种：构成短语动词的动名组合中的名词性成分。如：

（18）读<u>书</u>　打<u>仗</u>　洗<u>牌</u>　洗<u>澡</u>　捕<u>鱼</u>　酗<u>酒</u>

陈文指出，无指的名词不指称话语中的某个实体，而是表该名词的抽象属性。典型的无指的例子是上面的第一、二、三种情况。"木头"不指称话语中的某个实体，而是桌子的一种材料属性；"保育员"不指称话语中的某个实体，而是一种身份；"绅士"不是某个绅士，而是具有如"绅士"一样的品行。然而，另外两种情况，如果说它们侧重于名词的抽象属性就有些不太容易理解了。再如：

（19）<u>木头</u>桌子　<u>方言</u>调查

陈平（1987）将"方言"和"木头"看作同一类，为复合词的构词成分，都是无指的。"木头"是"桌子"的属性，因为我们可以说"桌子是木头的"。然而很难说"方言"是"调查"的属性，因为我们不能说"调查是方言的"。

对于否定管界内的名词性成分的指称类型，目前学界有三种看法。第一种以陈平（1987）、张伯江（1997）为代表。他们认为否定管界内的名词性成分不指称话语中的某个实体，因此是无指的。第二种以王红旗（2004）为代表，认为像"没有粮食吃"中的名词性成分不是不指称实体，而是不指称语境中的实体，它们指称的是可能存在的实体。第三种以刘丹青（2002）为代表，认为否定辖域内的受事要么是有定的，如"没见到老王"；要么是类指的，如"没钓到鱼"。刘文提出了"光杆名词类指普遍性假说"，即可以假定汉语中的光杆NP都有类指的属性。不过该研究主要考察的是类指成分在主语和话题的位置，认为出现在其他位置的光杆NP可能是类指成分的变体。

从以上争议中我们可以看到，对否定管界内的名词性成分指称类型的判定与对无指的内涵和原型特征的不同理解有关。如果认为无指是不指称语境中的实体，那么无指和类指就存在区分上的困难，因为它们都具有【–实体】特征。如果认为无指要凸显其内涵属性，那么像"读书""喝酒"中的名词性成分就很难看成是无指的。

刘顺（2004）的研究对我们很有启发。刘文认为无指还可以进一步划分为"不指"和"非指"两个下位类型。不指侧重于名词所体现出的内涵属性，如"木头桌子""很流氓""特朋友"里的"木头""流氓""朋友"；非指则是动词结构上的需要，如"吃饭""走路""洗澡"等。不指和非指的对立主要体现在是否凸显内涵属性。

我们认为N$_{客}$V定中结构中N的指称类型与动宾结构中N的指称类型密切相关。张伯江（1997）指出，宾语负载着新的信息，是句子的焦点，一般不能由指称非实体的无指性成分充当。因此，像"打篮球""画工笔""唱青衣"这样的VO组合，如果O是无指的，那么VO整合在一起，整个结构相当于一个不及物动词。例如：

（20）a. ?他打篮球。

b. 他打篮球，我打排球。

c. 他喜欢打篮球。

　　在现代汉语中，"他打篮球"单独成句是不自足的，可以在对举性的格式中出现。关于"吃饭""看书""说话"等是句法平面还是词法平面的问题，学者们还存在着争议。杉村博文（2006）认为汉语由单音节动词构成的VN结构是一种对现象的命名。我们认为，不仅单音节动词存在这种VO的整合，双音节动词也存在这样的现象。例如：

　　（21）学历误区：认为博士＝博学，MBA就能<u>管理企业</u>。

　　（22）早在公元前2600多年前，轩辕氏就已发明了舟车，采用圆形车轮来<u>运输货物</u>。

　　这里的"企业""货物"与"打篮球""看书""说话"性质相同。在上述VO结构中，充当宾语的N不具有属性特征，但也没有明确所指。

　　如果从事件和活动的视角来看VO结构，这个问题就更容易得到解释。活动是对事件的抽象，抽象的不仅是时空信息，还有语境中N的所指。史有为（1997）将动宾组合表示的事件类型分为"事类"和"事例"。事类不表示某一具体事件，而是许许多多同类事件的统称或合称，也就是我们所说的活动，用"动词＋光杆名词"的形式来表示。在上述动宾结构中，宾语名词相当于同类个体名词的统称，体现了一定的类指属性，这也从某种程度上印证了"光杆名词类指普遍性假说"。

　　张伯江（1997）指出，无指名词在汉语中范畴性最低，在句子中不代表可支配的事物，因此比较难以出现在主语、宾语等实体地位上。无指名词选择句法位置的倾向性序列为：

　　表语＞定语＞名词中心语＞主语＞宾语

　　因此，"动词＋光杆名词"构成的动宾结构经常出现在重动句中。例如：

　　（23）吃糖吃坏了牙

　　（24）喝酒喝伤了身体

　　（25）唱青衣唱了20年

　　在重动结构中，语义重心在后面的动补结构上，前面的动宾组合仅为后面的语义重心提供必要的背景信息。在前面的讨论中，我们认为活动是对事件的抽象，活动指称是对活动的抽象。如果说VO是背景信息，那么N$_客$V背景化的程度就更深，表现在它不能占据谓语的位置，只能做形式动词的宾语；它常常做定语，而传统语法学将定语看作一种降级的述谓。随着背景化程度的加深，无指成分就更难实现为宾语，只能前置于动词在定语的位置出现。这可能也是促发动宾倒置的一个原因。

我们主张N$_客$V是由动宾结构倒置而来，因此以上对动宾结构中宾语性质的分析也适用于N$_客$V中的N。对于N$_客$V定中结构来说，N不指称在话语中出现的某个个体，不表示名词的抽象属性特征，其指称类型属于无指。例如：

（26）行李寄存——*一件行李寄存
（27）汽车驾驶——*这辆汽车驾驶
（28）身体检查——*他的身体/检查——他的/身体检查
（29）制度改革——*这项制度/改革——这项/制度改革

在例（26）和（27）中，"行李"和"汽车"都是无指的，N$_客$V定中结构成立；当前面加上数量和指量短语后，变成有指的成分，N$_客$V定中结构不成立。例（28）和（29）中，虽然加上代词和指量短语后整个结构成立，但是前面的修饰成分修饰的是整个N$_客$V定中结构，而不是其中的N。整个结构指称的是具体的事件，而不是活动。

也有一些特殊的情况。有时候N可以是专有名词。例（13）中的"鲁迅研究"之所以成立，是因为"研究鲁迅"这一活动在人们的认知中已经高度规约化了，"鲁迅"在语境中其实不仅指称"鲁迅"这个人物实体，还包括他的生平、作品等。如果将"鲁迅"换成其他指人名词，可接受程度就有差异。

（30）a. 研究小王——*小王研究
　　　b. 研究雷锋——?雷锋研究

例（30）a中，"小王"作为"研究"的对象，只能处在动词后的位

置；如果换到动词前的位置，"小王"作为一个有指名词，一般只能理解为
"研究"的施事。例（30）b中，"雷锋研究"与"鲁迅研究"类似，"雷
锋"也是一个专有名词，但是由于使用较少，规约性也较低，可接受度不如
"鲁迅研究"。在语料中，我们只发现"雷锋研究"做定语的用例：

> （31）国外也有专门的**雷锋研究**会，美国西点军校大厅里挂着雷
> 锋的画像。

5.1.3　抽象度

Taylor（1989）参考Ross、Langacker等人对名词的认识，将名词根据典
型性特征排序为（转引自张伯江、方梅1996：206）：

> 离散的、有形的、占有三维空间的实体>非空间领域的实体>集体实体>
> 抽象实体

这一名词典型性的序列主要是从抽象程度的角度来观察的，可以简
称为"抽象度"。根据研究的需要，我们将"抽象度"定义为是否具有
【群体】特征。不具有【群体】特征的名词大都是"离散的、有形的、占有
三维空间的实体"，表现在句法上，它们一般都能受个体量词的修饰，如
"一棵杨树""一棵柳树"。具有【群体】特征的名词是集体实体或抽象实
体，是抽象度较高的名词，它们有的可以受个体量词的修饰，如"一位教
师""一种食品"；有的不能受个体量词的修饰，如"*一棵树木"。

抽象度对N_客V定中结构的影响是：名词越抽象，N_客V定中结构的可接
受度越高。例如：

> （32）视力保护>眼睛保护
> （33）树木砍伐>杨树砍伐
> （34）教师培训>老师培训
> （35）食品品尝>小吃品尝

例（32）中，"视力"作为一种抽象的实体，与"眼睛"相比，意义
更抽象，因而构成N_客V定中结构时，"视力保护"比"眼睛保护"可接受

度高。例（33）中，"树木"作为一个集体名词，抽象度高于更倾向于个体理解的"杨树"，因而"树木砍伐"比"杨树砍伐"更容易接受。例（34）（35）同样如此，"教师"比"老师"、"食品"比"小吃"更倾向于表示抽象的实体，因此具有更高的可接受度。

邢福义（1994）也有类似的观察。他也赞同N$_{客}$V是动宾换位的结果，在换位时名词有简化的倾向，或者是词语有缩略，或者是使用更抽象的说法。例如：

（36）我代表老年人保障协会，保障老年人的利益。

（37）要是把这样名贵的宝剑，卖给一个收购废铜烂铁的废品收购站，不是太自轻自贱了吗？

（转引自邢福义 1994）

例（36）中，在"老年人保障协会"中，"老年人"实际上指代"老年人的利益"。例（37）中则使用了"废品"这个更加抽象的概念。再如：

（38）粮食加工以小麦、玉米、薯类、大豆、稻米深加工为主，配套发展粮食烘干等产后处理能力。

我们在语料库中进行了检索，虽然"小麦加工""玉米加工""薯类加工"等都是成立的，但是其出现频率远远低于"粮食加工"。

如果从认知语言学基本层次范畴（basic level category）的角度来说，N应当在基本层次范畴附近。范畴作为一个整体呈金字塔状，越向上范畴越概括、越抽象，越向下范畴越具体，细节越丰富。在这些抽象度不同的范畴层次中，有一个中间层次，在人们的心目中占据特别显著的地位。在此层次上，人们观察、区分事物最直观，该层次就是基本层次范畴（Rosch, et al. 1976）。基本层次范畴是交际中使用最频繁、最广泛的范畴，人们在生活中主要用该层次范畴的成分来指称事物，由此不至于因过分抽象或者过分具体而影响交际。活动是对事件的抽象概括。过于具体的事件很难抽象成活动的类型，因而也就无法指称活动。活动指称中的名词性成分具有一定程度的概括性，越下位的范畴越难进入该结构。例如：

（39）企业管理　投资企业管理

?外商投资企业管理　*欧洲外商投资企业管理

N$_客$V定中结构对抽象N的选择也与其指称功能有关。N是无指的，具有【–个体】性，概括过程也是一个由个性到共性的抽象的过程。因此，抽象度较高的名词容易进入N$_客$V定中结构。

5.1.4　正式度

N$_客$V定中结构主要用于书面语，除了少数几个高频出现或缩略化的结构如"环保""体检""汽修""货运"等，N$_客$V定中结构一般不在口语中出现。根据贺阳（2008：53），NV定中结构在其考察的口语范围内出现的频率仅为0.1例/万字，而在正式度较高的学术语体中出现的频率高达17.7例/万字。

受语体影响，N$_客$V结构中的N一般是书面语词，我们这里将其概括为：进入N$_客$V定中结构的N要具有一定的"正式度"，过于口语化的词不能进入该结构。例如：

（40）方法研究——*法子研究

（41）儿童教育——*小孩教育

（42）词汇学习——*词儿学习

（43）物品管理——*东西管理

（44）头部保护——*脑袋保护

例（40）中，"方法"是比较正式的说法，"法子"是非正式的或者说口语化的说法，在构成N$_客$V定中结构时，由正式度高的"方法"构成的"方法研究"是可以接受的，而由正式度低的"法子"构成的"法子研究"是不能成立的。例（41）—（44）同样如此，横线两边的名词基本上表达同样的意思，但由于正式程度不同，由正式度较高的N构成的左侧的N$_客$V定中结构是可说的，而右侧的N$_客$V定中结构由于N的正式度较低，口语化较强，一般是不说的。

5.1.5　音节特点

上面我们所举的例子大多是由双音节名词构成的四字格结构。通过语料考察我们发现，$N_客V$定中结构中的N（包括名词结构）不仅可以是双音节的，还可以是三音节、四音节、六音节甚至是八音节、十音节的。

三音节N：

> A. 满意度测量　可行性研究
> B. 差旅费报销　孕产妇护理　病虫害防治
> C. 副食品批发　海产品供应

三音节的N可以分为三类。A类可以看作光杆的三音节N形式。B类可以看作两个并列光杆名词缩略而成："差旅费"是并列结构"差费和旅费"的缩略，"孕产妇"是"孕妇和产妇"的缩略，"病虫害"是"病害和虫害"的缩略。C类可以看作一个偏正短语。A类和B类虽然是三音节形式，但是与光杆名词的功能基本相同。我们主要考察C类，我们称这样的结构为"多音节偏正形式"。以下所列举的也都是多音节偏正形式。

四音节N：

> 教育制度改革　汉语方言研究　农业环境污染
> 野生动物保护　文艺人才培养　家用电器维修
> 武器装备采购　城镇住宅建设　血样标本采集
> 交通情况调查　教学资源管理　大件行李寄存

六音节N：

> 社会公共产品供应　精密仪器设备维修　劳动保障事务代理

八音节、十音节N：

> 当代世界文学名著鉴赏　社会主义市场经济体制改革

在语料考察中我们发现，从$N_客V$定中结构的数量上看，最多的是N为双音节的形式，N为四音节的用例也较多，N为其他音节的数量较少；从可搭配的动词数量来看，当N为双音节时可与之搭配的动词数量最多，其次是四音节，N为其他音节时可与之搭配的动词数量比较有限。因此，从整体上说，双音节名词构成N客V定中结构的能力最强，其次是四音节名词结构，其他音节的名词结构构成N客V定中结构的能力都有限。

双音节名词能产性最强主要与N客V定中结构的功能以及汉语四字格的特殊地位有关。N客V定中结构主要是用来指称一种高度规约化的活动。高度规约化使得N客V定中结构常用来固定地指称某一类活动，表现在形式上，N客V定中结构有凝固或半凝固的趋势。这种凝固性或半凝固性的结构在人们的认知中就作为一个整体进行记忆。人类的记忆能力有限，因而要求定中结构的长度不能太长。心理学的研究也证实，简单结构比复杂结构更容易在长时记忆中保存。

马国凡（1987）指出，现代汉语中出现大量的四字格主要是因为：① 语言的发展要求词语内涵深化与外部形式简化能够兼顾，四字格是兼顾提供密集信息而又不使结构形式过繁的最佳形式之一；② 四字格可以避开或调解词素、词、词组等界限的矛盾而只注重其交际效能，它也是词素、词、词组之间的一种有效过渡手段；③ 四字格是最有活力的一种格式化结构；④ 四字格集中地体现汉语语音特点——富于音乐性；⑤ 四字格能超越书面语和口语的界限，同时适用于两个方面，从而扩大了它的使用面，具有更广泛的社会基础。N为双音节的N客V定中结构恰好构成了一个四字格。在语义上，它满足了语义内涵的深化，因为与光杆V指称化相比，增加N相当于限制了V的内涵，使得表示的活动更具体，增加了该类活动在认知中的可别性，更容易与现实建立起联系，也更容易发生指称化；在结构上，它的性质介于词和短语之间，一方面有凝固化的趋势，表现了词的特点，另一方面又表现了短语内部的语义组合关系，具有词和短语的双重属性，也就是兼顾了外部形式的简化。因此，由双音节N构成的N客V定中结构是最能产的。

汉语中还有为数不少的由四音节名词结构构成的六音节N客V定中结构。四音节名词结构主要是由双音节N构成的定中偏正结构。由它们构成的N客V定中结构之所以能产，主要与N客V定中结构的功能有关。有时候，双音节光杆N表达的意义比较笼统，当人们需要指称一种更具体的规约化的活动时，就需要在表义比较笼统的双音节光杆N之前加一个定语，使得构成的偏正结构表义更具体，从而进入$N_客$V定中结构来指称更具体的一类活动。

如果需要指称更具体的活动，还可以在N前继续添加定语，构成音节数更多的$N_客$V定中结构。但是无论添加几个定语，N都必须是无指的、抽象的。这也能够解释为什么多音节$N_客$构成的$N_客$V定中结构数量较少，因为随着定语的添加，N的具体性越来越强，抽象性越来越弱，就越不容易构成$N_客$V定中结构。

以上我们探讨了制约N构成$N_客$V定中结构的一些条件，生命度低、抽象度高、正式度高、双音节或四音节的N更容易构成$N_客$V定中结构。这里我们强调"更容易"，是说这些标准都不是绝对的，只是一个大致的趋势。归根到底，$N_客$V定中结构是否能够成立，主要还是看这一类活动在人们的认知中多大程度上被规约化了。很多学者在著述中都提到$N_客$V定中结构在现代汉语中呈现发展和扩散的趋势，我们认为这种扩散的趋势主要体现在语言使用者对这种规约化程度的把握上。可能的情况是：$N_客$V定中结构最初一般只能指称较大言语社团甚至整个社会都认可的规约化活动；随着$N_客$V定中结构使用的扩散，现在对这种规约化的要求已经没有那么严格了，只要一小部分人甚至是说话人自己认为该活动是规约化的，就可以用$N_客$V定中结构来指称。这也可以解释为什么很多新概念和新提法常常使用$N_客$V定中结构来命名。命名是第二性的，命名的基础是命名人人为地规定该活动是高度规约化的。

5.2　V的特点

本节主要考察能够进入$N_客$V定中结构的V的特点。$N_客$V定中结构对进入该结构的V的限制主要体现在指称性、及物性和正式度三个方面。

5.2.1　指称性

由于汉语缺乏形态变化，$N_客$V定中结构中的V必须本身带有一定的指称性。这里我们将V的指称性定义为V作为光杆动词时本身可以指称一类活动的能力。V的指称性与其构成$N_客$V定中结构的能力成正比，即指称性越强越容易构成$N_客$V定中结构，指称性越弱越不容易构成$N_客$V定中结构。

在现代汉语中，具有指称性的动词在形式上和语义上都有一定的特殊性。在形式上，具有指称性的V一般都是双音节的；在语义上，具有指称性的动词一般具有相对无界性和弱动作性的特点。

5.2.1.1　音节特点

郭锐（2002）对9814个动词的句法功能进行了考察，其中仅有6个单音节动词能受名词的直接修饰。因此可以说，一般只有双音节动词才能够进入N$_客$V定中结构。例如：

（45）汽车修理 —— *汽车修

（46）图书管理 —— *图书管

（47）文章抄写 —— *文章抄　　*文章写

（48）信号接收 —— *信号接　　*信号收

例（45）—（48）中，当N$_客$V定中结构中的双音节动词变为表义基本一致的单音节动词时，N$_客$V定中结构都不成立。

我们认为N$_客$V定中结构中双音节动词的准入机制与双音节动词的指称化倾向有关。

以往很多研究都提到了单双音节动词的功能差异。这些研究大都认为双音节动词具有名词性，与本书所说的指称性基本一致。然而，各家对于双音节动词为何具有指称性认识不同，主要有以下几类看法。

（一）典型性差异说

"典型性差异说"是指单双音节动词在典型性上存在差异，单音节是典型动词，双音节是非典型动词，非典型动词容易发生功能的转化。持此观点的有张国宪（1994）、王冬梅（2002）、王灿龙（2002）、李晋霞（2008）等。

这里所说的动词的典型性主要指动作性，即动作的具体度。最早从动作性来区分单双音节动词的是李临定（1990：133—134）。他认为单音节动词大多是表示具体动作的动词，日常常用，多用于口语；双音节动词大多是表示抽象动作的动词，常用于书面或比较严肃的场合。总体来说，表示具体动作的动词动性强，而表示抽象动作的动词动性弱。王灿龙（2002）则进一步解释了为什么双音节动词表义更抽象。他认为单音节动词通常表示的都是基本动作，除表示心理活动和关系属性外，动作义都很具体。而双音节动词的情况则不同。它是两个语素的结合，无论其中的两个语素或某一语素的动作性多强，整个词的语义应当是两个语素义的最大公约数，由此得出的语义就比较间接，因而是比较抽象的。陈述的语义特征是动作性，而指称的语义特征是非动作性。双音节动词由于动作义的抽象或者说弱化，就带有指称性的语义特征。

动作义的抽象和弱化是发生指称化的动词的语义特点之一，是必要条件但不是充分条件，因为很多表示抽象意义的动词本身并不能指称化，如"包含""属于"等。而且动词意义的非典型性是不是动词具有指称性的根本原因，还有待于进一步的证明。

（二）语义单一说

"语义单一说"和"典型性差异说"都是从动词的语义方面来区分单双音节动词的功能的，不同的是"典型性差异说"主要是从动作义的强弱来进行区分，而"语义单一说"主要是从单双音节动词表义是否单一来进行区分的。持这一观点的有张国宪（1994）、吴怀成（2014）等。

持这一观点的学者认为，单音节动词本身没有指称功能是因为它们往往有多个义项，一个动词对应着多个义项，也就对应着多个活动，当只出现一个单音节动词时无法确定它指称哪一个义项所指的活动；而双音节动词往往只有一个义项，只表示单一的、特定的活动，因此就容易发生陈述到指称的转化。这种说法的问题在于，对于那些单义的动词，很难解释它们不易发生指称化的原因。

（三）名词相似说

"名词相似说"指的是双音节动词由于与双音节名词具有相似的外表而带上了指称的性质，持此观点的有陈宁萍（1987）、张国宪（1994）。

这种观点认为，由于历史上名词的双音节化先于动词，在一段历史时期内形成了名词是双音节、动词是单音节的情况。加之汉语缺乏形式标记，就给使用汉语的人留下了"动单名双"的基本认识。在此之后，动词也发生了双音化，人们受"动单名双"认识的影响，认为双音节动词也是名词，因此就使得双音节动词带上了指称的性质。

（四）功能分化说

与"名词相似说"类似，"功能分化说"也是从历史发展的角度来解释双音节动词具有指称性的原因。持这种观点的主要是吴长安（2012）。

吴长安（2012）认为动词自身的特点决定了它既可以理解为陈述性的动作，也可以理解为指称性的动作。陈述性的动作在很多语言里都形成了我们常说的动词；而指称性的动作，不同的语言表现不同。以英语为例，指称动作时有形式标记：或者改变词形创造一个新词，如lose（v.）—loss（n.）；或者在动词原形的基础上加-ing，如win—winning。汉语的情况则与英语不同。吴文认为在单音节时期，汉语中的动词不需要词形变化而直接表示指称。例如：

（49）教亦多术矣。（《孟子·告子下》）

（50）有为则谗生，有好则谀起。（《淮南子·主术训》）

（转引自吴长安2012）

例（49）（50）中的动词"教""谗""谀"在表达指称时都没有词形上的变化。

动词双音节化以后，双音节动词承接了单音节时期动词的指称、陈述功能集于一身的能力，而单音节动词可能由于缺乏表达的精密性，只用来陈述动作，较少用于指称。单音节动词用于指称往往是"活用"的结果，而非动词本身具有的功能。我们称这种观点为"功能分化说"，就是指随着动词的双音化，汉语的单双音节动词发生了功能分化。单音节动词一般只具有单一功能，即陈述功能；双音节动词则同时具有陈述和指称两种功能。

关于双音节动词具有指称性的原因，以上观点都有一定的道理，究竟哪种说法更合理，还需要进一步验证。从本书的类型学指称化的角度出发，我们更赞同"功能分化说"。原因有三：首先，两种语义因素占主导的说法不够全面。非典型的动词不一定都具有指称性，单义单音节动词具有指称性的也是少数。其次，有大量的名词仍旧是单音节形式，"名词相似说"不能够解释为什么与单音节名词相似的单音节动词没有被人们理解为具有指称功能。最后，从类型学指称化的角度来看，世界上大部分的语言在动词表指称时都有一定的形式标记，而动词的双音化在某种程度上说相当于形态功能。不同的是，其他语言的形态是标记功能的"转化"，而汉语的这种形态是标记该动词具有指称和陈述双重功能。

当然，动词的双音化相当于形态功能也是我们的一种猜测，其合理性还有待于进一步证实。即使这种猜测能够成立，这种形态功能也仅处在发展阶段，并没有完全成熟。具体表现在具有指称功能的双音节动词只是双音节动词的一部分，而且指称性的强弱也存在差别。哪些双音节动词具有指称功能还受到其他因素的制约。双音节是动词表示指称的一个必要条件，但不是充分条件。

5.2.1.2　相对无界性

除了音节以外，很多学者也从句法或语义上对容易发生指称的动词进行了限定。陈宁萍（1987）指出，语义虚化的纯粹的语法词，如形式动词和一些情态动词，是不具有指称性的。詹卫东（1998b）认为以下几类动词不能进入"NP的VP"[①]结构：

① 关系动词，如：包括、包含、等于、大、属于、类似、当作；

② "～得"动词，如：记得、晓得、觉得、懂得、使得、显得、值得；

③ 黏宾动词，如：感到、据说、经受、敢于、迎接、开辟、妄图；

④ 能愿动词，如：可能、肯定、愿意、情愿、能够；

⑤ 趋向动词，如：上来、下来、出去、出来；

⑥ 准谓宾动词，如：进行、加以、予以、给以。

以上这些动词同样也不能进入N_客V定中结构。朴重奎（2003）通过考察光杆动词做主语的情况，认为具有持续义的自主动词是指称性最强的一类动词。高航（2009）认为"概念自主程度"是决定能否进入"NP的VP"结构的重要因素，概念自主程度高的动词具有指称功能，他这里所说的"概念自主"是一个事件独立于另一个事件的能力。吴怀成（2014：46）认为关系动词、状态动词、形式动词和助动词不能发生指称化，因为它们的意义比较

---

① 我们认为"NP的VP"与NV定中结构类似，也要求进入其中的动词有一定的指称性，但是指称化程度可能不高。

虚灵，无法用来表达事件。

我们认为汉语中哪些动词容易具有指称性与指称化的语用动因有关。人们在进行交谈的时候，有时需要报告事件（report events），作为篇章的前景信息，推动谈话的发展，这时候动词发挥其陈述功能；有时也需要指称事件（refer to events），作为篇章的背景信息，引入所谈论的对象。从语篇功能的角度来说，说话人既有陈述事件的需要，也有指称事件的需要。如果只陈述事件，听话人就难以把握说话人所要谈论的焦点信息，文章也会变得臃肿不堪。例如：

> （51）a. 1953年，在全国范围内开展了深入人心的贯彻《中华人民共和国婚姻法》的运动。……经过<u>这次宣传</u>，婚姻家庭问题上新思想、新风尚得到提倡与发扬。
>
> b. *1953年，在全国范围内开展了深入人心的贯彻《中华人民共和国婚姻法》的运动。……经过<u>1953年，在全国范围内开展了深入人心的贯彻《中华人民共和国婚姻法》的运动</u>，婚姻家庭问题上新思想、新风尚得到提倡与发扬。

例（51）a中，说话人先叙述一个事件的发生，然后用指称手段回指事件作为后文谈话的话题；如果用（51）b同样的陈述形式，叙述便显得累赘，不符合语言交际的经济性原则。吴怀成（2014：75）认为动词的指称化是人们在日常交际中以事件为话题谈论事情的需要促发的，这种以事件为话题的交际需要是指称化发生的语用动因。

我们认为，汉语指称化的发生都是围绕事件展开的。从指称对象来说，指称化可分为事件指称和活动指称。事件指称自不必说，本身就是用来指称事件的。活动指称虽然不直接指称事件，但是它相当于事件指称的类型，可以说是事件指称的备用单位，可以通过一定的手段转化成具体的事件指称。因此，无论是事件指称还是活动指称，都可以认为是围绕事件展开的，这是它们的共性。

指称化与事件之间的紧密联系也对能够进入其中的动词提出了要求，即不能够陈述事件的动词也不能够发生指称化。这也就解释了为什么关系动词、能愿动词、形式动词、状态动词等都不能发生指称化，不具有指称性，因为它们不能实现为事件。从某种程度上来说，汉语中只有动作行为动词才具有指称的可能。

事件指称和活动指称的共性使得汉语中的关系动词、能愿动词、形式动词等被排除在指称化的研究范围之外。而事件指称与活动指称的差异，则使得只有一部分动词或者说本身具有较强指称性的动词能够进入指称活动的$N_客V$定中结构。这与其界性特点有关。

沈家煊（1995，2004）从"有界"和"无界"的角度区分了活动和事件。活动是无界的，表现在它所陈述的动作没有一个内在的自然终止点；事件是有界的，表现在它所陈述的动作有内在的自然终止点。仅就"V+N"结构来看，其内在的自然终止点的实现有两种方式：一种是V本身具有自然的终止点；另一种是通过有界的N，形式上表现为N是专有名词、"这/那+（量）+名"、"数量+名"等。由于$N_客V$定中结构中N是无指的，因此$N_客V$定中结构指称活动具有无界性就只能要求动词本身是无界的。

这里必须强调的是，$N_客V$定中结构中V的无界性与沈家煊（1995）所说的动作的无界性大体相同，但是也有一定区别。$N_客V$定中结构中V的无界性是"相对无界"的，是指它相对于有内在自然终止点的动词来说是无界的。"相对无界"从另一个角度看是"相对有界"的，它相对于我们上面所说的关系动词（如"是""姓""属于"）和状态动词（如"喜欢""熟悉"）等任何时候都没有自然终止点的动词来说是有界的。

一般来说，相对无界的动作动词倾向于能够进入$N_客V$定中结构，$N_客V$定中结构排斥有界性动作动词。沈家煊（1995）指出无界性动作内部是同质的、可伸缩的、可重复的，有界性动作内部是异质的、不可伸缩的、不可重复的。这也可以解释为什么有些研究（如马庆株1995，朴重奎2003）认为有持续义的动作动词指称性最强。因为持续性动作往往内部是同质的，表现出无界性的特点，因此更容易指称活动，也可以进一步指称事件。相应地，表示瞬时动作的动词，一般表现出有界性，也就不能构成$N_客V$定中结构，如"结束""开始""开除""克服""抛弃""失去"等。

石毓智、李讷（2001：161）认为所谓有界性成分，就是从结果、程度、状态、时间、空间、次数等方面对谓语中心词进行限制。因而我们可以推导出，如果V中包含有界性成分，那么该V一般不能构成N_客V定中结构。双音节V是否包含有界性成分，可以从V内部的结构方式来看。

首先是动补结构。一般来说，动补结构表示动作的变化，表明动作内部是异质的，有的还可以表示动作产生的结果。因此，动补结构的动词大都是有界的，不能进入N_客V定中结构，如"打倒""打破""改进""改善""改正""降低""夸大""出来""出去"等。

其次是偏正结构。偏正结构的V往往是修饰成分从程度或状态等方面对中心语素进行限制，使整个V变成了有界性动词，例如"霸占""粉碎"等，这些偏正结构的V都不能进入N_客V定中结构。

从整体上来说，动补结构和偏正结构的V不容易进入N_客V定中结构，但是也不排除个别成员具有构成N_客V定中结构的能力。例如：

（52）在总体规划、草场建设、经营方针、品种改良等方面实行统一管理，技术人员以此为基地培训农民。

（53）财政部会计信息质量抽查显示企业利润失真度达33.4%。

例（52）（53）中的动词"改良"和"抽查"分别为动补结构和偏正结构，但是两个词仍能构成N_客V定中结构。之所以能够进入N_客V定中结构，主要是因为这两个动词所表示的动作具有一定的持续性和过程性，能够代表一类活动，指称性比较强。

5.2.1.3 弱动作性

与相对无界性类似，这里所指的弱动作性也是相对的。在上一小节中我们提到，具有指称性的动词从某种程度上可以认为都是动作行为动词。但是动作行为动词内部在指称性上表现出差异：强动作性的动词一般不具有指称性，而弱动作性的动词具有指称性。也就是说，强动作性的动词一般不能构成N_客V定中结构，而弱动作性的动词容易进入N_客V定中结构。

李临定（1990：133）曾指出单音节动词大多是表示具体动作，双音节动词大多是表示抽象行为。李晋霞（2008：53）把表示具体动作的动词称为强动作性动词，而把表示抽象行为的动词称为弱动作性动词。之所以将指称性与动作性强弱相对应，是因为陈述是交代事件的发生，具有动作性的语义特征，而指称是引出事件的参与者，具有非动作性的语义特征。因此，强动作性动词一般只能表示陈述，而弱动作性动词既能表示陈述，也能表示指称。

在5.2.1.1小节，我们曾经讨论过现代汉语的单音节动词一般不具有指称性，从语义上来说，就是因为单音节动词的动作性比较强，有的学者将其看作动词的典型特征。在双音节动词中，也有一部分动词动作性比较强。李晋霞（2003，2008）认为双音节动词中有两类属于强动作性动词：一类是位移类动词即趋向动词，如"上来""上去""下来""过去"等；一类是表示人的肢体动作的动词，这类动词与对应的单音节动词表义基本一致，如"摇晃""动弹""佩戴""捕捉""搀扶""拥抱""悬挂"等。

我们原则上同意李晋霞的观点，位移类和肢体动作类双音节动词多属于强动作性动词。但是，在肢体动作类双音节动词内部，动作性的强弱有所不同，并不是表示肢体动作的动词都具有强动作性，尤其当有单音节动词对应形式的时候。例如：

（54）不恰当的<u>首饰佩戴</u>很容易引发"首饰病"。

（55）交通科研部门需尽快建立一支<u>信息捕捉</u>及资料翻译队伍。

（56）签字、谈判、开会、<u>国旗悬挂</u>那样的问题还不可胜数，我们这里讲这一段是要引起大家的重视。

很多没有单音节对应形式的双音节动词往往表现出比较强的动作性，如"鞠躬""奉承""抱怨"等。这类动词一般只能表示陈述，不具有指称性，也就不能构成N客V定中结构。

5.2.2　及物性

目前，语法研究对及物性的定义主要有两种。一种是从纯语法的角度，依据是否能够携带宾语将动词分为及物动词和不及物动词。另一种是从语篇功能的角度来观察及物性，主要是Hopper and Thompson（1980）提出的及物性假说。高及物性与语篇的前景信息相关，低及物性与语篇的背景信息相关。是否能带宾语只是衡量及物性强弱的标准之一，其他的标准还包括动作性、体貌特征、瞬时性、意愿性、受事的个性化程度等。

本书所指的及物性主要是从纯语法的角度来谈的，但是不限于动词是否能带宾语，还包括动词能带何种结构或语义类型的宾语。也就是说，本书所谈的及物性主要指动词所带宾语的特点。动词所携带的宾语不同会对其能否进入N_客V定中结构造成很大影响。

第一，不及物动词不能进入N_客V定中结构。由于N表示V的客体，因此不能带客体论元的不及物动词肯定不能构成N_客V定中结构，即使V本身的指称性比较强，例如"游泳""工作""离婚""毕业"等。陆俭明（1991）指出，从构词的角度看，绝大部分不及物动词都属于合成词，结构上属于支配（动宾）式。很多内部为动宾结构的动词都是不及物动词，原因就在于动词中的动素已经带上了一个宾语性的成分，无形中就降低了整个动词再带宾语的能力。

第二，客体只能是指人名词的动词一般也不能进入N_客V定中结构。例如"安慰""开除""帮助""鼓励""答复""逮捕"等，这些动词的客体一般都是指人的名词。

（57）安慰病人——*病人安慰

（58）开除员工——*员工开除

（59）帮助同学——*同学帮助

（60）鼓励学生——*学生鼓励

在5.1.1节中我们曾提到，动词前具有高生命度特征的名词会被优先理解为施事主语，而指人的名词生命度最高。因此，客体只能是指人名词的动词，一般不能构成N_客V定中结构，因为处于V前的客体N会被优先理解为动作主体。

第三，只能带有指客体的动词也不能进入N_客V定中结构，例如"驳斥""采纳""称赞""反对"等，这些动词的客体往往只能是单指的。

（61）*观点驳斥——驳斥他的观点

　　　*言论驳斥——驳斥错误的言论

（62）*建议采纳——采纳群众的建议

（63）*手艺称赞——称赞妈妈的手艺

（64）*政策反对——反对新的政策

虽然"驳斥""采纳""称赞""反对"等双音节动词具有一定的指称性，但是当其构成VN结构时，由于N只能是有指的，因而只能陈述具体的事件，不能用来陈述活动，也就不具有进一步指称活动的能力。

因此，除了指称性之外，动词的及物性或者说其携带客体的特点也决定了它能否进入N$_客$V定中结构。

5.2.3　正式度

在5.1.4小节中我们讨论了名词的正式度会对其能否构成N$_客$V定中结构造成影响。对于动词来说也是如此，正式度高的动词容易进入N$_客$V定中结构，正式度低的动词，主要是口语动词，不能进入N$_客$V定中结构。例如"巴结""打扮""打听""惦记""捣乱""念叨""拾掇""使唤""侍候""算计"等口语中常用而书面语中不常用的动词，都不能进入N$_客$V定中结构。有些口语词如果换成意义相近的书面语表达，就能够进入N$_客$V定中结构。例如：

（65）拾掇（口）——整理（书）

拾掇房间——*房间拾掇

整理房间——房间整理（工作）

（66）算计（口）——计算（书）

?算计数字——*数字算计

计算数字——数字计算

（67）念叨（口）——朗读（书）

念叨课文——*课文念叨

朗读课文——课文朗读

由此可见，V的正式度也是影响其能否进入N$_客$V定中结构的重要因素。

5.3 小结

本章主要在指称化的视角下探讨N$_{客}$V定中结构对进入其中的N和V都有哪些限制条件。

N$_{客}$V定中结构对进入该结构的N的限制主要体现在生命度、指称类型、抽象度、正式度和音节特点等五个方面。① 从生命度来讲，N的生命度越低越容易进入N$_{客}$V定中结构，因为生命度高的N置于动词前会优先被理解为施事。② 从指称类型来讲，N$_{客}$V定中结构排斥有指名词，因为N$_{客}$V定中结构指称一种活动，有指名词容易使结构与具体事件建立起关联。③ 从抽象度来讲，名词越抽象，N$_{客}$V定中结构的可接受度越高。N$_{客}$V定中结构对抽象N的选择也与其指称功能有关。N一般是无指的，表现的是一类词共同的属性，属性的概括过程也是一个由个性到共性的抽象的过程。④ 从正式度来讲，N$_{客}$V定中结构排斥口语化的名词。⑤ 从音节特点来讲，双音节或四音节的N更容易构成N$_{客}$V定中结构，因为与光杆V指称化相比，增加了N相当于限制了V的内涵，使得表示的活动更具体，增加了该类活动在认知中的可别性，更容易与现实建立起联系，也更容易发生指称化。

N$_{客}$V定中结构对进入该结构的V的限制主要体现在指称性、及物性和正式度上。① 首先，由于汉语缺乏形态，N$_{客}$V定中结构本身又是指称化程度较高的结构，因此它要求进入其中的V本身具有较高的指称性。现代汉语中，V的指称性首先受音节的限制，一般只有双音节动词才有指称性，我们认为现代汉语中的双音节在一定程度上承担了形态功能。其次，具有较高指称性的V一般都是无界动词。最后，具有较高指称性的V一般动作性比较弱，即N$_{客}$V定中结构排斥强动作性动词。② 由于N$_{客}$V定中结构中N是V的客体，因此V的准入机制与其宾语的特点有关，我们统一称之为"及物性"。具体来说，不及物动词、客体是指人名词的动词以及只能带有指客体的动词都不能构成N$_{客}$V定中结构。③ N$_{客}$V定中结构要求进入其中的V不能是口语动词，需要有一定的正式度。

这里要强调的是，以上我们探讨的能够进入N$_{客}$V定中结构的N和V的特点只是一个倾向性研究，几乎每个特点下都会有一些反例。我们认为，反例的出现主要受$N_客$V定中结构功能的影响，因为现代汉语中能够用$N_客$V定中结构来指称的活动一般都是高度规约化的。换句话说，有些$N_客$V定中结构能够被人们所接受是约定俗成的，与使用频率等因素有关。但是我们也不能否认$N_客$V定中结构的构成是有一定规律的，其规律性就体现在上述我们所探讨的N和V的特点上。这种规律性使得$N_客$V定中结构成为一种能够类推的结构，这也在一定程度上促使$N_客$V定中结构在现代汉语中不断发展，使用范围不断扩大。

第六章　指称化背景下N$_客$V定中结构与"N的V"对比分析

　　前面的章节中，我们以N$_客$V定中结构作为专门的研究对象，从其类型学特征、指称化程度、内部组成成分的特点等方面对该结构进行了细致的考察。由于N$_客$V定中结构与"N的V"外形相似，而且都是由名词修饰动词构成的指称化结构，因而本章拟对这两类结构进行对比分析。

　　本章主要内容共分为四个部分。第一部分回顾以往"N的V"的研究成果，以对"N的V"的相关性质和特点有一个整体认识。第二部分对比N$_客$V定中结构与"N的V"的指称功能。第三部分在指称功能的差异下，对比两种结构构成成分的特点。第四部分探讨N$_客$V定中结构与"N$_客$的V"的变换条件。

6.1　以往对"N的V"的研究

　　相对于N$_客$V定中结构来说，汉语语法研究学界对"N的V"从句法、语义、语用等多个角度进行了较为细致的研究，成果也比较丰富。根据本章的研究目标和前几章的研究方向，我们对以往"N的V"的研究成果进行了梳理，相关成果可以分为五个方面：① 对"N的V"语类属性的研究；② 对"N的V"语用功能的研究；③ 对"N的V"构成成分特点的研究；④ 对"N的V"内部分类的研究；⑤ 对"N的V"与N$_客$V定中结构变换条件的研究。虽然以往对"N的V"的研究中，对V的性质的讨论是一个热点，但是由于本书主要采用指称化的视角，因此在梳理相关成果时，我们不再主要关注这个方面的内容，但是会在探讨该结构构成成分特点研究时涉及相关成果。

6.1.1　对"N的V"语类属性的研究

关于"N的V"的语类属性，学界主要有三种观点：第一种观点认为"N的V"是名词性的，第二种观点认为"N的V"是动词性的，第三种观点认为"N的V"是动词和名词的中间状态。

第一种观点，即认为"N的V"是名词性的，目前在学界占主流。黎锦熙（1924）最早注意到了"N的V"结构的特殊性。他认为"N的V"结构中的V转成了名词，因此整个结构是一个以名词为中心的偏正短语。朱德熙等（1961）的观点与黎锦熙略有不同，认为在"这本书的出版"这个"N的V"结构中，虽然"出版"仍旧是动词，不因为处在主语、宾语的位置上就改变了词性，但是整个偏正结构是名词性的，因为这个结构既不能做谓语，也不能受副词修饰。持类似观点的还有胡裕树（1962）、吕叔湘（1979）、张伯江（1993）等。詹卫东（1998b）也认为"N的V"的整体属性相当于名词，但是它与一般的名词有所不同，因为一般名词所指的是事物，而"N的V"结构所指的不是事物而是事件。

第二种观点认为"N的V"是动词性的，持这种观点的人最少。董晓敏（1987）认为，从语法结构内部关系看，"N的V"是以动词为核心的谓词性向心结构；从外部功能看，它可以做主语、宾语，与其他谓词性成分也相同。虽然"N的V"结构不能充当句子的谓语，但是可以看作一种比较有个性的谓词性向心结构。姚振武（1995）认为"N的V"可以做分句（如"由于这本书的出版，他成了令人瞩目的人物"），而分句总是谓词性的。但他同时指出虽然"N的V"在句法上是谓词性的，但是在语义上却是指称性的。

第三种观点认为"N的V"的语类属性是一种动词和名词的中间状态，明确提出这种观点的是陈庆汉（1996，2005）。他指出，"N的V"经常做主语、宾语，但是受到条件的限制。做主语时，谓语只能是表示判断、引起、增减、评价等意义的谓词；做宾语时，述语只能由表示心理、感知、存现、判断等意义的谓词充当。这与一般谓词做主语、宾语时的条件限制相同，说明"N的V"还有一定的谓词性。从"N的V"不能做谓语的角度看，可以说它具有了一定的名词性功能。因而"N的V"的语类属性是动词和名词的一种中间状态。

从本书指称化的角度看，我们更赞同第三种观点，即使持第一、第二种观点的学者也都提出了"N的V"具有不同于一般名词和一般动词的句法表现。我们认为"N的V"结构作为一种指称化结构，表现了混合性的语类属性，既体现了一部分名词的性质，也体现了一部分动词的性质。

6.1.2　对"N的V"语用功能的研究

关于"N的V"的语用功能，学界的看法比较一致，大都认为"N的V"整体具有指称功能。（参见姚振武 1995，詹卫东 1998b，沈家煊 1999a，郭锐 2000等）

除此之外，学者们还从信息、话题、语体等角度对"N的V"进行了研究。张伯江（1993）指出"N的V"是汉语里标记已知信息的手段。詹卫东（1998a）也持类似的看法，认为"N的V"指称的多是已然事件，不表示新信息，在篇章中有明显回指的特点。例如：

（1）<u>李飞飞的死</u>怎么能算我的错呢？

（转引自詹卫东1998a）

例（1）中，"N的V"结构"李飞飞的死"是已知信息，回指上文的陈述"李飞飞死了"。再如：

（2）这时三辆马车已来到<u>诺兹德廖夫家的大门口</u>。家里对他们的
　　<u>归来</u>没有任何准备。
（3）<u>他离开我的家</u>，跟您兄长的那些亲贵重臣混在一起，出外游荡，这才学会了那一身马上功夫，赢得了您的高度赞扬。<u>他的离开</u>是违背了我的意愿和命令的，这在阿尔弗烈德大王的时代，便可称作忤逆不孝啊。

马国彦（2012）从篇章功能的角度研究了"N的V"结构，认为该结构

是在篇章功能的促发下生成的，在篇章中起衔接和组块功能。

詹卫东（1998b）认为，"N的V"指称事件而非事物，不具有主体、客体性质，其中的N不跟其他动词性成分发生直接的语义关联，因此整个结构在充当话题成分时就比较受限。如果要充当话题，需要在前边加上相应的话题标记。例如：

（4）a. 对老朋友的到任，他并未给予任何特别的礼遇。

　　　b. ?老朋友的到任，他并未给予任何特别的礼遇。

当"老朋友的到任"做话题时，需要加上话题标记"对"，否则句子就不自然。

也有研究提到了"N的V"的语体功能，一般认为"N的V"只出现在书面语中，极少出现在口语中。

虽然学界在"N的V"具有指称功能这一点上取得了比较一致的看法，但目前我们还没有发现有研究专门涉及该结构的指称化程度问题。

6.1.3　对"N的V"构成成分特点的研究

6.1.3.1　对V的特点的研究

学界对能够进入"N的V"结构的V的特点有过很多的讨论，大致可以分为两类。一类是从V的性质的视角，一类是从认知的视角。

早期对V的特点的研究主要从V的性质的角度出发。学者们主要认为能够进入"N的V"结构的V具有一定的名词性。

陈宁萍（1987）根据Ross提出的名词—动词连续统，提出汉语动词越来越向名词漂移。"N的V"结构是测试动词名词性强弱的框架，能够进入该结构的V具有一定的名词性。陈文认为能够进入该结构的动词主要是双音节的。其中状中结构的双音节动词比其他双音节动词动性强，较少出现在该结构中；"加以""进行""作出"等形式动词也不能进入该结构。总体来说，能够进入该结构的双音节动词占双音节动词的90%以上。

张学成（1991）认为汉语中表示动作行为的动词可以分为两类。一类是典型的动作行为动词，包括绝大多数单音节动词和部分双音节动词。这类动词动作性较强，主要做谓语，如"来""去""打""骂""寻找""逃跑"等。另一类是兼有动词和名词双重性质的双音节词，经常做谓语，也常做主语、宾语。这两类动作行为动词都能够进入"N的V"结构。张文认为这两类动词的名词化程度不同，前一类是动词向名词转变过程中的一个阶段，后一类已经转化成了名词。

后来对V的特点的研究主要集中在认知领域，比较有代表性的是詹卫东（1998b）、王冬梅（2002）、高航（2009）等的研究。

詹卫东（1998b）指出有六类动词不能进入"N的V"结构，分别为：关系动词、"～得"动词、黏宾动词、能愿动词、趋向动词和准谓宾动词。他从认知的角度对此做出了解释。由于该结构是指称事件，因此要求进入其中的动词具有事件性，所以动作性强、事件性弱的动词，如"跑""跳""飞""拉""拽"等都不能进入"N的V"结构。趋向动词由于动作性强、事件性弱，也不能进入该结构。动作性、事件性都弱的动词，如关系动词、能愿动词、准谓宾动词等，同样不能进入"N的V"结构。

王冬梅（2002）也从认知的角度来解释"N的V"结构中V的准入条件，主要依据的是Hopper and Thompson（1980）提出的及物性理论。通过对能够进入"N的V"结构的动词及物性的考察，她发现动词的及物性越强越不容易出现在该结构中，动词的及物性越弱越容易进入该结构。但是她也注意到并非所有及物性弱的动词都能够进入该结构，一些关系类动词，如"等于""包括""显得""指""比""像"等，虽然及物性弱，但是不表示动作行为，因此也不能进入"N的V"结构。及物性是动词范畴化的典型表现，因此王文认为能够进入"N的V"的V动词性较弱。

高航（2009）则认为影响动词能否构成"N的V"结构的最根本的因素在于动词所表示的概念是自主的还是依存的。概念自主的动词容易构成"N的V"结构，概念依存的动词很难构成"N的V"结构。也就是说，由N和V构成的事件在过程上应该是自主的，不依赖于其他过程。关系动词不能出现在"N的V"结构中，正是因为"关系"不是自主的而是依存的。他特别提出有一类动词虽然是概念依存的，但是通过概念物化被识解为抽象的、概念自主程度很高的事物，因此也能构成"N的V"结构，如"测验""调查""打击""规定"等。

6.1.3.2 对N的特点的研究

学界对V的特点的讨论比较多，对N的特点的研究相对较少。

沈家煊、王冬梅（2000）从构式语法的角度提出"N的V"是一个"参照点—目标"构式。由于N和V存在部分和整体的关系，所以以N为参照点指称V时，N必须有一定的信息度，即"能为目标的识别提供可靠有效的提示信息的程度"。这也可以解释为什么当V是心理动词时，N总是主语而不是宾语，因为对心理活动的观察只能通过动作的主体才能进行。N还需要有一定的可及度，即"相关的概念从记忆或环境中提取的容易程度"，因为只有可及的概念才能充当参照体，从而建立起与相关目标的心理联系。代词的可及度高于一般名词，有生名词的可及度高于无生名词，具体名词的可及度高于抽象名词，因此代词、有生名词、具体名词更容易进入"N的V"结构。文章认为信息度和可及度都与凸显度有关，而哪些名词在认知中凸显不但与V有关，还与语境等因素有关。

可见，对能够进入"N的V"中的N只能做一个倾向性的预测，而不能给出非此即彼的限制条件。

6.1.4 对"N的V"内部分类的研究

很多学者在研究中注意到，根据N和V的语义关系，可以对"N的V"进行分类。

黎锦熙（1924）最早注意到了"N的V"结构的特殊性，根据转成名词前动词的不同，将"N的V"结构分为两类：一类是由内动词（表性质、特征与状态的动词）构成，N一般为主体成分，如"思想的变迁""世界的进化"；一类是由外动词（表带宾语的动作）构成，N一般为客体成分，前面可以加上"对于"，如"国语的研究""职业的选择"。

张伯江（1993）指出N和V的语义关系主要是"施—动"关系和"受—动"关系。詹卫东（1998b）认为根据N的语义角色，"N的V"结构可以分为两类：当V是一价动词时，只能表示"施—动"关系；当V是二价或三价动词时，有的只能表示"施—动"关系，有的只能表示"受—动"关系，有的既能表示"施—动"关系，也能表示"受—动"关系。

王丽娟（2014）认为表示"施—动"关系和"受—动"关系的两类"N的V"结构在韵律特征和句法表现上存在差异。从韵律特征看，单双音节动词都可以出现在"N_施的V"中，而只有双音节动词可以出现在"N_受的V"中。从句法表现上看，"N_施的V"是以功能语类"的"为核心的名词性结构，"N_受的V"是以发生了名物化的动词双音节形式为核心的名词性结构。

6.1.5　对"N的V"与N_客V定中结构变换条件的研究

从目前我们所掌握的资料来看，还没有研究专门探讨"N的V"与N_客V定中结构的变换条件。虽然有的研究提到了二者可以变换，但仅是简单地把N_客V定中结构看作"N的V"省略"的"的形式。

综上所述，学界对"N的V"的研究现状可以归结为三点。第一，有些问题已经形成了一定的共识，例如关于结构的语类属性问题，虽然在术语上没有统一，但是学者们都承认该结构既表现出了一定的动词性，也表现出了一定的名词性。第二，有些问题还存在较大争议，例如关于进入该结构的V的性质问题。第三，有些问题还没有引起重视，有待于深入挖掘，如"N的V"的指称化程度问题、"N的V"与N_客V定中结构变换的条件问题。

6.2　N_客V定中结构与"N的V"的指称功能对比

N_客V定中结构与"N的V"都是以动词为中心构成的指称化结构。它们在指称功能上的差异主要体现在两个方面：第一，指称对象不同；第二，指称化程度不同。

6.2.1　指称对象不同

"N的V"结构与N_客V定中结构虽然主要组成成分相似，都是名词和动词，而且都是名词修饰动词构成的定中结构，但是两类结构的指称对象不同："N的V"结构既能指称具体的事件，也能指称抽象的活动；而N_客V定中结构只能指称抽象的活动。

从第四章的讨论中我们可以看出，事件指称和活动指称的主要差别在于整个结构是否与具体的事件有关，表现在形式上即结构中的N是否有指的。如果指称结构中的N是有指的，那么整个结构就和具体事件产生了联系，用来指称一个具体的事件；如果N是无指的，那么整个结构就无法与具体事件产生联系，只能指称一个抽象的活动。在现代汉语的诸多指称形式手段中，大部分的形式手段都既能指称事件，又能指称活动，如"N的V"结构、VN结构、小句等。只有N$_客$V定中结构排斥有指的名词性成分，只能用来指称活动，而不能用来指称事件。因此，指称事件的"N的V"与指称活动的N$_客$V定中结构，是指称对象完全不同的两种指称化结构。例如：

（5）a. 这本书的出版

　　b. *这本书出版

　　c. 这本书出版了。

（6）a. 布达拉宫的维修

　　b. *布达拉宫维修

　　c. 布达拉宫正在维修。

（7）a. 新中国宪法的制定

　　b. *新中国宪法制定

　　c. 新中国宪法制定完成。

例（5）—（7）中的"这本书""布达拉宫""新中国宪法"都是有指的，只能构成"N的V"，不能构成N$_客$V定中结构。只有将动词变成非光杆形式构成小句后，结构才能成立，但这时N和V是主谓关系，而非定中关系。

在4.2.2小节我们考察了活动指称的形式手段，结合以往"N的V"结构的研究成果，我们认为指称活动的"N的V"结构可以根据N和V的语义关系分成两类：一类N和V是"主体—动作"的关系，一类N和V是"客体—动作"的关系，相当于前人研究中提到的"N$_施$的V"和"N$_受$的V"。

表示"主体—动作"关系的"N的V"可以去掉"的"变成NV结构，但是这种NV结构是小句指称的形式。例如：

（8）a. 气候的变化可能会引起一系列的问题：……

　　　　b. 气候变化可能会引起一系列的问题：……

（9）a. 流动人口的增加意味着一个城市的活力。

　　　b. 流动人口增加意味着一个城市的活力。

（10）a. 经济的发展、人们生活水平的提高，也使人们对文化生活有了更高的要求。

　　　b. 经济发展、人们生活水平提高，也使人们对文化生活有了更高的要求。

　　例（8）—（10）中，"N的V"都能去掉"的"变成NV结构。变换后的NV结构是小句指称的形式，N和V仍然是"主体—动作"关系，NV是主谓结构。

　　表示"客体—动作"关系的"N的V"与N_客V定中结构内部构成成分的语义关系一致，而且都指称活动，因此存在变换的可能。例如：

（11）a. 水污染的治理关键是执法，全社会特别是领导干部应该提高认识，高度重视。

　　　b. 水污染治理关键是执法，全社会特别是领导干部应该提高认识，高度重视。

　　例（11）中，a句"N的V"结构"水污染的治理"可以去掉"的"变换成b句的N_客V定中结构"水污染治理"。但是并非所有的表示"客体—动作"关系的"N的V"都能够去掉"的"变成N_客V定中结构，有的变换之后可接受度差，句子不自然。例如：

（12）a. 有的公益广告只是古诗词的抄写，有如把字帖搬到街上，效果就打折扣。

　　　b. ?有的公益广告只是古诗词抄写，有如把字帖搬到街上，效果就打折扣。

　　例（12）中，a句"N的V"结构"古诗词的抄写"变成N_客V定中结构"古诗词抄写"后，句子不够自然。可见，并非所有表示"客体—动作"关系的"N的V"都能够变成N_客V定中结构。即使变换后能够接受，两者的表义也存在一定的差异。关于N$_客$V定中结构与"N的V"的变换条件及表义差异，我们将在6.4小节进行讨论。

综上所述，"N的V"结构与N$_客$V定中结构在指称对象上的差异表现在："N的V"结构既能指称具体的事件，也能指称抽象的活动；而N$_客$V定中结构只能指称抽象的活动。根据N和V语义关系的不同，指称活动的"N的V"可以分成两类：一类N和V是"主体—动作"的关系；一类N和V是"客体—动作"的关系。只有表示"客体—动作"关系的"N的V"才有可能在一定条件下去掉"的"变换成N$_客$V定中结构。

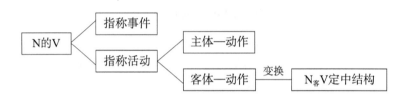

图 6-1　"N的V"结构与N$_客$V定中结构的关系

6.2.2　指称化程度不同

在4.3.1小节我们曾提出指称化视角下判定某一结构的指称化程度的两条标准。第一，看该形式使用陈述性结构还是指称性结构来表达指称。使用指称性结构来表达指称的比使用陈述性结构来表达指称的指称化程度高。第二，看结构中动词的表现形式。指称化程度的判定要看动词失去多少动词的特征，以及获得多少名词的特征。

参照这两条标准，我们再来看"N的V"与N$_客$V定中结构的指称化程度。根据第一条标准，汉语中有"N的N"和"NN"定中结构，都是指称性的结构，可以说"N的V"与N$_客$V定中结构都是使用指称性结构来表达指称的，两类结构的指称化程度都比较高。因此，从第一条标准来看，两者的差异不显著。根据第二条标准，两类结构的指称化程度就表现出了差异，动词在两种结构中失去的特征多少不同。具体来说，当N为动作的主体时，指称事件的"N的V"中只有动作的主体属格化了，V仍具有指派宾语的能力。例如：

（13）他的升任总编，据我想，可能和当时的一位市长有关。

（14）总统对于里比科夫的离开内阁感到很遗憾。

（15）比如郑一远和肖晶的婚礼，<u>和木春和宋小妹的消除误会</u>，热烈拥抱，都显得仓促和突然。

例（13）—（15）中，画线部分的"N的V"，虽然其中的动词不能再携带时体成分，但是仍具有指派宾语的能力，保留了一部分动词的特征。而且，"N的V"中的V还可以较为自由地受副词或形容词状语修饰。例如：

（16）<u>《王力文集》的全部出版</u>使山东教育出版社得到学术界的一致称赞。

（17）的确，<u>他的不回防</u>，他的埋怨队友，以及他的那个不应该得到的技术犯规，都说明姚明"完美"背后的缺点。

（18）随着<u>"神舟三号"飞船返回舱4月1日的稳稳落地</u>，作为"太空旅客"的60个蛋白质实验样品和4个细胞实验样品也结束了近一个星期的"太空旅行"。

例（16）—（18）中，"N的V"中的V受副词"全部""不"和形容词重叠形式"稳稳"等状语修饰，可见该结构中的动词仍保留着一定的动词属性。

不仅指称事件的"N的V"结构保留一定的动词特征，指称活动的"N的V"结构同样如此。例如：

（19）经济绩效表现为<u>经济的持续发展</u>。

（20）<u>社会的良性循环</u>依靠的是不同的人在不同的位置中尽心尽责。

（21）<u>公司的依法设立</u>主要是指设立程序而言，即公司的设立必须依据法定的程序办理相关的登记手续，……

（22）随着交易系统不断升级和<u>通信设施的快速建设</u>，市场交易的网络迅速覆盖了全国各地，投资者队伍急剧壮大。

例（19）（20）和例（21）（22）分别代表了两种不同类型的"N的V"活动指称。无论哪种类型的活动指称，"N的V"中的V都保留受状语修饰的动词性特征。

再看N$_客$V定中结构。虽然我们在语料中也发现了N$_客$V定中结构中动词受状语修饰的例子，如"治安综合治理""资源合理利用""劳动力再生产"等，但是由于该类例子数量极少而且大多有凝固化的趋势，我们仍然可以认为N$_客$V定中结构中的动词一般不能受状语修饰。而且当客体论元作为修饰性成分置于动词前时，动词不能再携带时体成分，更不能指派宾语，失去了几乎所有动词性的特征，因此N$_客$V定中结构指称化的程度要高于"N的V"。

6.3 N$_客$V定中结构与"N的V"构成特点对比

6.3.1 N的特点对比

在第五章中，我们讨论过N$_客$V定中结构中N的特点，主要体现在生命度、指称类型、抽象度、正式度和音节特点等几个方面。通过考察我们发现，除了正式度以外，进入"N的V"的名词都没有生命度、指称类型、抽象度和音节特点方面的限制，比较自由。

从生命度的角度看，具有高生命度的名词不容易构成N$_客$V定中结构，但是不同生命度的名词都能够构成"N的V"。例如：

（23）老师的称赞 亲人的支持 敌人的消灭 母亲的回忆
（24）野兽的攻击 昆虫的繁殖 家畜的饲养 熊猫的研究
（25）政府的保护 学校的督促 国家的建设 单位的管理
（26）经济的发展 事件的发生 计划的制定 环境的保护

根据Comrie（1981）提出的生命度由高到低的基本等级序列"人类>动物（人以外的生物）>无生命物"，由例（23）到（26），构成"N的V"的名词生命度依次降低。例（23）中都是指人名词，生命度最高；例（24）中都是表示动物的名词，生命度仅次于指人名词；例（25）中主要是表示机构、单位的名词，它们也可以是动作行为的主体，在一定的语境下也表现出一定的生命度特征；例（26）中都是抽象的无生命物。可见生命度标准并不对"N的V"结构是否成立造成影响。

　　从指称类型的角度看，构成N_客V定中结构的N一般是无指的，但是构成"N的V"结构的N既可以是无指的，也可以是有指的。也就是说，无指的和有指的N都能构成"N的V"结构。例如：

（27）从根本上说，<u>科技的发展</u>，<u>经济的振兴</u>，都取决于<u>劳动者素质的提高</u>和<u>大量合格人才的培养</u>。

（28）全村593户，有70%的农户购买了电视机，30%的农户购买了VCD机，20%的农户购买了洗衣机，10%的农户购买了电冰箱。村委会主任于克良告诉记者，<u>这些家用电器的维修</u>，可把农民折腾苦了。

（29）<u>另外一些国家的告别</u>则洋溢着喜庆气氛。

　　例（27）中，画线部分的"N的V"结构中的名词"科技""经济""劳动者素质"和"合格人才"都是无指的。例（28）中，"这些家用电器"是单指的，也是有定的。例（29）中，"另外一些国家"是单指的、无定的。可见，无论是无指的还是有指的名词性成分都能构成"N的V"，这与N_客V定中结构要求无指的名词性成分不同。

　　从抽象度的角度看，名词越抽象，N_客V定中结构的可接受度越高。这一条规律也不适用于"N的V"结构，无论是具体名词还是抽象名词，都能构成"N的V"结构。例如：

（30）a. 视力保护>眼睛保护

　　　 b. 视力的保护　眼睛的保护

（31）a. 树木砍伐>杨树砍伐

　　　 b. 树木的砍伐　杨树的砍伐

（32）a. 教师培训>老师培训

　　　 b. 教师的培训　老师的培训

（33）a. 食品品尝>小吃品尝

　　　 b. 食品的品尝　小吃的品尝

　　例（30）—（33）中，a句">"两边的名词由于抽象程度的不同，构成的N_客V定中结构可接受度不同；而b句中，两个"N的V"定中结构都可以成立，可接受度也相同。因此名词的抽象程度也不对"N的V"结构构成限制。

在第一章中我们曾做了说明，由于单音节的N构成的NV定中结构数量极其有限，因此本书只考察双音节及多音节N构成的NV定中结构。但是对于"N的V"结构来说，其中的N并不受音节数量的限制，单音节的N可以自由地构成"N的V"结构。例如：

（34）<u>人的发展</u>，是指个体的发展，不是指作为生物种群的人的历史发展。

（35）产生该利益的不是法秩序，而是生活，但是，<u>法的保护</u>把生活利益提高至法益。

（36）水总是自动地从高处向低处流，<u>水的流动</u>可用来发电，即做电功。

（37）随着科学技术的进步与经济建设的发展，<u>纸的应用</u>越来越广。

除了单音节的N可以自由地构成"N的V"结构，多音节的N也能够比较自由地构成"N的V"结构。多音节的N可以是偏正结构，也可以是并列结构等。例如：

（38）<u>体质的调养</u>并不是要大手笔花多少钱，或者是多么大动作的事，但要靠平日的点点滴滴和坚持不懈。

（39）<u>旅游资源的开发</u>在注重经济效益的同时，必须注重环境效益，拟定好环境保护措施。

（40）曲线图用于<u>学生个人周期信息的分析</u>，分准确率曲线图和反应速度图。

（41）至于<u>语言点和功能项目的处理</u>，视不同的教学法而有不同的考虑，此不赘。

（42）该机不仅可用于<u>胡椒、芝麻、花生、肉类、蔬菜等的粉碎</u>，还可用于豆腐浆的制作和果品、蔬菜榨汁。

由于N_客V定中结构与"N的V"都主要在书面语中使用，因此两种结构都要求进入其中的N有一定的正式度，排斥过于口语化的词汇。

综上所述，与N_客V定中结构相比，"N的V"结构由于既能指称事件也能指称活动，因此对进入其中的N限制度比较低。也可以说，"N的V"结构是否成立主要受V的限制；而N_客V定中结构是否成立既受N的限制，也受V的限制。

6.3.2　V的特点对比

贺阳（2008：57）指出："与受带'的'的名词定语修饰比较而言，动词受名词修饰要受到更多的限制。"在第五章中，我们曾提出能够进入N_客V定中结构的V应当具有一定的指称性、及物性和正式度。与之相比，构成"N的V"结构的V从整体上来说指称性稍弱，不要求及物性，正式度也稍低。

在5.2.1小节，我们主要从音节特点、有界性、动作性三个方面来谈N_客V定中结构中V的指称性。N_客V定中结构中V的指称性较强，表现在V主要是双音节动词，都是相对无界的，动作性较弱。相比较而言，能够进入"N的V"的V可容纳的动词范围更宽，以双音节为主，但是也不排斥一些单音节动词；有界动词、动作性较强的动词也能够进入"N的V"结构。

有学者对能够进入"N的V"结构的单音节动词进行了考察。詹卫东（1998b）考察了按义项出条的1316个单音节动词，其中只有"爱₁、哭、死、笑₁"能进入这一结构。王丽娟（2014）通过考察CCL语料库，得出能够进入"N的V"结构的单音节动词主要有"爱、恨、哭、死、笑、走、骂、请、缺、穿、喊、叫、烤、托"等。其中，"爱、恨、哭、死、笑、走、骂、请、缺"出现的频率还较高。例如：

（43）唯有宽容、忍耐、率真，才能获得观众的爱，启迪他们的想法、感受以及自觉。

（44）她的恨，未曾因时间的累积而稍减，反而在一遍又一遍的反刍中，更深，更苦，也更浓烈。

（45）我听完便笑了。我的笑完全是一种默认。

（46）为了时尚表现妇女的死，为什么人们接受这种方式？

（47）不过贺子珍的走，恰恰给江青提供了趁虚而入的绝好机会！

从以上各例中，我们能够发现，单音节动词进入"N的V"结构后，N只能理解为V的主体，而不能理解为V的客体。

从有界性来讲，进入"N的V"结构中的动词既可以是有界的，也可以是无界的。例如：

（48）冷战的结束和新的安全形势为大幅度削减进而全面禁止和彻底销毁核武器提供了可能。

（49）今年灾荒的克服，我们实行的粮食调剂和棉布交易起了极大的作用。

（50）其特点是在形成缩聚物的同时，伴有小分子物质（如水、氨、醇及卤化氢等）的失去。

（51）城乡流动壁垒的打破，给农村青年带来了新的机遇。

（52）在国歌未正式制定前，以《义勇军进行曲》为代国歌，得到大部分人的赞成。

（53）董作宾多次参加殷墟甲骨发掘工作，并负责出土甲骨的整理。

（54）计算机运行环境的选择应根据单位的规模、会计业务的多少及会计工作的分工等方面综合考虑。

（55）在这里我们可能做的是理论的迁移，即将用于解释某一对象的概念和理论用于解释另外的事物。

（56）情绪的管理必须建立在自我认知的基础上，如何自我安慰，摆脱焦虑、灰暗和不安。

（57）由于农业的迅速发展，农器的制造也相当可观。

例（48）—（52）中，动词"结束""克服""失去""打破""赞成"都是有界动词；例（53）—（57）中，动词"整理""选择""迁移""管理"和"制造"都是无界动词。无论是有界动词还是无界动词都能构成"N的V"结构。"N的V"结构对有界和无界动词的准入机制与其功能有直接联系。该结构可以指称事件,而事件与有界的动词之间有着天然的关联;该结构还可以像N_客V定中结构一样指称活动,活动又与无界动词有着密切的联系。因此,无论是有界动词还是无界动词都能够进入"N的V"结构。

从动作性强弱来看,强动作性动词也能够进入"N的V"结构。除了上面我们提到的一些单音节动词外,李晋霞(2003,2008)所提出的两类双音节强动作性动词(位移类和肢体动作类)也能够进入"N的V"结构。例如:

(58)南昌革命军队的起来,没有能用自己的革命政策去发动工人和农民。

(59)船每颠一下,窝囊废就叫唤一声,秀莲就骂一句,因为船身的摇晃弄乱了她的骨牌。

(60)大海的拥抱是雄浑的,而你脚下的湖,那粼粼的水,则又显得蜜意柔情。

(61)内容的捕捉固然不易,形式的掌握同样不易。

例(58)—(61)中的强动作性动词"起来""摇晃""拥抱""捕捉"都能够进入"N的V"结构。可见,"N的V"结构不排斥强动作性动词。

在上一章中,我们曾提出以事件为话题的交际需要是指称化发生的语用动因,汉语指称化的发生都是围绕事件展开的。指称化与事件之间的密切关系要求不能陈述事件的动词也不能发生指称化,关系动词、能愿动词、形式动词、状态动词不能指称事件,本身也就不能发生指称化。与N_客V定中结构相似,关系动词、能愿动词等也不能进入"N的V"结构,可以说"N的V"结构也要求进入其中的V具有一定的指称性。但是,一些有界动词、强动作性动词也能够进入"N的V"结构,这说明与N_客V定中结构相比,能够进入"N的V"结构的动词并不强调持续性、过程性或动词的典型性,动词本身所具有的指称性比能够进入N_客V定中结构的动词要弱。

除了指称性的差异以外，"N的V"结构也不要求进入其中的动词具有及物性。本书所指的及物性是纯语法角度的，不仅包括能否带宾语，还包括所带宾语的类型。宾语只能是指人名词的动词，以及只能带有指宾语不能带无指宾语的动词都不能进入N$_客$V定中结构。能够进入"N的V"中的V则不受及物性的限制，不能带宾语的动词、宾语只能是指人名词的动词、只能带有指宾语的动词都能够进入"N的V"结构。例如：

（62）英格兰队上下25日普遍表示，如果不是裁判的帮忙和球场糟糕的草皮，获胜的应该是英格兰队。

（63）他认为，日本的道歉三心二意，而一个难以正确对待历史的国家，也难以正确选择自己的未来。

（64）那些文字所涉主要是徐志摩的个人生活，尤其是他的离婚与再婚。

（65）同学和老师的安慰并未真正解决他的问题。

（66）他立刻遭到牛津大学当局的开除。

（67）妈妈的鼓励对小雨来说是最重要的，打破碗的窘迫一下子就消失了。

（68）这种观点自然受到了基督教哲学家的驳斥。

（69）南汽的魄力得到国内外同行的称赞。

（70）司法委员会不顾中国的反对，准予上诉，并于1953年把这批飞机判给民用航空公司。

例（62）—（64）中的动词"帮忙""道歉""离婚"都是不及物动词；例（65）—（67）中的动词"安慰""开除""鼓励"的宾语都是指人名词；例（68）—（70）中的动词"驳斥""称赞""反对"宾语都必须是有指的。以上这些动词都可以自由地构成"N的V"结构。由此可见，"N的V"与N$_客$V定中结构不同，不要求进入其中的V具有及物性。

由于"N的V"与N$_客$V定中结构都主要在书面语中使用，因此要求进入其中的动词有一定的正式度，一般来说，口语性较强的动词不容易进入两类结构中。但是，这也不是绝对的。尤其对于"N的V"来说，有时在带有描写性的语体中，一些口语性较强的动词也能够进入。例如：

（71）我体会过离别，还懊恼过当初应该多回家看看，不要厌倦他们的念叨。

（72）一个人的日子越来越觉得孤单，纷乱的家需要女人的拾掇，周末偶尔烧起来的小菜，一个人吃起来觉不出任何味道。

（73）如果她当时知道我是她女儿关系密切的同事，她也许会原谅我。看来，她的打听一无所获。

例（71）—（73）中，"念叨""拾掇""打听"都是口语性较强的动词，也能够出现在"N的V"中。

综上所述，与能够进入N_客V定中结构的V的特点相比，能够进入"N的V"的V在指称性和正式度上都稍弱，而且不要求动词一定具有及物性。这些特点都与两者的功能差异有关，N_客V定中结构只能指称活动，而"N的V"既能指称事件也能指称活动。"N的V"指称化程度较弱、陈述性较强，表现在V的指称性上，就不要求V本身具有较高程度的指称性；N既可以是主体，也可以是客体，就不要求V是及物性动词；当用于描述某些事件或活动时，一些口语性较强的动词也能进入该结构。

6.4 N_客V定中结构与"N_客的V"活动指称的变换

"N的V"既能指称具体的事件，也能指称抽象的活动；而N_客V定中结构只能指称抽象的活动。根据N和V语义关系的不同，指称活动的"N的V"可以分成两类：一类N和V是"主体—动作"关系，可以称为"N_主的V"活动指称；一类N和V是"客体—动作"关系，可以称为"N_客的V"活动指称。只有"N_客的V"活动指称才有可能在一定条件下与N_客V定中结构构成变换关系。

这里我们可以进一步说，N_客V定中结构都能中间加"的"变换成"N_客的V"结构，但并不是所有的"N_客的V"都能够去掉"的"变换成N_客V定中结构。

$$N_客V定中结构 \xrightarrow{\hspace{1cm}} "N_客的V"活动指称$$

图 6-2　$N_客$V定中结构和"$N_客$的V"活动指称的变换关系

一般来说，$N_客$V定中结构都能够中间加"的"变换成 "$N_客$的V"活动指称。例如：

（74）语言研究——语言的研究

（75）学术讨论——学术的讨论

（76）环境保护——环境的保护

（77）图书发行——图书的发行

（78）商品生产——商品的生产

（79）家用电器维修——家用电器的维修

（80）教学资源管理——教学资源的管理

例（74）—（80）中，横线左边的$N_客$V定中结构都能够中间加"的"变换成横线右边的"$N_客$的V"活动指称。

虽然$N_客$V定中结构和"$N_客$的V"活动指称存在这样的变换关系，但是变换以后两者在表义上还是存在着一定的差别。$N_客$V定中结构所指称的活动是高度规约化的，而"$N_客$的V"指称的活动往往是非高度规约化的，是一种临时的指称。试比较：

（81）a. 所以，越来越多的国家，开始以确立自己的国鸟为手段，来促进野生动物保护、自然保护，增强国民环保意识。

　　　b. 改革开放以后，我国就野生动物的保护制定了一系列的法律法规，并加入了有关野生动物保护的国际组织或签订了有关国际公约协定。

（82）a. 人力资源管理呈现出许多新的发展趋势。

　　　b. 拥有优秀的人才是企业持续发展的前提和保障，因此人力资源的管理在企业的系统管理中也具有十分重要的地位。

例（81）中，a句中"野生动物保护"表达的是该活动已经在认知中被高度规约化了；b句中"野生动物的保护"倾向于表达该活动是一种非规约性的，是说话者在说话的时候为了用来指称而临时创造的。例（82）中，a句的"人力资源管理"是一种高度规约化的活动；b句由于前一原因小句主要讲人才的重要性，因此在结果小句中使用"人力资源的管理"，一方面是对上文的回指，另一方面也表明说话者并没有将"人力资源的管理"看作一种高度规约化的活动，而是临时的指称。再如：

（83）a. 图书发行是服务业，其成功的营销完全在于有特色的、多样化的服务。

b. ?图书的发行是服务业，其成功的营销完全在于有特色的、多样化的服务。

例（83）中，a句"图书发行"指称一种高度规约化的活动，可以被看作一个行业；而改换成b句"图书的发行"，指称一种临时性的活动，整个句子在句法上可以接受，但是从语义上来讲，将一个临时性的活动定性为一个行业，不如将高度规约化的活动定性为一个行业可接受度高。

再以"生存环境"和"保护"的组合为例。在CCL语料库中，共出现"生存环境的保护"11例，而"生存环境保护"仅1例。可以说，"生存环境保护"还没有在使用者中形成一种作为规约化活动的认识，因此在指称这一活动时，人们倾向于使用"N的V"结构，表示一种临时的活动指称。如果将"生存环境"替换为"生态环境"，情况就完全不同。在CCL语料库中，共检索出"生态环境保护"1022例，而"生态环境的保护"仅180例。

陆丙甫（2009）指出，计划好的、程序化的整套行为比起随意的、即兴的行为有更大的指称性和可别度。前面我们做了比较，N客V定中结构的指称化程度要高于"N的V"结构，前者更像一个整体的词汇单位，而后者是一个临时的短语。

因此我们说，并不是所有指称活动的"N客的V"都能够去掉"的"变换成N客V定中结构，而是要看去掉"的"后构成的N客V定中结构是不是一个高度规约化的活动。如果语言使用者认为其是一个高度规约化的活动，变换就能够成立；如果语言使用者认为其不是一个高度规约化的活动，变换就不能成立。例如：

（84）a. <u>盗版图书的发行</u>已形成全国网络，一部分在一处印制后很快就在许多地区上市。

　　　 b. *<u>盗版图书发行</u>已形成全国网络，一部分在一处印制后很快就在许多地区上市。

（85）a. <u>薪酬制度的制定</u>往往是人力资源管理咨询的核心，需要投入很多的时间。

　　　 b. *<u>薪酬制度制定</u>往往是人力资源管理咨询的核心，需要投入很多的时间。

例（84）中，"盗版图书的发行"在人们的认识中并不构成一种高度规约化的活动，因此也就不能去掉"的"变换成$N_客$V定中结构。例（85）中，"薪酬制度的制定"也不是一种高度规约化的活动，因此去掉"的"构成的$N_客$V定中结构可接受度就很低。

有的"$N_客$的V"活动指称可以被认为是高度规约化的活动，这时，可以去掉"的"后构成$N_客$V定中结构。例如：

（86）a. 不仅如此，<u>语言的研究</u>在方法论上也有助于计算科学的研究与发展。

　　　 b. 不仅如此，<u>语言研究</u>在方法论上也有助于计算科学的研究与发展。

（87）a. 任何企业都会涉及<u>商品的销售</u>。

　　　 b. 任何企业都会涉及<u>商品销售</u>。

（88）a. <u>野生动物的保护</u>有许多环节，但关键是抓住销售这个环节。

　　　 b. <u>野生动物保护</u>有许多环节，但关键是抓住销售这个环节。

例（86）—（88）中的"$N_客$的V"活动指称在人们的认识中都是高度

规约化的活动,因此这时的变换能够成立。

即使变换能够成立,两者在表义上还是有区别。除了规约化程度外,"N的V"更凸显定语的强调作用。沈家煊、王冬梅(2000)认为"N的V"结构是一个"参照体—目标"构式,N需要具有较高的指别度从而为目标V的识别提供可靠的有效的信息。完权(2010)则指出"的"在该构式中具有提高指别度的作用。与N_客V相比,使用"N_客的V"结构是一种强势指别,强调的是N_客的参与,在语境中表现为常常有前后的照应,或者还可以前加介词予以突出;而N_客V则是一种弱势指别。例如:

> (89)毋庸置疑,对于我们每年用纸量超过1亿吨的这样一个用
> 纸大国来说,除了要花大量外汇进口废纸作原料,还免不
> 了要砍伐森林,耗费大量的木材。我国森林覆盖率本来就
> 很低,仅为13.4%。国外许多森林资源丰富的国家都十分重
> <u>视废纸的回收利用</u>,因此,我们没有任何理由忽视<u>废纸回
> 收利用</u>这一利国利民的事业。

正如陆丙甫(2003)所说:"一个事物一开始在篇章中出现,由于是新信息,就需要作一些描写,听者才能明白何所指,后来再次出现,就往往不必再作描写而只有指称作用了。"

综上所述,一般来说N_客V定中结构都能够中间加"的"变换成"N_客的V"结构,但并不是所有的"N_客的V"都能够去掉"的"变换成N_客V定中结构,变换能否成立主要看"N_客的V"在人们的认识中是否构成一个高度规约化的活动。两者的差别还体现在N_客V定中结构是一种弱势指别,"N_客的V"是一种强势指别。

6.5 小结

本章主要对比分析了现代汉语中组成成分相似、结构关系相同的两类指称化结构"N的V"和N_客V定中结构。

在指称化的背景下,两类结构的差异主要体现在指称功能上。第一,两者的指称对象不同。"N的V"既能指称具体的事件,也能指称抽象的活

动；而N_客V定中结构只能指称抽象的活动。根据N和V语义关系的不同，指称活动的"N的V"可以分成两类：一类N和V是"主体—动作"关系；一类N和V是"客体—动作"关系。第二，两者指称化的程度不同。N_客V定中结构的指称化程度高于"N的V"。动词在两种结构中失去的特征多少不同。具体来说，当N为动作的主体时，指称事件的"N的V"中只有动作的主体属格化了，V仍具有指派宾语的能力。"N的V"中的V还可以较为自由地受形容词或副词状语修饰。而N_客V定中结构中的V几乎失去了所有动词性特征，因此整个结构的指称化程度也更高。

受"N的V"和N_客V定中结构指称功能差异的影响，能够进入两类结构的N和V也表现出差异。由于"N的V"结构既能指称具体的事件，也能指称抽象的活动，N既可以是有指的，也可以是无指的，因此该结构对进入其中的N限制度比较低，在生命度、指称类型、抽象度、音节特点等方面都没有特殊的要求。动词方面，由于"N的V"结构指称化程度低于N_客V定中结构，表现在V上，能够进入"N的V"的动词本身的指称性也要弱于N_客V定中结构中的V。

N_客V定中结构都可以中间加上"的"变换为"N_客的V"结构。只有表示"客体—动作"关系的"N的V"才有可能在一定条件下去掉"的"变换成N_客V定中结构。即使能够发生变换，二者也有表义上的差别，具体体现在：使用N_客V定中结构，说话人倾向于认为其所指称的是一种高度规约化的活动，N的指别度低；使用"N_客的V"结构，说话人倾向于认为其所指称的是一种规约性较弱的活动，更像一种临时的指称，N的指别度高。

因此，N_客V定中结构与"N的V"结构是相互独立的不同结构，不存在上下位关系。在考察中，不宜忽略N_客V定中结构的特殊性而仅把其看作"N的V"结构的一种变体，必须将两者区分开来。

第七章 N_{非客}V定中结构的再认识

在第三章中，我们提出NV定中结构是一个原型范畴。N_客V具有能产性强、语类属性单一、语义透明度高等特点，因此是该范畴的典型成员，而N_{非客}V则是该范畴的非典型成员。之后，我们以类型学指称化理论为基础，集中讨论了N_客V定中结构的类型学特征和内部构成特征。现在我们把视线转回到N_{非客}V定中结构，从指称化理论的视角出发，进一步厘清不同类型N_{非客}V定中结构的关系，并探讨产生差异的深层原因。

本章主要内容分为三个部分。第一部分主要界定研究范围，并依据论旨角色将N_{非客}V活动指称结构进行再分类。第二部分和第三部分则分别探讨N为主体论元和非域内论元时该结构内部的差异和特点。

7.1 N_{非客}V定中结构的判定与再分类

7.1.1 N_{非客}V定中结构判定之难

在本书中，我们认为只要以动词为中心的结构没有处在谓语核心的位置上，该结构就发生了指称化。指称化结构可以根据指称对象的不同分为事件指称和活动指称两类。N_客V结构只能指称活动，而其他指称化结构既能指称事件，也能指称活动。当N为主体时，N_主V既可以指称事件，也可以指称活动。例如：

（1）<u>弥生和三枝子吵架</u>，稍许破坏掉一点和平气氛也挺有趣的啦。

（2）2月17日米卢将飞赴澳门，观看有日本队参加的亚洲杯小组预赛，借以侦察日本队的最新动向和人员状态，为即将开始的<u>中国队集训</u>寻找有针对性的训练内容。

（3）<u>父母吵架</u>可能会让孩子以为父母要离婚，甚至产生无家可归的恐慌。

（4）郭建模团长说，中国残联正在准备建立残疾人体育指导机构，用一揽子措施解决教练员编制、<u>运动员集训</u>、生活等问题。

（5）a.一些被拐妇女为了能留下来，而不如实交代情况、报假名字等，妨碍<u>干警办案</u>。

   b.如今<u>干警办案</u>、办公、学习、娱乐，无一能离开微机。

例（1）（2）中的N$_\pm$V指称事件，例（3）（4）中的N$_\pm$V指称活动。例（5）中的两个例子虽然组成成分相同，但是a句中的"干警"有指，因此指称事件；b句中的"干警"无指，指称活动。

当N为非主体时，N$_{非客}$V一般只能指称活动。例如：

（6）<u>声音交友</u>是不是特有想象力？节目为您提供交友平台！感动就在我们身边。

（7）这些款项主要用来对一些资金周转短缺的农户进行农业生产的扶持，或者对需要扩大再生产的个体户进行<u>资金帮助</u>。

在本章的研究中，为了便于比较，我们只考察N为无指性名词或名词短语的N$_{非客}$V指称活动的情况。

指称和陈述是从语用功能的角度划分出的类别，而名词和动词是从句法功能的角度划分出的类别。以Croft（1991）的观点为代表，词类、语义类别和语用功能之间存在着无标记的关联。

表 7-1　词类、语义类别、语用功能关系表

词类	语义类别	语用功能
名词	事物	指称
形容词	性质	修饰
动词	动作	陈述

这是最理想的状况。然而对于指称化结构来说，它的语用功能发生了转化，由陈述变成了指称，其句法功能则不能一概而论。指称化结构以动词为核心构成，在认知的时候采用了与名词相同的"整体扫描"的方式，它本身就兼有动词和名词的双重属性，本书称其为混合性的语类属性。因此，这就给指称化结构内部组成成分结构关系的判定带来了困难。

朱德熙（1984）认为定语是名词性结构的修饰语，状语是谓词性结构的修饰语。但是他也注意到对于名动词（兼有名词和动词的双重属性）前的修饰性成分来说，情况则比较复杂。

表 7-2　朱德熙（1984）关于定语和状语的判定标准

修饰语性质	句法位置 / 组合关系	用例
状语	前有副词	马上工作
	处在谓语位置	学校应该严格规定学生的作息时间
	后有"了"和"过"	仔细研究过是事实
定语	前有数量词、名词和"的"字结构	几次展览 方言调查 国家的建设
	"有"的宾语	学校有严格的规定
	形式动词的宾语	进行农村调查
定状不定	双音节形容词（带"的"或不带）、状态形容词、程度副词＋形容词＋的	严格（的）规定 仔仔细细的调查 十分紧张的劳动
	体谓宾动词的宾语	反对乱七八糟的表演
	处在主语位置	周密的调查是关键

通过上表我们可以发现，对于以名动词为核心的"名词性结构"的判定，需要依赖句法位置和与特定成分的组合能力。

"N+V"的组合在短语层面可以表示三种不同的句法结构关系：主谓关系、状中关系和定中关系。NV结构更倾向于被理解为何种类型，与N的论元类型密切相关。当N为主体时，该结构更倾向于被理解为主谓关系；当N表时空、凭借、由据时，该结构更倾向于被理解为状中关系；当N为客体时，该结构更倾向于被理解为定中关系。可以说，论旨角色与短语结构类型之间存在着无标记的组配。而N_非客V作为指称化的结构，其作为定中短语是有标记的组配，内部关系也较为复杂。

齐沪扬等（2004）认为像"大队核算""文官管理"等短语可以构成主谓关系，但是当它们位于主语、宾语或定语的位置上时，因V的动词性大大减弱，可认为是定中关系。例如：

（8）我当时就没有接受，认为<u>大队核算</u>了，多种那一亩地，我们队也分不了多少，何必那样辛苦。（主谓关系）

（9）有一段时间，一些生产大队提出要把原来的生产队核算改为<u>大队核算</u>。（定中关系）

而对于像"电话联系"这样的结构，齐文则认为当其在谓语位置的时候是状中结构，而当其处于主语、宾语、定语中心语、定语的位置时，则是定中结构。

（10）<u>宝玉挨打</u>是《红楼梦》里重要的一个段落，这是历来红学研究者都非常关注的情节。

如果认为主语、宾语或定语等位置上的V的动作性已大大减弱，从而可作为定中关系来看待，那么例（10）中的"宝玉挨打"也应该是定中关系，但显然这是不符合实际情况的。

从本书的研究视角出发，我们认为定中结构的范围要小于指称化结构。动词结构只要不在谓语核心位置出现，都可以认为发生了指称化。但是指称化的程度有所不同。有的结构指称化的程度低，表现在其中的动词仍然可以带宾语、带时体成分、受副词的修饰等。在汉语中，有的小句指称与其作为陈述功能使用时相比没有形式上的变化。指称化结构的指称化程度是一个连续统。如果将定语认定为名词性结构的修饰语，那么包含定语的指称化结构的指称化程度应该是比较高的。

指称化程度的高低是相对而言的。对于一个连续统来说，在哪里画一条线，认为线的一边是指称化高的而另一边是指称化低的都难免具有主观性。可以采用较为严格的判定方式，认为像N$_{客}$V这一类从来不在谓语位置出现的才是指称化程度高的，从而认定为定中结构，而将其他类型都处理为主谓、状中的活用；也可以采用齐沪扬等（2004）较为宽松的判定方式，将指称化的结构都看作定中结构。实际上，齐文在处理的时候做了区分，需要加"的"做定语的名词性较弱，不宜处理为定中结构。

指称化程度的高低还受组成成分和固化程度等因素的制约，需要分不同的情况来分析。本章进行研究时，先取最宽的范畴。由于我们主要考察N$_{非客}$V指称活动的情况，其本身的指称化程度就较高，不妨采取最为宽松的准入机制，先将能指称活动的该结构都纳入研究范围，称为"N$_{非客}$V指称化结构"，然后再根据内部情况的不同，来判定其是否适合作为定中结构。

7.1.2　N$_{非客}$V指称化结构的再分类

为了能够更清晰地描绘N$_{非客}$V内部不同的功能表现，根据论旨角色的不同，我们将N$_{非客}$V指称化结构分为N$_{主}$V指称化结构和N$_{其他}$V指称化结构。两类结构的差异主要体现在如下方面：

首先，N$_{主}$V指称化结构和N$_{其他}$V指称化结构的原型类型不同。前者为主谓结构，N是域内论元；后者为状中结构，N为域外论元。两者原型类型不同就决定了它们在指称化能力、指称化水平和指称化动因等方面都有差别。

其次，N的指称类型有异。虽然都是无指，但是两者的下位类型有别。根据刘顺（2004），无指还可以进一步划分为"不指"和"非指"两个下位类型。"不指"侧重于名词所体现出的内涵属性，"非指"则是动词结构上的需要，不体现内涵属性。N$_{主}$V中的N主要是非指的，而N$_{其他}$V中的N是不指的，体现内涵属性。例如：

（11）改革开放以来，随着农村人口的增长、农村经济的全面发展和产业结构的调整，<u>城乡交流</u>进一步扩大，从事生产经营活动的农村庄户的从业人员增加，非农业从业人员比重提高，劳动力流动的范围扩大。

（12）再看看现在的巴黎火车站，几乎已全部改为<u>电脑售票</u>，少量的人工售票窗口也只是起填漏补遗作用而已。

例（11）的"城乡"是非指的，不体现内涵属性；例（12）的"电脑"是不指的，体现了工具的内涵属性。

最后，两类结构充当主语、宾语的能力不同。两者都能充当主语，$N_主V$一般不能充当形式动词的宾语，而$N_{其他}V$大部分都能够充当形式动词的宾语。张德岁、张国宪（2013）指出，如果将指称化的主、宾结构各看作一个构式，指称化主语的构式义是"评述一个事件"，指称化宾语的构式义是"引出一个事件"，前者是静态的，后者是动态的，因此从指称化的程度来讲，主语的指称化程度要高于宾语。

因此，有必要将两者分类进行研究。

7.2　$N_主V$指称化结构

依据$N_主V$指称化结构指称化程度的不同，我们将该结构内部分为四种不同的类型：

A. 大学生就业　　夫妻分工　　手臂摆动　　胃分泌
B. 人口聚居　　　全民健身　　人身伤亡　　公众参与
C. 记者采访　　　上级安排　　国家补偿　　专家评估
D. 公务员轮岗　　客户体验　　城乡交流　　企业兼并

我们认为，如果依据短语某次出现的位置来判定短语的属性，那么不窘认为动词做主语、宾语后词性发生了变化。其实，与动词可以做主语、宾语、定语一样，主谓短语也可以出现在这些位置，其语法性质没有发生变化，发生变化的是其体现的功能，由陈述转变为指称。例如：

（13）计划经济体制下，<u>大学生就业</u>是国家分配，人们认为工作是政府给的。

（14）传统的<u>夫妻分工</u>是"男外女内"，而今天武汉人的夫妻观念表现出现代性、文明性，具体表现在对"男外女内"模式的态度上。

（15）由此指出，<u>手臂摆动</u>对身体起跳加速力的贡献率很大，并且，手臂加速摆动的距离越长，身体重心速度的增加越明显。

（16）<u>胃分泌</u>是哺乳类动物胃的主要功能之一，是机体调节营养物质摄取的重要步骤。

像A组中的"大学生就业""夫妻分工""手臂摆动""胃分泌"这些短语并不经常出现在主语、宾语的位置上，应当属于主谓短语，是小句指称。当主谓短语发生指称化时，是结构所表达的事件作为一个整体被认知，因此可以出现在主语、宾语等位置，表现出体词性。

指称化结构中，动作性的减弱也有程度的不同。就结构内部的动词而言，它仍然可以带宾语、受副词修饰，保留较强的动作性。如：

（17）甲亢：<u>甲状腺分泌激素</u>失调（带宾语）

（18）其次，实行<u>总统罢免地方领导人</u>和解散地方立法机构的制度。（带宾语）

（19）这两年，<u>下岗职工再就业</u>一直是党和政府的工作重点和社会热点。（受副词修饰）

我们在判断词性时依据的是语法特性，而非其全部的语法功能。对于短语性质的判断也是如此。由于其位于主语、宾语、定语中心语等位置，限制了其典型功能的体现，而非它不具备这样的功能。

Hopper and Thompson（1984）指出典型名词和典型动词的区分是基于意义的。典型的名词多指可见的、有形的实体，典型的动词多指具体的、活跃的、可见的、有影响力的动作。虽然这样基于意义的区分是必要的，但是在判定某个词的所属类别时又显得不足。因为这种典型性不仅依赖于独立的、可验证的语义，而且可能更主要是依赖于它们在实际话语中所体现的功能。因此，他们从语用功能出发，认为动词的典型语言环境是报道话语事件，表现为陈述功能；而名词的典型语言环境是引进话语中的重要参与者，表现为指称功能。动词或名词离开了典型语境，其词类特性的表现就要受到影响。他们举了一个很典型的例子，即英语名词fox并不是在所有话语中都表现出名词的典型特征：

（20）Early in the chase the hounds started up an old red <u>fox</u>, and we hunted him all morning.

（21）<u>Foxes</u> are cunning.

（22）We went <u>fox</u>-hunting in the Berkshires.

（以上转引自Hopper and Thompson 1984）

只有在例（20）中fox作为事件的具体参与者时，才展现了名词做主宾语、可以受数量词修饰、有指（是具体的、可感知的实体）这些典型名词特征。而例（21）（22）中，fox都多少失去了名词的一些典型特征。可见，fox指称一个有形的实体并不能使它成为一个典型的名词，实际上，作为话语的可控参与者才是主要因素。

然而，在进入话语之前，没有人会否认fox是一个名词。就如同汉语中"管理"这个词，如果没有相关的语言学背景，大部分人都会认为它是一个动词，而不会说它也可能是个名词。Hopper and Thompson（1984）同样指出，大部分的形式在进入话语之前都有一种作为N和V的倾向，只是在进入话语之后，可以通过形式手段发生转化。换句话说，在进入话语之前这种N和V只是一种潜力，而真正实现为何种类型，要依靠具体的语境来判断。

马庆株（1995）指出，一个词进入具体使用环境时会出现不同的情形，当出现在该类词的典型环境中时实现为该类词，当出现在该类词较少出现的环境时，就由它所出现的位置赋予它经常出现在这个位置的词的功能。A组$N_{\pm}V$指称化结构的情况就是如此，可以认为它们的指称化性质主要是由出现的位置所赋予的。主谓结构作为一个整体临时出现在指称性成分经常出现的位置，被识解为指称性结构。

如果一个词经常出现在这个环境中，就会逐渐获得新的语法意义和功能。当名词与动词结合比较稳定时，就会被作为一个整体来认知，这时便与名词被认知的方式相同，可以较自由地出现在名词出现的句法位置上。这种相互促进的机制，使得一些规约化程度较高的谓词性组合逐渐稳固下来。B组情况便是如此。"人口聚居""全民健身""人身伤亡""公众参与"等，这类N$_{主}$V指称化结构中的N主要是集合名词。集合名词是非典型名词，不能受数量词修饰。当集合名词做主语时，谓语常常是表属性而非事件。以"人口聚居"为例：

（23）大多数贫穷人口聚居于自然条件恶劣、基础设施薄弱、经济落后的深山老岭。

（24）这几年，数以千计的外来人口聚居在这里，他们蚕食绿地，乱搭窝棚，砍树烧饭，在铁路两侧乱倒生活污水和粪便。

例（23）和（24）中，"人口"和"聚居"虽然不是直接组合，但是可以看到"人口聚居"是一种属性，陈述一种状态而非过程性较强的事件，因此比一般的N$_{主}$V结构更容易作为整体认知从而指称化。

（25）而应就自然、地理、资源、环境、区域规划、人口聚居、文物保护、土地占用、安全行车、噪音传播、能源消耗等各种因素全面考虑。

（26）工业生产必不可少的纪律性、分工协作关系取代农业生产的散漫特点，以人口聚居为特点的城市大量出现。

例（25）中"人口聚居"是与"自然""地理"等名词性成分并列的因素，例（26）中"人口聚居"是一种新兴城市的特点。再如：

（27）燃放了千年的烟花爆竹风俗，因引发火灾、人身伤亡、城市污染等问题，在全国各地都遭到了人大代表的炮轰。

（28）目前，全民健身、健美、休闲娱乐等体育活动的兴起，使徒手操的编排、锻炼从教学领域走向更为广泛的社会领域。

（29）正因为此，无论是联合国《21世纪议程》还是《中国21世纪议程》，都把"<u>公众参与</u>"作为可持续发展的一项重要<u>原则</u>。

B类N$_主$V结构经常与名词性成分并列使用或以名词性成分复指，从而获得了新的意义和功能。它们的结合逐渐稳定下来，指称一种规约性的活动。因此，在分析短语性质时，它们被理解为主谓结构或是定中结构都有道理。

我们认为C组"记者采访""上级安排""国家补偿""专家评估"这类N$_主$V结构，N是用来修饰限制V的。这类N$_主$V指称化结构的V往往能受"一个"修饰，动词指称动作的结果（邓盾 2021），有转指的趋势。这类N$_主$V结构相当于NN结构。试比较：

（30）国家补贴——国家补偿

"补贴"在《现代汉语词典（第7版）》中有名词、动词两种词性，"国家补贴"可以理解为定中结构。"补偿"目前只有动词一种词性。

（31）平常住不起星级宾馆，这三天三夜算是一个<u>补偿</u>。

（32）"全运会冠军算是对奥运会的一个<u>补偿</u>吧"，董震说。

"补偿"虽然是动词，但是它可以受名量词"个"修饰，已经有名词化的趋势。因此"国家补偿"与"国家补贴"一致，可以理解为定中关系。如：

（33）凡是未能从加害人处获得足额赔偿的被害人，均有权申请<u>国家补偿</u>。

类似的例子还有：

（34）信息发布形式主要包括授权发布、散发新闻稿、组织报道、接受<u>记者采访</u>、举行新闻发布会等。

（35）同时，我感到要自觉主动投入改革，不能消极等待<u>上级安排</u>。

（36）按照<u>国家部署</u>，未来十年水利投资将达到4万亿元，年均4000亿元，水利建设预计将迎来黄金十年。

（37）12月7日，江西省九江市彭泽县森林公安局接到<u>群众举报</u>，有人在芙蓉江中岛洲头设置"天网"捕捉候鸟。

（38）全国19所企业管理培训中心接受了<u>专家评估</u>。

由于动词有转指的趋势，因此例（33）—（38）中的N_主V如果去掉N_主，表意虽然会受到影响，但句子仍然能够成立；但是其他组的N_主V指称结构去掉N_主后句子不成立。

D组"公务员轮岗""客户体验""城乡交流""企业兼并"这类N_主V结构，从整体来看是体词性的，不能出现在谓语的位置上。它们已经固化，被词典收录。作为一个整体，其意义也不再是简单的词义与结构义的加合，而是被赋予了更为丰富的内涵。但是从短语生成的角度讲，它们仍然是按照主谓关系而非定中关系生成的。它们虽然可以认为是名词性结构，但是N并不是修饰性成分。如：[①]

> 公务员轮岗：公务员职位轮换的制度。
> 客户体验：客户接受服务时的亲身感受。
> 城乡交流：城市与农村之间的贸易往来。
> 企业兼并：若干企业根据某种契约关系进行产权合并，结合成一
> 　　　　　个整体来经营，以实现生产要素的优化组合。

表 7-3　不同N_主V指称化结构的特点对比

组别	固化程度	V 转指	指称化程度	典型用例
A	低	否	低	大学生就业
B	中	否	中	人口聚居
C	低	是	高	上级安排
D	高	否	高	城乡交流

对于以上几类指称化结构来说，其结构性质的判定可以以指称化程度的高低作为参照。指称化程度较低的，如"大学生就业""手臂摆动"等，不常作为一个整体出现在主语、宾语的位置上，可以看作功能的临时性转化，是一种小句指称。像"人口聚居""公众参与"这类N_主V结构，N主要是集合名词，本身就是无指的。它们经常与名词性成分并列使用或以名词性

---

① 释义见《100年汉语新词新语大辞典（1912年—2011年）》，上海辞书出版社，2014年。

成分复指，从而获得新的意义和功能。它们的结合逐渐稳定下来，指称一种规约性的活动。在分析结构性质时，它们被理解为主谓结构或是定中结构都有道理。而像"上级安排""国家补偿"这类N$_{主}$V结构，V可以认为是转指的，且NV组合不固定，类似于NN结构，因此可以认为是定中结构。还有一些N$_{主}$V结构固化水平较高，已经作为词条收录于词典当中，指称一种规约化程度比较高的社会现象，结构本身指称化程度比较高。但是该类结构中的动词本身指称化程度低于转指类的动词，名词和动词之间还是主谓关系。

由于N$_{主}$V指称化结构中N和V都是被陈述和陈述的关系，因此即使指称化程度比较高，也可以认为是主谓结构。当V具有转指趋势时，它相当于一个名词，此时的N$_{主}$V指称化结构可以认为是定中结构。

7.3　N$_{其他}$V指称化结构

7.3.1　N$_{其他}$V的内部差异

我们将除了主体和客体外的N统一称为N$_{其他}$，主要指表工具、材料、方式的凭借论元，表原因或依据的由据论元以及表时间和方所的时空论元。

如果说NV主谓结构和定中结构可以由两者之间的内部结构关系做出较为明晰的判断，那么NV状中结构和定中结构的判定情况就要复杂得多。俞士汶等（2003：107）认为准谓宾动词（"进行、有、加以、予以、给以、受到、摆脱、遭到、保持"等）所带的谓词性宾语由名动词充当，如果该宾语需要扩展，只能扩展成定中结构。例如：

（39）a. 情感的融通性一方面可以沟通学科限制，消除学习的机械性和概念化倾向，培养学生<u>整体把握</u>人生和社会，走向"通才教育"。（状中结构）

b. 当你顽固地在寻找好的颜色时，你将很难对整幅画进行<u>整体把握</u>。（定中结构）

（40）a. 所有病重鸡都要淘汰，鸡毛、血水和废弃内脏应集中深埋，鸡肉要<u>高温处理</u>。（状中结构）

b. 根据调查实情、考虑减少的经济损失，在监督人员的现场监督下，将剩下的54千克牛肉进行<u>高温处理</u>。（定中结构）

按照俞著的判断标准，例（39）（40）a句中的画线部分都是状中结构，b句中的画线部分则为定中结构。然而，在语料考察中我们发现：

（41）以前我所信任的人，我需要对他们进行<u>重新评估</u>。

（42）保险公司要分散风险，还要进行<u>再保险</u>。

按照俞著的判断标准，例（41）（42）中的"重新评估"和"再保险"应当是定中结构。但是，"重新"和"再"是副词，副词不能修饰名词，这就形成了一个悖论。

马庆株（1985）将与述宾结构有关的歧义分为内部歧义和外部歧义两类。外部歧义是指词形和词序完全相同但结构性质不同的述宾结构和非述宾结构（如"出租汽车"）以及词形和词序完全相同但层次不同的述宾结构和主谓结构（如"说那个没用"）。内部歧义是指词形、词序和层次都相同的述宾结构，组成成分的语义关系不同，如"盖鸡窝"。我们发现，不管是内部歧义还是外部歧义，都不适合分析处在不同位置、功能不同的N_{其他}V结构。上文例子中的"整体把握"和"高温处理"虽然在不同的位置上，但是其短语意义没有变化，如果认为其结构类型不同，那么就应当判定为歧义短语，可是短语并不存在明显的歧义。我们基本同意齐沪扬等（2004）的看法，即偏正式NV结构在具体语境中体现出何种功能，与其出现的语法位置有关；而其体现何种功能的可能性则与其自身的构成相关。因此我们这里先不谈短语的性质类型，而重点关注其在具体语境中的功能表现。

词类、表述功能和句法成分存在无标记的关联（郭锐2000）。当词做谓语、述语、补语和真谓宾动词的宾语时，其主要功能是陈述；当词做定语、状语时，其主要功能是修饰；当词做主语、体宾动词和准谓宾动词的宾语时，其主要功能是指称。我们基本同意这样的关联，只是在前面的分析中我们发现，当词或短语做准谓宾动词的宾语时，与一般的体词性成分仍然有差别，表现在其中的动词虽然不能带宾语，但仍然能受副词修饰。

N$_{其他}$V偏正结构中90%以上的V都是双音节动词。与单音节动词相比，双音节动词本身就具有一定的指称性。可以说，以双音节动词为中心的NV偏正结构本身就兼具指称和陈述两种属性。但是正如张国宪（1994）提到的，双音节动词名词化的程度与动词的语义、内部构成方式和使用频率相关。有的名词化程度高，有的名词化程度低，呈现一个连续统。N$_{其他}$V结构的情况也是如此。

我们选择了"掌声欢迎""电话联系"和"公路运输"三个比较有代表性的N$_{其他}$V偏正结构，以这三个短语为例，根据能充当的句法成分，判断其指称化程度。指称化程度的高低也与短语的固化水平密切相关，对于N$_{其他}$V来说，主要表现为N是否经常需要由介词引入。下面将通过短语的句法位置和固化程度来在语料库中考察这些短语的整体功能趋势。

首先，我们在BCC语料库中检索出"掌声欢迎"用例共计124条。例如：

> （43）武警八达岭特区连的官兵早已列队等候路旁，他们以<u>掌声欢迎</u>我们。
> （44）请大家<u>掌声欢迎</u>巫小姐上台。
> （45）村主任施金火也亲自上门，受到全家的<u>掌声欢迎</u>。

大部分用例中，"掌声"做介词"以""用"的宾语，再修饰动词，构成状中结构，如例（43）。可见该短语的组合尚未固化，不易整体指称。"掌声欢迎"单独做谓语的情况在语料库中用例不多，如例（44），仅19例。还有一类用例如例（45），"掌声欢迎"受"全家的"修饰，做"受到"的宾语，有一定的指称性。三类用例占比如下：

表7-4　"掌声欢迎"不同功能结构使用情况

典型用例	以掌声欢迎	掌声欢迎巫小姐	受到掌声欢迎	体宾动词的宾语等
用例数	102	19	3	0
占比	82.26%	15.32%	2.42%	0%

从表7-4可以看出，"掌声欢迎"固化程度较低，不容易发生指称化。

我们在BCC语料库中检索出"电话联系"用例共计1190条，随机抽取其中500条进行定量考察。排除"挂电话联系""打个电话联系"这类"电话"和"联系"不构成短语的情况，共得到"电话联系"483例。例如：

（46）记者通过电话联系到了恒隆广场推广部经理，但他表示此事不属于他的管辖范围，所以也不清楚这件事。

（47）几天后，孔燕老师便根据登录的地址，与该同学电话联系。

（48）凡符合免费受助条件的病人可在周一至周五的白天进行电话联系。

（49）在日常工作中采用会议布置、发文要求、发函联系、电话联系、登门索要等灵活多样的收集方式。

例（46）中，"电话"与"联系"不是直接组合，"电话"做介词的宾语，不少研究将"电话联系"看作省略介词的NV结构。在语料库中，"电话"经常先做介词的宾语再修饰动词，如"用电话联系""靠电话联系"等，可见"电话"与"联系"的组合尚不紧密，固化程度不高。例（47）"电话联系"做谓语，是语料库中用例最多的一种类型，其最主要的功能，仍然是做句子的谓语核心或谓宾动词的宾语，以陈述性为主要功能。"电话联系"在不同的句子中发生了不同程度的指称化。例（48）中，"电话联系"做形式动词的宾语，陈述性弱而指称性强。类似的还有做"取得""保持""开始""中断"等动词的宾语，以及"N的V"结构的中心语。例（49）中，"电话联系"是一个较为独立的结构，后面有名词"方式"复指，做体宾动词的宾语，整体相当于一个名词，指称化程度最高。这四个例子可以看作"电话联系"指称化程度的一个连续统。四种类型的占比如下：

表7-5　"电话联系"不同功能结构使用情况

典型用例	通过电话联系	电话联系了	进行电话联系	电话联系等方式
用例数	30	347	82	24
占比	6.21%	71.84%	16.98%	4.97%

从表7-5可以看出，"电话联系"表指称并不稳定，受句法环境影响较大，主要的语法功能是做谓语。大部分N$_{非客}$V都类似于"电话联系"，其本身是陈述性结构，之所以表现出指称性是因为处在名词经常出现的句法位置，是一种临时性的指称，是表述功能的临时性转化。

最后我们在BCC语料库中检索出"公路运输"用例共计1620条，随机抽取其中的500条进行定量考察。与"电话联系"不同，"公路运输"极少添加介词或者作为谓语使用。其最主要的语法功能是做主语、宾语或者定语。例如：

（50）凡台湾地区生产的农产品，在大陆通过公路运输至销售地。

（51）目前已向灾区空运救灾物资45.8吨，公路运输救灾物资近250吨。

（52）广大车主也要认真学习遵守《道路交通安全法》，维护公路运输市场的良性发展。

（53）因此，若采用公路运输，价格上的劣势将使其失去市场，用公路运输来作为增加水运出口的替代方案是不现实的。

在这500条语料中，如例（50）和（51）这样的用例极少，仅有6条。如例（52），"公路运输"做定语，组成"公路运输市场""公路运输企业""公路运输网"等名词性短语，功能介于指称和陈述之间的用例，在语料库中经常出现。例（53）中，"公路运输"做体宾动词的宾语，相当于一个名词性结构，指称性最强。此外，还有"公路运输"做主语及与其他名词性成分并列使用的情况，在语料库中出现的用例最多。四种类型的占比如下：

表7-6   "公路运输"不同功能结构使用情况

典型用例	通过公路运输	公路运输物资	公路运输市场	采用公路运输
用例数	4	2	160	334
占比	0.80%	0.40%	32.00%	66.80%

从表7-6可以看出，"公路运输"整体固化程度较高，极少作为陈述性结构使用，指称化程度较高。

"掌声欢迎""电话联系""公路运输"三个短语的整体功能分布如下图所示。结构陈述性越强，就越难出现在指称性强的句法位置上。它们构成了一个由陈述到指称的连续统。N其他V结构内部指称化程度不同。如果一定要为短语的句法性质贴一个标签，可以认为"掌声欢迎"是状中结构，或者是口语表达中介词省略的现象；"电话联系"是陈述性的状中结构，其用作指称是表述功能的临时性转化；"公路运输"由于固化程度较高，经常出现在名词性成分出现的位置，是指称性的定中结构。

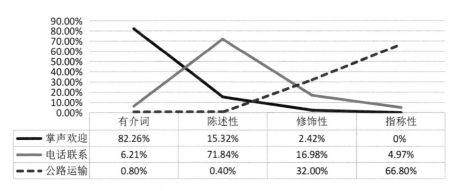

图 7-1   三个结构整体功能对比

7.3.2 影响N其他V指称化程度的因素

N其他V结构内部各短语的指称化程度构成一个连续统，其指称化程度受多种因素影响。

7.3.2.1 论旨角色

N其他V的指称化程度首先受论元类型的影响，总体来说凭借和由据论元构成的NV结构更容易发生指称化。

刘慧清（2005b）指出，名词做状语可分为两类，一类是结合比较稳定的，类似于固定的状中词组，如"低息贷款""高薪聘请""低调处理""手球犯规"；另一类是结合比较松散的、临时性的状中词组，如"生日许愿""炉火烧烤""一团报到""荧屏畅谈"。临时性的状中词组述谓性强，很难出现在非谓语位置上。而这类状中词组中，名词主要是时空论元，时空论元激活了动词的述谓性。大部分这种临时性的名词直接做状语的情况都很容易补出介词，或者说省略介词的痕迹比较明显。傅爱平（2004）的调查结果表明，在NV定中结构中，N表凭借的数量（11.86%）远高于表时空的数量（5.83%）。

时间词可以比较自由地直接做状语，论元主要激活动作的时间性，使得人们在认知的时候采用一种次第扫描的方式；而活动指称是事件抽象掉时空论元时作为整体被扫描的。因此，$N_{时}V$极少能够用来指称一种活动。例如：

（54）咱们明天出发。

（55）明天出发对我们来说更方便。（不是活动，是事件）

这里的"明天出发"指称的是事件而不是活动，可以认为是省略了"我们"，是一种小句事件指称。不仅仅是名词做状语，其他成分做状语时，只要是表示时间的成分，都不容易发生指称化。例如：

（56）*进行马上评估

（57）进行重新评估

方位词、处所词也可以直接做状语，多在口语或对举格式当中出现。例如：

（58）外头吃饭必点的菜，蚂蚁上树！

（59）我也见到有的人家里屋垒炕，外屋砌灶，仍在烧柴起火。

还有一些普通名词表处所也可以直接做状语，当其位于非谓语位置时就可以构成NV定中结构，一些是临时指称，一些则比较固定。这些固定的指称往往是某一领域的术语，不具有类推性。如：

（60）冰箱储藏　?衣柜储藏

（61）法庭辩论　?警局辩论

（62）战地采访　?教室采访

（63）庭外和解　?屋外和解

（64）监外执行　?校外执行

与此相比，凭借和由据论元构成的NV结构更容易发生指称化。袁毓林（2002）指出不同论元与事件的关系不同。时空论元主要针对事件所关涉的外部时空条件，与动作、行为的关系较远；而凭借和由据论元一般直接融入动词所表示的事件，跟动作、行为的关系更密切。因此，在语料库中，凭借和由据论元构成的NV结构更经常地用于指称性的句法位置，从而逐渐获得指称性质。例如：

（65）军事包围　司法保护　公款报销　方言播音

　　　母乳哺育　电子测量　电脑抽签　数字出版

　　　福利分房　煤气中毒　低价出售　激光触发

　　　卫星传送　药物催眠　政治磋商　闪电打击

7.3.2.2　常规语义组配

事件是以动词为核心构成的一个认知图式。在事件图式中，动词是核心，它决定了事件的基本性质。动词和参与者共同构成了一个基本的认知框架，这是人们认知事件或活动的基础。此外，不同的动作还关联着不同的域外论元，这与人们常规的认知经验密切相关。刘艳茹（2016）认为事件图式是围绕某一个主题组织起来的知识的表征和贮存方式。以"制作"事件为例，制作动作是事件图式的常量，制作工具、制作材料、制作者和制成品都是该事件图式的常规变量。以动词"制作"为例，我们在BCC语料库中输入"N+制作"，共得到语料3861条，其中排在前十位的是：[①]

---

① 在语料库中，检索出最多的是"材料制作"，共715条。经人工校验后发现，"材料"和"制作"往往并不直接结合成短语，而是经常用于"以羊绒为材料制作"和"用金属材料制作"这类介宾饰动结构中，凝固性不强。但这也从另一方面证实了"制作"事件与材料论元结合紧密，材料论元以介宾做状语的方式与动作结合。

表 7-7　与动词"制作"相关的高频活动指称

用例	节目制作	电视剧制作	课件制作	电影制作	手工制作
数量	496	456	398	384	313
关系	客体	客体	客体	客体	方式
用例	音乐制作	动画制作	模型制作	工艺制作	电脑制作
数量	288	258	253	244	232
关系	客体	客体	客体	方式	方式

从表7-7可以看出，经常与"制作"构成活动指称的论元类型除了客体外主要就是方式，方式是"制作"事件的常规语义组配。再以"运输"事件为例。除了运输物外，"运输"事件主要关联的是运输方式、运输工具。我们以"N+运输"为关键词在BCC语料库中进行了查询，其中使用频率排在前十位的列表如下：

表 7-8　与动词"运输"相关的高频活动指称

用例	道路运输	铁路运输	集装箱运输	货物运输	公路运输
数量	4354	2229	2147	2138	1621
关系	方式	方式	工具	客体	方式
用例	航空运输	旅客运输	汽车运输	水路运输	船舶运输
数量	1532	1057	1029	733	399
关系	方式	客体	工具	方式	工具

如果是"中毒"事件，那么中毒的方式、工具等不在常规认知经验中。当人们谈到"中毒"时，往往更关注中毒的原因。在BCC语料库中，我们以"N+中毒"为关键词进行了查询，其中使用频率较高的均为致使中毒的物质，例如"农药中毒、药物中毒、有机磷中毒、一氧化碳中毒、职业中毒、碱中毒、乙醇中毒、氨中毒"等。再如"污染"事件，使用频率较高的为污染对象、污染原因，例如"空气污染、大气污染、工业污染、白色污染、环境污染、噪声污染、细菌污染、水质污染"等。

从认知上讲，事物是概念独立的，关系是概念依存的。在讲到动作的时候，必然暗含着动作的发出者和承受者。"运输"必定包含运输的货物，"中毒"一定有中毒的主体。因此，从人们的常规认知经验出发，以其他的论旨角色跟动词结合，也能激活一个完整的认知框架，从而将该活动识解为一个完整的实体，进行指称。因此，越符合人们常规认知经验的NV语义组配，越容易构成定中式的结构，来指称一个活动。

7.3.2.3　活动的规约化程度

N_{其他}V的指称化程度与其所指称活动的规约化程度有关。规约化程度越高，其指称性越强。这种规约化的程度取决于在社会中该活动是否被广泛认定为一种较为固定的活动。常规的语义组配构成的N_{其他}V活动指称往往是可以类推的，而受规约化程度影响的活动指称往往是不可类推的。

很多研究以"电话联系"作为例子，有的认为其是状中结构，有的认为其是定中结构，还有的认为其性质不定。从语料库考察结果来看，"电话联系"在当下的社会中并没有形成一个较为固定的认知，规约化程度较低，在语言中就表现为其经常做谓语，而较少做主语、宾语或定语。而"电话采访"则不同。"电话"作为"采访"的一种特殊手段，已经成为一种较为规约化的活动，"电话采访"高频地出现在非谓语的位置上。BCC语料库中共有"电话采访"957条，我们随机抽取500条进行统计，结果如下：

表7-9　"电话采访"不同功能结构使用情况

典型用例	通过电话采访	电话采访了	接受电话采访	电话采访等方式
用例数	14	128	333	25
占比	2.80%	25.60%	66.60%	5.00%

（66）记者与在上海建材协会工作的特约记者云良一起用<u>电话采访</u>了上海的一些建材企业领导。

（67）29日，记者再次<u>电话采访</u>了西长安街、广安门两个当事邮局有关负责人。

（68）后来，他被我的诚意感动了，但只答应接受<u>电话采访</u>。

（69）在驻外记者中，<u>电话采访</u>已经成为一种经常采用的手段。

例（66）—（69）中，"电话采访"由状中到定中有一个逐渐规约化的倾向，从临时的状中到临时指称再到固定指称。正如齐沪扬等（2004）所指出的，定中式的NV结构虽然具有概念化的倾向，但是并非一经出现就已经作为一个整体概念被接受，需要经历一个渐变的过程。这种渐变的过程，表现在一个词上，就如"电话采访"一样，形成了一个由陈述到指称的发展脉络，整合性逐渐增强。名词一般不能直接做状语，能够直接做状语时，一般表示一种非常态、非默认值的情况，或者是需要特殊强调的。（刘慧清2005b）"采访"一般采用面对面的形式，"电话采访"就成为一种非常态的现象。由于这种非常态的现象出现频率高，被认为是一种规约化活动。当名词与动词结合比较稳定时，NV结构就会被作为一个整体来认知，与名词被认知的方式相同，可以较自由地出现在名词出现的句法位置上。这种相互促进的机制，使得一些规约化程度较高的状中组合逐渐稳固下来。当其作为一个指称性的结构被认知时，其内部组成成分的关系就会发生重新分析从而被认定为定中结构。

7.3.3　特殊的 N$_{其他}$V 指称化结构

还有一类特殊的 N$_{其他}$V，如"餐桌污染""公章旅行""高山滑雪""假日消费"等。与一般的 N$_{非客}$V 不同，它们只有体词性用法而无谓词性用法。这些结构只能做体宾动词的宾语，不能做"进行""加以"等形式动词的宾语；做定语的能力也较弱。此外，这类特殊的 N$_{其他}$V 凝固性较强，意义也专门化，语义透明度低。具体表现在：首先，短语中的一个或两个组成成分不是取其本义，如"餐桌污染"中"餐桌"代指食物，"公章旅行"中"旅行"代指四处奔走；其次，组成成分的组合义也往往不是自然组合，而是需要通过添补谓词或介词的方式让两者建立起联系，如"餐桌污染"是"在餐桌上的污染"，"公章旅行"是"为了公章而'旅行'"；最后，部分该类结构表示专科义，如"高山滑雪"不完全是"在高山上滑雪"，而是指专业的运动项目。

我们认为这类 N$_{其他}$V 应当是以 NN 复合定中结构（以下简称"NN定中结构"）为原型构造而成的，是 NN 构词法的扩展。我们将从语义和句法两个方面进行解释。

现代汉语中，名词性复合词的数量最多，其中又以定中式的数量为最多。董秀芳（2016）指出，名词性成分与名词性成分组合成名词是现代汉语词法结构里最能滋生新词的格式，是强势的结构类型，其语义模式为"提示特征+事物类"。NN定中结构这一强势的构词格式是名词性复合词范畴的典型成员，也深刻地影响着N_{其他}V定中结构的生成。人类在认知世界的过程中，不仅要为事物命名，也要为特定的活动命名。人们对新事物的认知要建立在已有知识的基础上，最常见的就是通过提取标志性的特征将其从已认知的事物类中分化出来。在N_1N_2定中结构中，N_2是已知事物类，N_1是标志性特征。从语义上说，标志性特征是一个宽泛的概念，因而其意义来源非常广泛，不基于科学的分类标准或逻辑，而是基于语言使用者的常识性认知，如材料、功能、颜色、形状、时间、空间等。例如，"桌"是一个已知的事物类，可以组合成词语"木桌""圆桌""饭桌""课桌""电脑桌"等，就是人们通过提取不同的标志性特征将已知的事物进行的再分类。

沈家煊（1999a）指出认知一个事件/活动的基本框架是"施事—动作—受事/结果"。受完形心理的影响，可以用"动作—受事/结果"来代指一个事件/活动。一般情况下，受事与动作行为的关系是恒定的（王海峰2004）。因此，当我们指称活动的时候，多用N_客V格式，这也解释了为什么N_客V格式数量最多。当人们谈论一个动作概念时也总是包含相关的事物概念在内，因此有时单个动词也可以指称一个事件，只不过这样的事件比较宽泛和笼统，不容易被识别。这也可以用来解释为什么双音节动词比单音节动词更容易发生指称，因为双音节动词从语义上来讲比单音节动词更具体、内涵更丰富，更容易被识别。齐沪扬等（2004）指出一些双音节动词如"滑雪""游泳""表演"本身就代表一个活动，可以用"活动"复指。所以，当动词本身就指称一种活动时，人们就理所当然地可以参照NN定中结构的造词方式，使用提示特征来将活动进一步范畴化，指称被人们识别出的特定活动。提示性特征的选择则来源于能够识别该活动的最显著的部分，与动作相关的工具、方式、时间、处所、原因、目的等，都可以作为提示性特征参与构词。例如：

> （70）此届冬运会设高山滑雪、北欧滑雪、跳台滑雪、冰球、花
> 样滑冰及短道速滑六个正式比赛项目。
>
> （71）在此基础上开发具有交互式、全动态图像功能的各种多媒
> 体通信业务，发展电视购物、家庭办公、远程教育、视像
> 自选等新的通信服务方式，从而大大拓宽信息服务领域。
>
> （72）沙市职业大学始终秉承"科教兴国""工业兴市"的宗旨。

这些特殊的$N_{其他}V$结构不能添加介词，不能做谓语，甚至很多也不能做形式动词的宾语，在产生之初即为体词性结构。我们以"假日消费"为例，在BCC语料库中进行历时检索，结果如下：

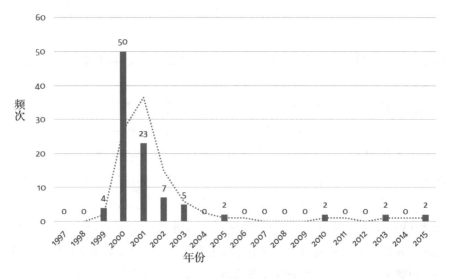

图7-2　BCC语料库中"假日消费"使用频次图

在BCC语料库中，共检索出"假日消费"用例189例，首例出现在1999年。以下例子均取自1999年《人民日报》：

> （73）有关人士指出，今年国庆的消费热浪，让旅游、交通、商
> 贸等部门看到了国内"假日消费"巨大的市场潜力。
>
> （74）要各方面多动脑筋，早作准备，携手开发适应节假日市场

需求的产品和服务，"*假日消费*"必将带来更大的商机。

（75）"*假日消费*"掀起热浪，消费市场红红火火。

（76）看来，这*假日消费*也不能"心往一处想，劲往一处使"地凑热闹，还是应该多琢磨点儿景点旅游、逛街购物、下馆子吃饭之外的消费"冷门"。

"假日消费"从产生之初，就一直作为体词性成分使用。我们考察了《100年汉语新词新语大辞典》，以"假日"作为修饰成分的新词新语有：

（77）假日办、假日病、假日夫妻、假日经济、假日综合征（N+N）

（78）假日腐败、假日旅游（N+V）

可以看到，"假日"作为修饰性成分，主要是NN式构词。"假日腐败""假日旅游"都是仿造NN式构词，为一种新兴的社会现象命名。1999年5月，中国首次实行七天长假制度，因此出现了一批与"假日"相关的新现象。从图7-3我们可以看出，"假日"一词的出现频率在2000年出现井喷式增加。当新事物、新现象大量出现时，往往通过合成的方式来造词。如果没有现成的N可以指称，也可以用V来指称。以V为基础，通过增加修饰性的成分来指称新的社会现象。

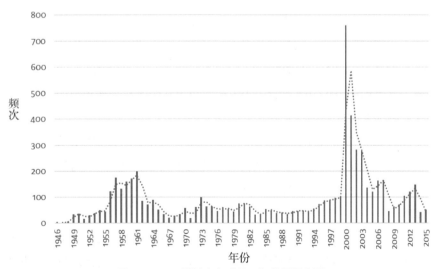

图7-3　BCC语料库中"假日"使用频次图

一些N_{其他}V定中结构作为个体出现频率极低，相当不稳定，往往要放在引号中或者是多个相似结构并列使用，是一种临时性的指称。这些结构的前后往往会出现"方式""措施""功能"等来明确其活动指称功能。例如：

> （79）具有讽刺意味的是，当笔者正在浏览这则声明的时候，页面左右两侧赫然弹出两则醒目的广告，说明这个页面可能已经遭遇"流量劫持"。
>
> （80）他们从师范院校挑选优秀毕业生到薄弱学校任教，同时在薄弱学校开展教师"岗位比武"活动，提高教师的业务素质。
>
> （81）HA2222具有语音报时、闹钟、语音传呼等功能。
>
> （82）全县形成了以建筑安装、地热养鳗、商业服务、农产品加工、竹草编织、冶炼工艺为重点的乡镇企业群。

7.4　小结

本章主要考察N_{非客}V指称活动的情况。

句法性质和语用功能虽然存在无标记的关联，然而对于指称化结构来说，因其本身具有指称和陈述的双重属性，对其句法性质的判定就会出现两难的情况，因此我们的研究先不囿于句法属性，而将能够指称活动的N_{非客}V都纳入研究视野中来。根据论旨角色的不同，可以将N_{非客}V指称化结构分为N_主V指称化结构和N_{其他}V指称化结构两类。两者在原型结构、N的指称类型和做主宾语的能力上差异显著，为了能够更清楚地分析结构内部的差异，有必要对两种类型分别进行研究。

N_主V结构的指称化程度与该结构的固化程度、N的典型性以及V的性质密切相关。固化程度越高，该结构的指称化程度也就越高；N为集合名词时是非典型主语，该结构的指称性也会增强；当V发生转指时相当于N，两者构成修饰关系，可以认为是定中结构。

N_{其他}V以状中结构为原型，不同N_{其他}与V的组合指称化程度不同，呈现出一个连续统。影响N_{其他}V指称化程度的因素主要有N的论旨角色、常规的语义组配和活动的规约化程度。还有一类特殊的N_{其他}V结构，它们只有体词性用法而没有谓词性用法，整体凝固性强，意义专门化，我们认为该类结构是仿造NN式构词，通过提取与动作相关的工具、方式、处所、原因等能够有效识别活动的特征作为提示项参与构词。

　　与N_客V定中结构相比，N_{非客}V活动指称是非典型的指称结构。作为一个整体，其特征表现为来源的复杂性、指称的连续性、类型的模糊性。N_{非客}V活动指称来源于主谓小句指称、状中结构指称和仿NN式构词。对于大部分主谓小句和状中结构来说，其主要功能都是陈述，表指称只是结构处于指称性的位置而由句法位置临时赋予的属性，其中一些由于经常作为整体出现从而在人们的认知当中形成了一个较为稳定的认知对象，指称性增强。只有少部分结构整体凝固性较强，意义专门化，相当于一个名词。因此，N_{非客}V活动指称作为一个整体，其内部各个组成成分之间指称化程度不同，构成了一个连续统。由于指称化程度构成一个连续统，如果将定语定义为名词性结构的修饰成分，名词性与指称化之间又不是对应的关系，因此对N_{非客}V句法结构类型的判断就会出现模糊地带。所以，本章我们所说的定中结构，其内涵更倾向于指称化结构。

第八章　NV定中结构在现代汉语指称化体系中的地位

在前面的章节中，我们深入分析了不同类型的NV定中结构的特点和构成规律。在本章，我们将NV定中结构纳入指称化体系，来观察其在整个指称化体系中的地位和作用。刁晏斌（2004）指出，深层语义关系是施受关系的偏正词组基本上是进入现代汉语阶段以后新出现的一种形式，其产生或"引进"的动因和机制是值得深入研究的话题。本章将从其在指称化体系中的特殊地位出发，尝试对这一问题作出解答。

8.1　以事件框架为基础的活动指称层级系统

8.1.1　指称化的认知动因

语言是人类通过认知将外部世界加以概念化并进行编码的结果。范畴化是概念化的基础。范畴化作为人类最基本的一种高级认知活动，将人类在外部世界中看到的有差别的事物抽象出共性，从而对事物进行分类，进而能够完成概念化表达。从认知的角度讲，有形的实体最容易被识别并进行范畴化（Langacker 1987）。名词的类概念正是源自人们对相关可识别的个体共同属性和特征的观察、认识、概括和抽象。历史上，语言中名词的出现也是最早的。认知语法认为，人们对于名词和动词这两个基本语法范畴的认知是以语义概念为基础的，名词标示事物，动词标示过程性关系。这两种语义最根本的差别在于名词是概念自主的，动词是概念依存的，必须先对关系所联系的实体进行概念化，才能对它们相互之间的关系进行概念化。

张敏（1998：100）指出，人类对于物理世界里的实体及物质的经验是一种非常基本的经验，我们可据以理解那些较抽象的经验，如事件、行为、感觉、观念等，并将它们视为与其相似的离散的、有形的实体，以便对之进行推理。这是Lakoff和Johnson所说的本体隐喻。通过这种本体隐喻，人们才可以对抽象的动作进行指称和计量。吴怀成（2011）指出，从语用的角度讲，动词的指称主要是人们交际中"指事性"的需要。当人们将所谈论的事件作为话题时，该事件就相当于一个整体被认知，等同于有形的实体，具有指称性。陈颖芳、马晓雷（2020）提出，由于动态的过程稍纵即逝，如果不将其转化为相对持久的静态化概念，就很难对其进行分类、评价、推理等操作，指称化处理可以为科学推理提供基本的对象和抓手。

可见，人们在对动作（或者说关系）进行概念化的过程中，有可能先后完成了两个环节的工作：一是对动作、行为进行了概念化的表达，结果是出现了动词，可以用于陈述动作；二是对动作（以及由动作构成的事件）进行了进一步抽象化的认知，这种抽象化的认知便是指称化。因此，研究中常常提到的"名动互转"的不对称性（高航2007，沈家煊2009，王冬梅2010），正是第二个环节的体现。事物不会再进一步抽象，而与动作相关的活动和事件可以进一步抽象，在隐喻机制的作用下被识解为有形的实体。

所有的事件都可以发生指称化，都能被识解为有形实体。本书所指的"事件"是以动作行为为核心，由特定的事件参与者共同构成的、有起点和终点、简单独立的语言片段。事件的特点与参与者和时空密切相关，在认知上是有界的，天然地可以作为一个整体被认知，能够发生指称化。

当事件发生指称化时，会采用不同的形式手段进行表征。可能是以动词为核心的小句本身，但是这种情况极少。例如：

（1）我听说"苏格里"王国目前已经分裂了，随时有爆发内战的可能。

（2）最近"华侨大学"校门口的校名变成了"海平大学"让很多人一头雾水，原来是偶像剧在这里取景。

例（1）（2）中的指称化结构与其作为事件时的表征相同，其中的动词功能仍然较为完备，保留了时体成分，仍然能够携带宾语等。然而，在实际使用中，绝大多数的指称化结构的外形都存在一定程度的磨损，是小句的省略与变形。例如：

（3）a. 金正日前往机场迎接，使他"体会到（北方的）诚意"。

　　b. 金正日前往机场迎接（他），使他"体会到（北方的）诚意"。（省略宾语）

（4）a. 提高文明程度，提高公民素质，是一个漫长的过程。改变这种状况，不是一朝一夕能够实现的。

　　b. 提高文明程度，提高公民素质，是一个漫长的过程。（Oi）改变这种状况，不是一朝一夕能够实现的。（缺省逻辑主语）

（5）时代集团创办人亨利·鲁斯先生出生于中国，并在那里度过了少年时的金色时光。在中国的经历有助于他世界观的建立，并帮助他规划公司的发展。（"N的V"结构）

（6）11月1日起，北京市进行首次年度人口抽查，一项重要内容是调查房屋闲置情况。这次抽查，不仅查人还要查房，是为征房产保有税打前站。（指量+V）

在日常生活中，尤其在口语交际中，如果需要指称事件，往往不使用动词的指称化结构，而是使用代词及相关结构来代指。对于书面语中由一个或若干个小句表达的事件，下文如果需要概括性地重提，也常常用代词来复指。（王灿龙 2006）例如：

（7）忽然海风大作，波涛汹涌，呼啸的海浪跃过防波堤，漫上了公路。一时，沿堤公路数百米水流如注，泛着泡沫。这在海港是常见的，女孩却被凶暴的波浪吓坏了，不敢蹚水而行。

（8）连日来，诏安县桥园村筹资8万元为村民架接闭路电视。这件事"哗啦"一下传遍了邻里乡间。

（9）现已对全镇7条主要河道作了全面疏浚，既增加了河道蓄水量，提高了排涝能力，又改善了水质。1996年底，经考核验收，有3个镇已被评为县级水利执法体系建设"示范镇"。<u>这一做法</u>，受到了省水利厅水处的肯定和推广。

在第二章中我们提出只要一个以动作行为动词为核心的结构没有出现在主句谓语的位置上，我们就可以认为它发生了指称化。（参见2.2.2）从篇章角度来讲，指称化的发生可以看作前景信息与背景信息的转化。随着信息的传递，新信息转变成了旧信息，由前景退化为背景，主要信息降级为次要信息。信息功能的转变带来了句法表现形式的变化。杨飞（2021）指出指称化的过程伴随着形式和意义的双重衰减。从意义上讲，指称化使得事件整体意义发生了淡化、弱化和虚化，不再宣告事件的发生，时空元素被抽离，从而降级为新事件过程之外的可控参与者；从形式上讲，指称化结构被句法上的低范畴等级进行包装。（方梅2008）例（3）—（6）中指称化结构外形的磨损，正是句法范畴降级的具体表现。

因此，指称化的发生在认知上是事件由"宣告事件的发生"（主要信息、前景信息）转变为"可控的参与者"（次要信息、背景信息）促发的，并常伴随有形式上的衰减。

8.1.2 指称化结构的表征以事件框架要素为基础

在事件指称化的过程中，篇章功能的转变使得表达事件的小句外形受到了不同程度的磨损，不少研究如方梅（2008）、陈满华（2010）、杨飞（2021）等都关注了相关的现象。马清华、杨飞（2018）称之为指称化过程中的语法衰减。当指称化发生时，交际层标记（话语标记、话题标记、语气标记）、备用层标记（情态标记、体貌特征、句法结构标记、语义结构标记）等都会发生不同程度的删略。正如Hopper（1979）所说，从述谓语的语法特征看，前景信息倾向于用完整体来表现，而背景信息倾向于用非完整体来表现。例如：

（10）小王昨天做了一张桌子。

如果该句用于指称，最自然的方式是用代词复指：

（11）小王昨天做了一张桌子，<u>这</u>让妈妈非常高兴。

也可以是小句指称：

（12）小王昨天做了一张桌子让妈妈非常高兴。

如果小句内容复杂，直接使用完整形式的小句指称就不那么自然：

（13）a. 小王昨天辛辛苦苦做了一张桌子，这让妈妈非常高兴。

　　　b. ?小王昨天辛辛苦苦做了一张桌子让妈妈非常高兴。

除了用小句完整形式进行指称外，事件往往还采用有指称标记的形式进行指称。例如：

（14）a. ?小王的做桌子让妈妈非常高兴。

　　　b. 小王做的桌子让妈妈非常高兴。

　　　c. ?小王的做让妈妈非常高兴。

　　　d. *做让妈妈非常高兴。

从以上例子我们可以发现，尽管指称化使句子的枝权发生了磨损，但是表示事件的小句的主干"施事—动作—受事"并不受影响，即使有时会发生一定程度的变形。

活动是以事件为基础的。在第二章中我们提到活动是事件去掉时空和特定参与者后而形成的抽象类别。活动和事件是型（type）和例（token）的关系。事件是活动与具体时空结合后实现的。例如：

（15）a. 小王昨天做了一张桌子。

　　　b. 小王今天做了一张桌子。

　　　c. 小李今天做了一张桌子。

　　　d. 小李前天在家做了一件衣服。

　　　e. 小李曾经在单位做过一件衣服。

例（15）中的小句各自代表一个事件。a、b是"小王做桌子"这件事在不同时间的实现，c是引入了不同的事件参与者，d、e是"小李做衣服"在不同时间、地点的实现。将以上的事件进一步抽象，可以将其范畴化，得到两类不同的活动：

（16）做桌子　　做衣服

那么能不能进一步抽象成"做"这一活动呢？我们认为是不合适的。

名词和动词是两种最基本的语法范畴，然而在句子结构层面，它们的对立则对应于名词短语和限定小句。动词是句子的核心，句子中动词不同，则事件的性质就不同。因此，动词在区别事件时起到了核心作用。但是，仅有动词并不能表达一个独立完整的事件。Lyons（1977）指出，人建立的关于活动或事件的认知框架（施事—动作—受事/结果）是人"形成一个情景概念并加以描写的最基本的最普通的方式"。因此，主语、动词和宾语的组合就构成了表达事件的最基本的形式。

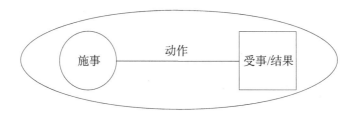

图 8-1　事件的基本认知框架

活动是事件去掉时空和特定参与者后形成的抽象类别。但是并不是所有事件经过抽象后都能自然地指称活动，活动指称的发生有难易之别。陆丙甫（2009）提出动词宾语指称性的强弱与宾语内容的具体性密切相关，宾语的内容越具体，可别度越强，指称性越强。再结合认知语言学的观点，可以认为内容越具体，越容易在人的认知中形成清晰的边界，从而与其他事物区分开来，也就越容易指称。名词如此[1]，动词的指称化同样如此。因此，当要进行活动指称时，这种活动需要在人们的认知中形成一种比较稳定的认知

---

① Taylor（1989）认为名词从典型到非典型依次为：离散的、有形的、占有三维空间的实体>非空间领域的实体>集体实体>抽象实体。（转引自张伯江、方梅 1996）有形实体有清晰的边界，易识别，可别度高，更容易指称。

边界。

活动"做"的认知边界是模糊的。"做"在词典里有8个义项。① 制造：做衣服|用这木头做张桌子。② 写作：做文章。③ 从事某种工作或活动：做工。④ 举行庆祝或纪念活动：做寿。⑤ 充当；担任：做官|做教员。⑥ 当作：树皮可以做造纸的原料。⑦ 结成（某种关系）：做亲。⑧ 假装出（某种模样）：做样子|做鬼脸。因此，当我们只说一个动词"做"的时候，很难激活一个清晰的事件框架，必须附上动作的参与者，才能明确动作的具体含义，激活其在人脑中的认知。"做衣服"和"做文章"中的"做"义项不同，激活的活动也就不同；即使处于同一义项的"做衣服"和"做桌子"激活的活动也不一样，因为"做衣服"和"做桌子"所需要的材料、工具和具体事件过程都不同，在人类的认知中会形成不同的场景。

人们极少只谈论某一动作，而是谈论以动作为核心的事件或活动。因此，无论是单音节还是双音节，光杆动词指称活动都是受限的。吴怀成（2011）考察了单音节动词的指称化。他指出汉语的动词可以区分活动的不同类型，但是并不等于它们可以指称活动，因为活动是事件的抽象，而事件是由动作和参与者共同构成的。因此，只说动作就难以进行活动指称。不少研究指出单双音节动词在功能上有显著差异。例如张国宪（1989b）指出，一般说来单音节动作动词主要用于陈述，而双音节动作动词不仅可以用于陈述，还可以用于指称。吴长安（2012）提到，从历史上看，双音动词的产生有两个作用，一是对原有单音动词动作的细化和分解，二是指称动作的名称。如果按照这一标准，双音节动词用于指称应当是比较自由的。但是通过语料考察我们发现，双音节光杆动词的指称仍然是受限的：

（17）a. 我们所说的企业兼并是指企业通过现金购买、承担债务、吸收股份等有偿方式实施对其他企业的并购，以获得所有权或控制权。

　　　b. ?我们所说的企业兼并是指企业通过购买、承担、吸收等有偿方式实施对其他企业的并购，以获得所有权或控制权。

　　　c. *我们所说的企业兼并是指企业通过买、承、吸等有偿方式实施对其他企业的并购，以获得所有权或控制权。

因此，与光杆动词相比，复杂的动词结构更容易指称。复杂的动词结构更容易获得指称功能，是因为它们更容易在人脑中形成清晰的认知边界。"是"是动词主语句中最常见的谓语，我们以"跑""管理"为例，在CCL语料库中以"跑是"和"管理是"为关键词进行检索，分别得到用例99条和1170条。

我们先来看单音节动词的情况。单音节光杆动词"跑"较少单独做主语，仅有11例。当其单独做主语时常见的情况是：

（18）跑是没处跑了，我们只好硬着头皮迎着他们走过去。

（19）你要是敢跑，那你就跑吧，跑是跑不出的，一旦跑出汗来，那就中风了，说不定一条命白白地就搭上了！

（20）辛楣，咱们虽然一无结果，跑是跑得够苦的，啊？

其余88例均为以"跑"为核心构成的复杂结构，包括动词短语、小句等。例如：

（21）障碍跑是长跑与跨越障碍相结合的运动项目，最早起源于英国。

（22）因为长时间慢跑是以有氧代谢供能，能使体内脂肪大量氧化。

（23）半个多世纪的马拉松争夺史表明，马拉松选手无疑要具有一定的基本速度；在此基础上的合理的匀速跑是出成绩的关键。

（24）一个大姑娘带着一个小姑娘到处乱跑是不对的，你们为什么不回家去呢？

再看双音节动词的情况。与单音节动词相比，双音节光杆动词做主语更自由，在我们的考察范围内共有151条光杆"管理"做主语的用例，占比约为12.91%。例如：

（25）管理是一门科学，谁掌握了科学谁就掌握了未来。

（26）市场经济的重要特征之一是规则经济，管理是重要的环节。

（27）管理是为了达到预期目的所进行的具有特殊职能的活动，实质就是"为谁管理"的问题。

（28）可见，对企业来说，改革与管理是相辅相成的，既不能割裂和对立，也不能相互替代。

例（25）（26）中"管理"已经事物化，分别是一门"科学"和一个"环节"。例（27）中，"管理"虽指称一种活动，但这是一种元语言的用法。例（28）中，虽然"管理"是光杆主语，但是暗含管理的对象"企业"。语料库中的绝大部分用例都是以"管理"为核心构成的复杂结构。例如：

（29）"富润"的管理是极其严格的，他们研究制定出35个"不准"，违者罚款。然而，在具体执行时又是通情达理的，可谓刚中有柔。

（30）完善的质量体系，一直是科龙公司管理的中心工作，"高起点、高水平"地推行全面质量管理是他们创办大型企业目标的指导思想。

（31）汪海认为，人的管理是最复杂的高层次管理。无论多么精良的设备、何等先进的技术，如果没有高素质的职工队伍，一切都会大打折扣。

（32）总之，新制度安排要致力于建立统一、高效、公开、公平的证券市场，依法治市，统一管理是必然的选择。

（33）质量管理是企业管理的中心环节，在建立现代企业制度、加强科学管理中必须始终重视质量管理工作。

这里既有事件指称，如例（29）（30），也有活动指称，如（31）—（33）。既有指称化程度较低的形式，用陈述式表达指称，如例（30）；也有指称化程度较高的形式，用指称化标记"的"表达指称，如（29）（31）。不管是指称事件还是指称活动，不管是用陈述式还是指称标记表达指称，复杂结构都倾向于将指称内容具体化，通过使用认知框架中的组成成分共同激活事件框架，从而构成更加清晰的认知边界，表达指称。

因此，动作、事件、动作指称和事件指称之间存在着一定的对应关系。表示动作的动词可以指称动作，但是人们在交谈时往往以事件作为谈论的对象，因此动作指称出现的频率较低。事件框架以动词为核心，还要包含施事、受事/结果。事件指称以事件框架为基础，即使没有出现施受成分，至少也需要一些其他成分信息的辅助才能激活人们对于一个完整事件框架的认知，才能指称事件；单独的动作（光杆动词形式）难以指称事件。

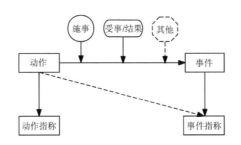

图 8-2　动作、事件、动作指称和事件指称的关系

"事件框架"相当于Rosch，et al.（1976）、Ungerer and Schmid（1996）所说的"基本层次范畴"。人类大部分的思维活动是在这个层次进行的。因此，只说动作，不容易激活认知中清晰完整的事件框架。指称化是以事件的整体认知为基础的，而事件的认知是以事件框架为基本单位的。活动是事件的抽象，是事件的类型，因此活动指称的形式必定对应于事件框架的核心要素：动作、施事、受事/结果。

8.1.3　动作与客体的组合是活动指称的主要构成要素

从认知角度出发，"施事—动作—受事/结果"属于配价图式，也是人们认识活动或事件的基本框架。认知框架在心理上是完形的。我们认为这种完形效应体现在两个方面。一个方面即转指或转喻。以"施事—动作—受事/结果"框架为例，出现动作和受事，可以转指施事，如"开车的"指"开车的人"；出现动作和施事，可以转指受事或结果，如"小宝写的"指"小宝写的字"。另一个方面，在配价图式中，即使基本框架的组成只出现一部分，人们也能借助完形效应补全整体，来认识活动和事件。由于施事常做主语，而主语位置常有定指的要求，指称特定的事件参与者，因此人们常以"动作+受事/结果"通过部分替代整体的转喻机制来指称活动。与施事相比，受事更容易受到动作的影响，因而与动词的联系也更紧密。

杉村博文（2006）提出，在讨论汉语述宾结构时，应该分别对待现象和事例。例如：

> （34）a. 第二天，她在盥洗室洗了一天衣裳，把积存的衣服、袜子、床单儿都洗了。
>
> （转引自杉村博文2006）
>
> b. 哈罗德回到自己的标间，把衣服洗了。
>
> c. 张同志洗了衣服，在那雕花窗槛上穿了一根绳子晾着。

a中的"洗衣裳"是一种高度概括的行为，与"洗衣机""洗衣粉"中的"洗衣"相当，杉村先生称之为"现象"，相当于我们所说的"活动"；b、c中的"洗衣服"则是该活动的具体事例，也就是我们所说的"事件"。他指出，现代汉语更倾向于使用VN的形式给现象命名。只不过他的研究对象主要集中在单音节的V上。我们观察双音节的V，情况同样如此。例如：

> （35）a. 科教兴国是千秋大业，而卓有成效地培养人才、使用人才是关键。
>
> b. 萍水相逢，周教授无非是想多为祖国培养一个人才罢了。
>
> （36）a. 管理企业是一个永恒的主题，企业领导必须常抓不懈。
>
> b. 陈先生的儿子，刚从澳大利亚墨尔本大学毕业，就被他叫来漳平，帮助他管理企业。

例（35）（36）的a句中，名词"人才""企业"是无指的，整个结构指称活动；b句中的名词是有指的，整个结构指称事件。可以说，在现代汉语中，不论是单音节动词还是双音节动词，都倾向于用动词与宾语的组合来表示活动。

动作和客体的组合构成活动指称最主要的形式。动词和客体的组合序列有VN、NV和"N的V"三种模式。

"N的V"经常用于指称事件。张伯江（1993）指出"N的V"往往表示一个已知的信息。齐沪扬等（2004）也认为"N的V"格式的形成是以陈述性"N+V"语用前提句为基础的。"N的V"属于"参照点—目标"构式，N是参照点，是已知信息，因此"N的V"更倾向于指称事件，而非活动。方绪军、李翠（2017）指出，由单音动词构成的"N的V$_单$"在语篇中往往都与先行陈述存在密切的联系，是一种事件指称。双音节的情况也是如此。我们以"案件的调查"和"案件调查"为例：

（37）a. 长曾是程高生共事多年的老同事，私交很好。但老程并没有由此放弃案件的调查。

　　　b. *长曾是程高生共事多年的老同事，私交很好。但老程并没有由此放弃案件调查。

（38）a. 设立地方办公室的原因有二：一是接近公众，了解管辖区域内的情况，便于案件调查；二是有利于反不正当竞争法和反垄断法在全国范围统一执行。

　　　b. 设立地方办公室的原因有二：一是接近公众，了解管辖区域内的情况，便于案件的调查；二是有利于反不正当竞争法和反垄断法在全国范围统一执行。

例（37）中，"案件"有指，"N的V"指称事件，替换成N$_客$V结构指称活动，句子不成立。例（38）中，"案件"无指，N$_客$V指称活动，也可以加"的"变换为"N的V"结构。

当指称活动时，N$_客$V一般都可以加"的"变换为"N的V"。在第六章我们曾做过相关探讨。使用N$_客$V时，说话人更倾向于认定其所指称的是一种更为规约化的活动。使用"N$_客$的V"时，说话人更倾向于认定其所指称的是一种规约性较弱的活动，更像是一种临时指称。马清华（2014）指出，汉语事件和活动的指称总体上需要以定中标记的存在为前提，通过添加指称性标记"的"从而凸显功能的变化，唯有客体定语式在考虑节律及熟语化需要时才可以不带标记。[①]"N的V"用来指称活动往往受到音节数

---

① 其实客体前置于动词也是一种标记。关于这一点，下一小节我们将展开论述。

量的促动，当其指称活动时，N常常是多音节或带有多层修饰性成分的。例如：

（39）以走访、发函、开座谈会等形式，听取人民代表和政协委员的意见；有针对性地组织人大代表和政协委员对检察工作进行检查和暗访；从人大代表、政协委员中聘请特别检察员，请他们对检察机关重大决策提出意见，参加有影响案件的审查及对有关专项问题和干警违纪案件的调查。

杉村博文（2006）提出，活动应当是一个被高度概括的抽象表征。只有那些较为固定的、值得为其命名的动作、行为或现象，才有可能被抽象。因此，当指称活动尤其是规约化的活动时，现代汉语主要使用VN和NV两种结构模式。例如：

（40）吸烟有害健康已是不争的事实，不过与吸毒相比，实乃小巫见大巫。

（41）那时华裔女性通常以摘水果、洗衣服、任保姆为生。

（42）围墙是村里打起来的，是为了创卫生城市的需要。

（43）经络、舌诊、脉诊以及中西医结合分型的研究有新的发展，开始运用现代科学工具进行研究。

（44）南宁市把广场作为建设社会主义精神文明的重要阵地，坚持"月月有主题，周周有活动"，大力开展文明颂、祖国颂、改革开放颂和社会主义颂活动。

（45）只是觉得为什么现在的电影电视剧都靠改编书呢。

（46）研究语言不是最根本的目的，语法学一直很不发达，因而古人对词类的划分没有科学的理论体系。

（47）对于政府管理部门来说，管理股份制企业还是一个崭新的课题。

（48）合理补碘完全能够纠正碘缺乏，改善儿童碘营养状况。

（49）如此计算一下，消费者仅材料采购一项就要多花多少钱？

（50）其中，关于西部大开发、生态环境保护、经济结构调整、

<u>基础设施建设</u>、教育与人才培养、精神文明建设和反腐倡廉等方面这些提案通过承办单位的认真办理，在改革开放和社会主义现代化建设中发挥了积极作用。

受动词、名词音节数量的影响，VN和NV活动指称的能产性有较大的差异。

表 8-1　单双音节名动组合活动指称表

活动指称	VN			NV		
V$_单$	V$_单$+N$_单$	V$_单$+N$_双$	V$_单$+N$_多$	N$_单$+V$_单$	N$_双$+V$_单$	N$_多$+V$_单$
示例	吸烟	洗衣服	创卫生城市	舌诊	祖国颂	社会主义颂
常见程度	常见	常见	少见	罕见	罕见	罕见
V$_双$	V$_双$+N$_单$	V$_双$+N$_双$	V$_双$+N$_多$	N$_单$+V$_双$	N$_双$+V$_双$	N$_多$+V$_双$
示例	改编书	研究语言	管理股份制企业	碘缺乏	材料采购	生态环境保护
常见程度	罕见	常见	常见	罕见	常见	常见

如表8-1所示，现代汉语指称活动的动词和客体组配呈现出两个特点。第一，无论是使用VN形式还是NV形式表示指称，名词的音节数一般都不能小于动词的音节数。第二，当动词为单音节时，一般不采用NV的形式表示活动指称；当动词为双音节时，VN和NV都能表示活动指称。

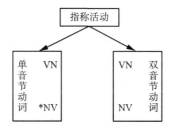

图 8-3　单双音节动词活动指称常用形式

8.1.4　N$_客$V动宾倒置动因再探

动词的音节数量影响着动词的句法功能（张国宪 1989a）。当动词为单音节时，一般只有VN一种表示活动指称的形式；当动词为双音节时，有VN和NV两种活动指称形式。近年来，表活动指称的N_客V有逐渐增多的趋势。

关于N_客V定中结构是否由VN动宾结构倒置而来，目前学界有不同的看法。一种观点认为N_客V定中结构是直接组合生成的（傅爱平2004，冯胜利2009，王永娜2013，吴为善2013等）。例如，吴为善（2013）提出，NV定中结构是在线生成的，N的语义越抽象，越不容易转换成VN结构，因此像"制造船舶""制造机械""管理信息"等VN短语的合格度都是有问题的。不过，通过语料库的考察我们发现，上述短语基本都是成立的：

> （51）至于用来制造船舶、建筑物、汽车、厨房用品等的铁，平均每人一生要耗用15吨。
>
> （52）木材致密坚韧，是建筑、制造机械和制造体操用具的良好材料。
>
> （53）由于管理信息与时间、效益的不可分离性，所以一切信息过程均为不可逆的过程。

因此，我们更倾向于第二种观点，即N_客V确实是一种语序变化现象。上面我们提出当动词为单音节时，不论N的音节数量如何，都极少能够构成NV活动指称；而当动词为双音节时，表活动指称则常常需要倒置。在这里我们需要回答两个问题：①V_单N为什么不倒置？②V_双N为什么要倒置？

在汉语中，动词在前宾语在后是一种正常的语序，是无标记的；动宾倒置是一种非正常语序，是有标记的，是一种特殊的语法现象。陆丙甫、刘小川（2015）指出，一个现象的出现可能是多个动因共同促发的结果，符合动因数越多的现象，出现率越高。我们认为动宾倒置也是多种因素共同促发的结果。

因素1：句法形式与功能的共变

VN_客表陈述，N_客V表指称，句法形式的变化标志功能的变化。形式和功能的统一，是促发动宾倒置的首要动因。陆丙甫、刘小川（2015）从象似性的角度将这种现象称为"功能—形式共变律"。不少学者都在研究中提到过OV语序异变的指称化效力。如肖娅曼（2004）认为OV具有彰显指称化的功能；董秀芳（2016）认为语序从动宾变成宾动是一种在语法上名词化、语义上指称化的手段。储泽祥、王艳（2016）认为"OV语序作为汉语的一种语法手段，具有降低语言处理难度的作用"。例如：

（54）中国政府和中国人民为保护环境付出了巨大努力。（环境保护）

（55）中国的环境保护状况如何？值此一年一度的"6·5"世界环境日之际，在这里作一介绍。（*保护环境）

（56）他曾在一次班会上告诫我们，学习、研究语言要耐得住孤寂，心无旁骛，持之以恒，有坐坏板凳的精神，则必成大器。（?语言研究）

（57）中国的语言研究，传统上称为小学。清代是小学极盛的时期。（*研究语言）

　　在上述例子中，NV和VN都能指称活动，但是对于一些只能容纳名词性成分的句法位置，如例（55）（57），NV不能用VN替换。VN由于采用动宾形式，因此整个短语凸显了动作性，如例（56）。通过语料库的考察我们也发现，当指称活动时，现代汉语越来越倾向于采用NV形式，VN则主要做谓语，VN和NV各司其职。Koptjevskaja-Tamm（1993：67）指出，指称化的程度与指称化形式的内部句法结构相关，要看其更像一个小句还是一个名词短语。虽然NV和VN都能指称活动，但是指称化的程度不同，NV指称化的程度更高，更像是一个名词性的成分。

　　如果说倒置是一种增强指称化的手段，那么当$V_单N$作为活动指称时，也应当倒置。肖娅曼（2004）认为汉语中OV逆序法自古就有，如"冰雕""信封""文选""门卫""舌诊"等。与$OV_双$不同的是，大部分的$OV_单$都为转指。应学凤（2015）指出，双音节动宾结构是最小韵律词，在音步庇护所的"保护"下，这类结构无须为了指称性而倒序，因为韵律词本身已具有了一定的指称性。这也解释了我们提到的第一个问题"$V_单N$为什么不倒置"，主要是受韵律音步的控制。

因素2：词法结构的影响

汉语中的$N_客$V结构首先见于$N_客$VN复合词结构中，多用于表示机构和职务名称，如"牛羊供应所""盐引批验所"等（转引自贺阳2008：52）。现在，$N_客$V结构仍然经常做定语修饰名词，且名词不限于机构和职务，还可以是工具、方法、制度等。邢福义（1994）认为$N_客$V是$N_客$VN的减缩形式，后面省略了管界名词"活动"，常用来做书名、文章名。不少研究探讨了$N_客$VN的生成问题。大多数学者在探讨这个问题时都认为$N_客$VN结构的定语是动宾倒置的结果。顾阳、沈阳（2001）提出这是一种用于区分短语和复合词的有标记语序。董秀芳（2016）认为四音节及以上的VN变为NV是定中复合词独特的构词要求。NN造名是现代汉语中最能产的构词格式，因此在名词性复合词中定语位置要尽量选择指称性强的名词性成分。肖娅曼（2004）认为OV逆序式是词法构造，也是一种指称的标志。以上研究中，$N_客$V都被看作一种复合词结构，而动宾倒置是一种造名的词法手段，$N_客$V整体有名词化的倾向。我们认为，这种词法的特异性可以作为促发动宾倒置的动因之一，但是并不能说$N_客$V就完全等于一个名词。

与句法相比，词法在生成性、规则适用周遍性上要弱得多（董秀芳2016）。$N_客$V在现代汉语中不断发展，已经成为一种能够类推的结构。很多之前认为不能够出现在该结构的动词已经能出现在该结构中了，只要满足条件（参见第五章），都能够生成$N_客$V结构。因此从生成性和规则适用的周遍性上来说，OV要强于一般的词法规则，尤其是OV已经突破了四音节的限制。多于四音节，从韵律和语感上来讲，也更像是短语而不是词。例如：

（58）加强<u>易返贫致贫人口监测</u>和帮扶

（59）推动<u>产业数字化智能化改造</u>

如果说这种倒置是受词法规则的影响，那么这种影响仍然留存在OV中。一些NV结构凝固化成词，甚至出现减缩形式，如"体格检查——体检；环境保护——环保；企业管理——企管；货物运输——货运"。

因素3：表意特殊性的需要

$N_客$V结构指称的活动应该是高度规约化的。杉村博文（2006）认为

"现象"是一个被高度概括的抽象表征，只有那些较为固定的、值得为其命名的动作、行为或现象，才有可能被抽象为"现象"。杉村先生主要研究的是单音节动词构成的动宾结构。我们认为对于双音节动词来说情况也是如此。倒置的NV定中结构用来指称高度规约化的活动。邢福义（1994）指出动宾定短语属于普通短语，体定短语属于名称短语。虽然他研究的是NVN结构，但是这种区分也适用于N$_{客}$V。这也可以解释为什么N$_{客}$V常用来命名。其实命名应当是指称化的一个下位类。命名作用使得NV结构像一个词，但这只是NV功能的一个具体表现，NV主要用来指称。随着社会的发展变化，新事物、新现象不断涌现。当我们谈论某一个活动时，需要用一个指称成分来明确所指。这个指称成分可以是一个专门的名称，可以是代词，也可以是与活动相关的成分。人们的记忆容量有限，因此不能给所有的活动都专门来命一个名称，否则记忆负担就太重了。因此，需要一种规则性更强的手段来指称它们。NV的出现和使用就刚好契合了人们表达的需要，我们认为这也是NV在现在汉语中发展的主要原因。在语料考察中我们发现，一些新提法有时用NV，有时用VN。当用NV时，往往是一种高度规约化的活动；当用VN时，更像是一种临时指称。例如：

（60）支持国际抗疫合作，倡导建设人类卫生健康共同体。（人类卫生健康共同体建设）

（61）推进成渝地区双城经济圈建设。（建设成渝地区双城经济圈）

因素4：指称化结构对名词短语语序的模拟

Givón（1984）认为，在指称化的过程中，原动词短语的语序要模拟名词短语的语序。汉语名词短语的语序是"定语+名词"，动宾倒置刚好模拟了名词短语的语序。这可能是促发动宾倒置的又一个动因。

NV倒置一般只发生在双音节动词上。在现代汉语中，双音节动词本身就是弱动态的。张国宪（1994）从单双音节的角度建立了指称化难易程度从动词到名词的连续统：单音节动词>单音节形容词>双音节形容词>双音节动词>名词。越靠近连续统的右端，空间性越强，越容易指称化。因此V$_{双}$本身的指称性强，可以做定中结构的中心语。王洪君（2001）认为，受事前置的$N_客$V更适合于表达与具体说话时间无关的、类似英语加-ing式动名词的那种弱动态概念。单音节动词动性强，无法倒置成为定中结构的中心语。吴长安（2012）从历时的角度考察了汉语双音节动词的产生。他指出动词做主语、宾语在不同语言里的表现形式不同（参数不同）。以英语为代表的形态语言使用形式手段来表示。汉语采取两种办法，一是单音节动词直接做主语、宾语，属于词类活用，二是双音节动词做主语、宾语。这类双音节动词的产生有两个作用，其一是原有单音节动词动作的细化和分解，其二就是指称动作的名称。因此，相比于单音节动词，双音节动词的指称性更强，倒置后结构符合"向心结构"规则，适应定语中心语的位置，符合名词性定中结构对内部组成成分的性质的要求。

当动宾倒置被当作定中结构时，是对结构进行了重新分析。结构的重新分析使得作为结构中心的动词被识解为名词。被识解为名词意味着动词指称性的增强，而指称性的增强使得其单独指称或做定中结构的中心语更加自由，可以受范围更广的名词修饰，而不限于客体论元。

因素5：分化歧义的需求

现代汉语中的VN动名组配，尤其是$V_双N_双$，除了能够表示动宾结构外，还可以表示定中结构，因此常常出现如"出租汽车""保护动物""欣赏剧目"等一系列歧义格式。李晋霞（2003）认为该结构优先理解为动宾还是定中受多方面因素的影响，既有语言内部因素，也有外部社会因素，整体比较复杂。如果再让VN动名结构全部负担起活动指称功能，那么语言表意的明晰性就会大受影响。当$N_客$是光杆名词时，可以理解为无指性成分。一些无指性成分充当宾语本身就是不自由的（张国宪 1997）。这种$VN_客$更容易被理解为定中结构，如"管理人员""出口商品"等。因此，当需要指称这种$VN_客$所表达的活动时，就更加需要形式上的变化以示区别，由此也促发了动宾倒置。

在现代汉语中，指称活动的动宾倒置是多种因素共同促发的结果。对于形态不发达的语言来说，语序的变化是表达语法意义的重要手段。动宾倒置符合这种类型学的特征。

8.1.5　现代汉语活动指称的层级系统

指称化的发生在认知上是事件由"宣告事件的发生"（主要信息、前景信息）转变为"可控的参与者"（次要信息、背景信息）的动因促发的。人们谈论的对象主要是事件，而非抽象的动作行为。对事件的认知是以事件框架为基础，指称事件的指称化结构也应包含事件框架中的要素。在指称事件时，人们可以直接用小句来进行指称；也可以选择框架中的部分要素，在完形效应的帮助下，通过部分代指整体的转喻机制，来指称活动。而后者常常是指称化的主要方式，因为信息的背景化要求句法上的低范畴等级形式对背景信息进行包装（方梅 2008）。在形态发达的语言中，可以使用动词的非限定形式标记背景化；而在形态不发达的语言中，则通过添加结构助词或改变语序来标记指称。

活动是事件的类型，是事件去掉时空和特定参与者后形成的抽象类别。事件和活动是例和型的关系。"例"达到一定的频次，就有专门"型"的需求。例如，"洗衣服"就比"洗袜子""洗抹布"更抽象，更具规约性。指称的情况也是如此。事件是有界的，可以根据临时的语用需要随时进行指称，这是"例"；活动是无界的，是对有界事件的抽象，这是"型"。活动指称中的"型"应该包括两类：一种是规约化程度低的，在人们的认知中固化程度低，用表达事件的结构直接进行指称；一种是规约化程度高的，是对事件类型更高程度的抽象，在人们的认知中有着更加稳定的认知边界，固化程度高。根据复杂度相似性原则，抽象程度更高的认知活动需要更复杂的句法操作。现代汉语常见的事件指称与活动指称的形式手段，如下表所示。

表 8-2　汉语事件指称和活动指称主要形式手段的对比

形式手段	小句	VN 动宾结构	"N 的 V"结构	数量 / 指量短语 +V	光杆 V	N施 V 定中结构
事件指称	✓	✓	✓	✓	×	×
活动指称	✓	✓	✓	✓	受限	✓

从表8-2中我们可以看出，现代汉语事件指称和活动指称主要采用相同的形式手段——或者使用与陈述形式相同的小句直接指称，或者使用带有指

称化标记"的"的形式。N客V定中结构是现代汉语中分化出来的专门用来指称活动的形式手段，使用动宾倒置这类更加复杂的句法操作是符合认知规律的。

主语常常是有指的，联系着特定的参与者，主要出现在指称事件的结构中。没有施事出现的指称化结构指称的是一种抽象的活动类型（Comrie and Thompson 1985），因此动词和宾语的组合是汉语活动指称的主要表现形式。在动词与宾语的组合中，动宾倒置构成的N客V定中结构有着特殊的地位，它是一种有标记的指称手段，指称的是抽象化程度更高的高度规约化的活动。

对于其他的结构来说，指称活动都不是核心功能。小句的主要功能是陈述，较少用来表达指称；即使用来表达指称，形式上也可能出现一定的衰减。"N的V"和"数量/指量短语+V"是专门的指称化结构，但主要用来指称事件。光杆动词可以指称活动，但是由于其不能够表示完整的事件框架，因而指称能力受限。

因此，现代汉语中以动词为核心的指称化结构构成了一个活动指称体系，各指称化结构与活动指称的关系，如下图所示：

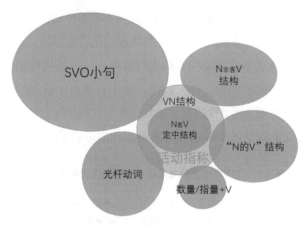

图8-4　现代汉语活动指称体系

8.2　N客V定中结构在活动指称体系中的地位

8.2.1　N客V定中结构的发展趋势

现代汉语中，N客V定中结构的能产性在不断增强。其发展趋势表现在三个方面：第一，能够进入该结构的双音节动词不断增加；第二，结构的音节长度增加；第三，随着音节长度的增加，NV倒置的强制性逐渐减弱。

俞士汶等（2003）现代汉语动词库列表共有双音节动词1659个。表中标注能够前加名词定语修饰语的动词有216个（见附录1），仅占双音节动词总数的13.02%。我们将这1659个动词逐一输入BCC语料库进行统计考察，结果发现，除上述216个双音节动词中的一部分能够构成N$_客$V定中结构外，还有333个双音节动词能够构成N$_客$V定中结构（见附录2）。两者共占双音节动词总数的33.09%。余下的动词中，能构成N$_客$VN或N$_非客$V的还有180个（见附录3）。也就是说，有近一半的双音节动词可以受名词修饰。

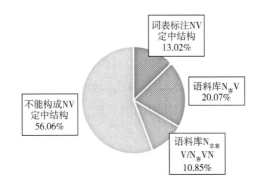

图8-5　《现代汉语语法信息词典详解（第二版）》中
双音节动词构成NV定中结构的情况

这里我们任意举几个例子，它们都是俞表中没有标注但是实际语料中出现的例子：

（62）这种错误既可以是<u>事实认定</u>和<u>证据采纳</u>方面的错误，也可以是<u>适用刑法</u>和<u>量刑</u>方面的错误，还可以是在<u>遵守法律程序</u>方面的错误。

（63）这种超越法律法规允许范围的<u>利润调节</u>行为被贬称为<u>利润操纵</u>。

（64）近年来，从"基因皇后"到"核酸事件"，从"<u>论文抄袭</u>"到"<u>专著剽窃</u>"，学术腐败一件件被揭露出来，并得到处理，这既表现出了学术同行维护科学尊严的勇气，也是科学界严于律己的结果。

（65）疾病传染与个人卫生、居住环境关系密切。

（66）扫描仪的前面板有很多功能键，其中一个为电源开关键，其余的按键是功能快捷键，分别可以直接实现扫描、照片翻印、发送电子邮件和复印等多种功能，而不必通过PC操作。

以往对于N客V的研究和例证以四字格为主。四字格是现代汉语一类特殊的结构。它既可以是词，也可以是短语。N客V结构也介于词和短语之间，并且有向短语漂移的趋势。吴怀成（2014）、董秀芳（2016）等都将其视为定中式复合词。虽然汉语以双音节词为基本词汇单位，但是新词语的长度却呈现增加的趋势。根据刘晓梅（2003）对新中国成立至1977年间所产生的新词语词长的统计，四字格新词语所占比例最大。新词语音节数量的增加与古代汉语由单音节向双音节的转向动因一致，都是为了满足表意复杂性的需要。

对于N客V定中结构来说，其结构长度有不断增加的趋势。我们考察了2021年《政府工作报告》中NV定中结构的使用情况，结果发现，N客V定中结构以大于四音节为主要形式。例如：

（67）扎实推进农业农村、社会事业等领域改革。

（68）加强动植物疫病防控。

（69）分类建设一流大学和一流学科，加快优化学科专业结构，加强基础学科和前沿学科建设，促进新兴交叉学科发展。

（70）粮食实现增产，生猪产能加快恢复，乡村建设稳步展开，农村人居环境整治成效明显。

（71）1亿农业转移人口和其他常住人口在城镇落户目标顺利实现，城镇棚户区住房改造超过2100万套。

（72）加强质量基础设施建设，深入实施质量提升行动，完善标准体系，促进产业链上下游标准有效衔接，弘扬工匠精神，以精工细作提升中国制造品质。

（73）加强易返贫致贫人口监测和帮扶。年初剩余的551万农村贫困人口全部脱贫、52个贫困县全部摘帽。

（74）提高退休人员基本养老金，上调城乡居民基础养老金最低标准，保障养老金按时足额发放，实现企业养老保险基金省级统收统支。

（75）全年发展主要目标任务较好完成，我国改革开放和社会主义现代化建设又取得新的重大进展。

（76）推动产业数字化智能化改造，战略性新兴产业保持快速发展势头。

（77）强化社会治安综合治理，持续推进扫黑除恶专项斗争，平安中国建设取得新成效。

这些大于四音节的N客V定中结构可以分为两类。一类是N扩展，构成并列短语，如例（67）—（69）；或构成复杂的定语修饰性结构，如例（70）—（72）。另一类是V的扩展，构成并列的动词短语，如例（73）（74）；或构成受状语修饰的动词结构，如例（76）（77）。如果四字音节可以认为是复合词或者类固定短语，那么大于四音节的N客V结构的大量出现表明该结构类推的适应性在不断增强，只要符合动宾关系，都可以通过倒置的方式实现指称。多音节的N客V也已经成为指称社会新现象的一个重要格式来源。

虽然该结构的能产性不断增强，但尚未成为强制性的语法手段，主要表现在随着音节数量的增加，NV倒置的强制性逐渐减弱。如上面的例（66），"照片翻印"NV倒置，其后的"发送电子邮件"仍然采用VN形式。在2021年《政府工作报告》中这种情况也有体现。例如：

（78）a. 要准确把握新发展阶段，深入贯彻新发展理念，加快构建新发展格局，推动高质量发展，为全面建设社会主义现代化国家开好局起好步。

b. 要准确把握新发展阶段，深入贯彻新发展理念，加快构

建新发展格局，推动高质量发展，为<u>社会主义现代化国</u>
<u>家全面建设</u>开好局起好步。

（79）a. 我们要坚持独立自主的和平外交政策，积极发展全球伙
伴关系，推动<u>构建新型国际关系和人类命运共同体</u>。

　　　b. 我们要坚持独立自主的和平外交政策，积极发展全球伙
伴关系，推动<u>新型国际关系和人类命运共同体构建</u>。

（80）深化公立医院综合改革，扩大国家医学中心和区域医疗中
心<u>建设</u>试点，加强<u>全科医生和乡村医生队伍建设</u>，提升县
级医疗服务能力，加快<u>建设分级诊疗体系</u>。

例（78）（79）中，N音节数量较多，原文均采用了VN形式表示指
称，使用NV形式也成立。例（80）中，同样是由"建设"构成的指称化结
构，两个短语采用了不同的语序形式。可见，随着音节数量的增加，动宾倒
置的强制性逐渐减弱，还体现出了一定的随机性。

8.2.2　N$_8$V定中结构的发展动因

动词的功能一方面可以陈述事件的发生，另一方面也可以为动作命
名。命名是范畴化的结果。人们在歧异的现实中看到相似性，并据以将其处
理为相同的，由此对世界万物进行分类，进而形成概念的过程和能力，便是
范畴化。（张敏 1998：50）而把范畴化的结果以语言形式固定下来，便是
命名。以动词"跑"为例，"跑"在《现代汉语词典》中的释义为：

跑：两只脚或四条腿迅速前进（脚可以同时腾空）。

人们看到的是不同个体的迅速前进的行为，然后进行抽象和概括，形
成了范畴化的认知，从而将其命名为"跑"。

对于单个动词尤其是由单个语素构成的单纯词来说，其形式和范畴化
的意义之间一般是无理据的，因此它们会进入语言的词库，需要依靠记忆的
方式来处理。董秀芳（2016）指出，进入词库中的词往往具有特异性，即其
规律性和理据性不强，因此需要以清单的方式一个个地储存，需要时就从清
单中直接提取。因此，词库是一个语言中需要记忆的所有词汇单位的集合。

如果我们要谈论的对象仅仅是一个抽象的动作，那么对它的指称便可以从词库中提取。但是当我们谈论事件或活动，需要对它们进行指称时，它们的来源便不仅仅是词库，还可能是词法或者是句法。韩蕾（2016）指出事件范畴是基于事物与动作这两大基本范畴的复合范畴，其在语言层面的映射呈现出由句子到名词的多样性。如果事件尤其是复杂事件在语言中可以映射为名词，这些名词往往是词库中的成员。如果映射为非词库词的结构，那么它们就应当是依据词法或者句法生成的。

指称尤其是活动指称也是一个范畴化的过程。从篇章功能来讲，活动指称与事件指称的一个明显差异就在于它们依赖不同的语境类型。叶蜚声、徐通锵（2010：149—151）将语境分为三种不同的类型。一是物理语境，也叫作言谈现场，包含说话者、受话者、言谈当时的时空。二是话语语境，是一个连贯的言语事件中前面说过的话或者小说的上下文。三是背景知识，包括众多生活常识和社会文化知识。事件指称主要依赖于物理语境和话语语境，而活动指称往往依赖于背景知识。例如：

（81）一个全面反映香港历史和今貌、记录香港回归历程的<u>大型纪实文献画册《香港》</u>，今天国务院副总理、香港特区筹委会主任委员钱其琛为画册作序，并称赞<u>这本中英文对照的画册的出版</u>"是一件有意义的事情"。

（82）在我国版权贸易巨大逆差中，该社却创下如此佳绩，对此少儿社周舜培社长认为，<u>图书出版</u>"原创性最宝贵"。

例（81）是事件指称，其中的N是有指的，其理解依赖于话语语境，即上文提到的"画册《香港》"。例（82）是活动指称，"图书"并未在物理语境和话语语境中出现，"图书出版"的使用和理解依赖于交谈双方的背景知识，即"图书出版"是听说双方都认可的一个高度规约化的活动，可以直接从双方共同的背景知识中提取。Hopper and Thompson（1984：714）指出，融合指称结构中的N没有进一步的篇章功能（no further discourse role），除非它再一次作为一个独立单位被引入篇章。因此，与事件的临时构成性相比，N_客V定中结构从某种程度上可以说相当于一个词汇备用单位。如果作为背景知识，那么必然是双方共同了解的，因此应当是规约化程度比较高、规则性比较强的。

不少研究认为N_客V定中结构的重要功能是命名。例如邢福义（1994）指出，NV是一个造名单位，其语用动因是构造特定的名目，容易用来作为书名、文章名。贺阳（2008）认为与"N的V"相比，NV比较固定化，社会生活中出现的一些新概念、新提法往往用NV结构来表示。指称分为临时指称和固定指称，命名主要针对固定指称。命名是指称更抽象、更高级的形式，因为并不是所有的活动指称都能命名。例如：

（83）<u>早上跑跑步</u>对身体有好处。

例（83）中，"早上跑跑步"是一种活动，但显然不是命名。活动应当是一个被高度概括的抽象表征。只有那些较为固定的值得为其命名的动作、行为或现象，才有可能被抽象，从而获得一个专门的名称。如"晨跑"在功能上更接近一个名词；"早上跑跑步"因为动词仍能够重叠且受副词修饰，整个结构在功能上向名词漂移的程度没有"晨跑"那么高。"晨跑"是一种规约化的活动，没有"昏跑""晚跑"，可类推性不强。不过近来，早上起床困难的上班族往往在夜晚进行跑步锻炼，于是就出现了"夜跑"一词来命名这一活动。

贺阳（2008）指出N_客V活动指称结构最早见于宋代，直到五四之前都比较少见，只有"牛羊供应所""都转运盐使司""茶饮批验大使"等。我们认为，N_客V结构在使用之初主要存在于词库之中，用于机构和官职的名称，近乎专有名词，是特异性结构，不具有类推性。五四以后，受翻译作品的影响，N_客V结构开始突破原有的机构、官职名称，出现了如"军备扩张""文艺批评""社会主义建设""物质分配"等用例。这些用例多对应于印欧语固有的表达，是翻译的结果，应当视作词汇系统的成员，相当于复合词，能产性有限。根据贺阳（2008）的统计，1925—1937年30万字的书面汉语语料中，NV结构仅有129例；而在1979年以后的20万字的当代书面语语料中，NV结构就接近300例。从数量的增加可以看出，NV结构能产性在不断增强，从性质上说也在逐渐摆脱翻译和复合词的禁锢，向句法结构发展。

苏宝荣（2017）认为复合词结构与句法结构存在质的不同，前者具有整体性、凝结性，句法结构具有组合性、离散性。从上文我们的讨论可以看出，N_客V结构的整体性、凝结性越来越弱，组合性、离散性越来越强。很多N_客V结构的使用并不具有明显的命名性质。例如：

> （84）李舜佶今年刚从南京工程学院市场营销专业毕业。6月，送走一个个同学后，他又开始新一轮的简历投递。

> （85）五官科副主任医师张云高去年从解放军医院调来后，医院在人员调配、仪器购置上给予积极支持，先后为该科室购买了价值几十万元的仪器设备。

> （86）与之相比，国内的比赛就显得"平静"得多，即使有现场声音，也只是一般性的知识讲解，而不是这种现场带有煽情味道的评论，观众气氛也因此难以调动起来。

那么为什么短短几十年间，N_客V定中结构的能产性呈现出了明显的增强趋势呢？我们认为是功能需求促发的结果。词汇是语言诸子系统中最活跃的部分，社会生活的变化首先会在词汇系统中得到反映。随着社会的不断发展，尤其是在信息爆炸时代，新事物、新概念层出不穷，也就迫切地需要新造词语来进行命名。一般来讲命名会进入词库，但是如果都进入词库，词库就会过于庞大，形成记忆的负担。因此，人们在为新事物命名时，经常会采用类型化造词的方式，即某个词语出现后，发生连锁反应，从而产生一系列类似模式的新词语。例如现代汉语构词词缀的发展，就是类型化造词的结果。我们认为，N_客V定中结构的发展，也是类型化造词的结果。任何语言都是向着简单、经济、便于交际的方向发展。作为一种类型化造词的手段，N_客V由词库进入句法，成为一种规律性的语法手段。人们可以根据这种句法规则，在线生成新词语，而无需占用记忆空间，符合语言简单、经济的认知倾向。这里我们引用方梅（2008）的论断来印证N_客V定中结构的发展：

> 就个体层面而言，一个新的形式产生之初，作为一种尚未被普遍接受的表达方式，甚至有可能是不合语法的表达方式；或者有可能仅仅是一种语用模式，即为满足某种语用需求而采用的表达方式，而非

强制性的句法手段；而从历史的角度看，严谨的"语法"往往是从不那么严谨的"用法"起步，不断沉淀固化而来的。从章法到句法是一个渐进的过程，这个演变过程是逐渐从语用模式到句法模式、从不合语法到合乎语法的过程。句法也是不断变化的、在运用中逐渐成型的。

人们不仅要指称新事物，而且要指称新现象。用N$_客$V结构来指称高度规约化的活动，刚好满足了现代汉语指称不断出现的新活动的需要。非规约化的活动无需命名，临时性指称可以借用陈述形式。规约化的活动需要固定的形式来表达，但是人们的记忆容量有限，如果采用增加词库词的方式，记忆负担重；而采用N$_客$V结构，人们无需在词库里增加新词，只需要在原有句法结构的基础上进行简单的变形，就构成了一个能产性很强的构造规则，专门用来指称认知上高度规约化的活动。可以说N$_客$V是介于词和短语之间的一种过渡类型，该结构的发展是功能需求促发的结果。

8.2.3 NV定中结构的发展对汉语名动格局的影响

词类是词的聚合类，划分词类的目的在于讲明词和词之间的组合关系。传统语法划分词类的标准是形态。由于汉语没有严格意义上的形态变化，因此曾经出现过"汉语无词类"之说。后来，受结构主义学派影响，学者们提出汉语划分词类应主要依据分布的标准即词的语法功能，以意义和有限的形态作为参考标准。现在很多基础语法教材仍然在沿用这一观点。这一观点解决了汉语有无词类的问题，却使另一个问题得到了凸显，即处在非谓语位置的动词该如何处理。随着功能主义和认知语言学理论的兴起，学者们提出词类是与词义和语用功能密切相关的，以Croft（1991）为代表，认为词类、语义类别和语用功能之间存在着无标记的关联。

引进了语义和语用功能标准，汉语词类划分的问题仍然没有得到有效的解决，因为词类与语用功能的对应关系也不是整齐划一的，交叉现象普遍存在。名词不仅可以用于指称，也可以用于陈述；动词可以用于陈述，也可以用于指称。沈家煊（1999b）指出，名词和指称、动词和陈述之间是无标记的组配，而名词和陈述、动词和指称之间是有标记的组配。

虽然没有从根本上解决词类划分的问题，但是语义和语用功能标准

的引入并非巧立名目，其重要意义在于为词类提供了原型特征。陆丙甫
（2015：81）指出：词的语法分类从根本上说，也是取决于语义。动词的原
型意义是动作，名词的原型意义是事物。认知语言学也认为事物和动作是人
类最基本的两个认知范畴。

　　如果将事物和动作看作原型范畴，那么范畴中便有典型成员与非典型成
员之别。从典型成员到非典型成员构成一个连续统。Croft（2001）进一
步提出了"语义映射连续性假说"（Semantic Map Connectivity Hypothesis），
即任何特定语言和（或）特定构式的范畴都映射（map）概念空间中的一个
相连区域。如果将名词和动词都看作一个特定的构式，那么它们所映射的应
该是概念空间中的一个连续的区域。如果将人类的概念空间作为一个整体，
那么从事物到动作则是这个空间从一端到另一端的表征。映射到词类构式，
从名词到动词是一个连续统；语用功能上，从指称到陈述也是一个连续统。

图 8-6　语义、语用功能、词类的连续统

　　如果说从名词到动词构成一个连续统，那么词类的切分从根本上来说
是一种人为操作，是将连续的事物进行离散化的处理。处理的标准不同，便
有了分类的争议。汉语的"名动词"之争从本质上来说也是如此。

　　对于判定名动词的标准，朱德熙等（1961）认为主要有如下一些：
①能做形式动词的宾语；②受名词修饰；③能够修饰名词；④做"有"的
宾语；⑤受数量词修饰。裘荣棠（1994）则质疑这些标准。裘先生认为，
按照朱先生提出的标准，如果采用合取的方式，那么汉语双音节动词中有近
一半的动词都可以看作兼类，这样标准的有效性就要大打折扣。因此，他主
张不应把能做形式动词的宾语或能受名词直接修饰看作确定名动词的标准。
胡明扬（1995）指出，名动兼类是一个很复杂的问题，名词的句法功能有很

多，在选择判定标准时只能聚焦名词的主要句法功能，因此他在考察名动兼类时采用的标准主要有三条：① 能直接受名量词修饰；② 能直接做"有"的宾语；③ 能直接受名词的修饰。同时他也指出，这三条标准所得到的也仅是倾向性的结论，仍然是在较大范围内合取的结果。依照以上三条标准，如果满足两条即算兼类，那么双音节动名兼类占比为15.75%；如果符合一条标准即算兼类，那么双音节动名兼类占比为24.14%。到底该如何处理，不同的研究完全可以采用不同标准。

是否把"直接受名词修饰"作为判定动名兼类的标准是操作层面的问题，换句话说就是在名动的连续统中，这条线应该划在哪里。如果想要名词内部的成员一致性更高，那么可以采用范围更小的标准，甚至只将能受名量词修饰的动词看作兼类也未尝不可。不过，不管这条线划在连续统中的哪个位置，都不影响语言的实际表现。语言的实际表现影响了划线标准的选择。

语言的实际表现就是"例"。"例"达到一定频次，就有"型"的需求。句法结构的演变如此，对词类的发展变化的认知也不能忽略使用频率的因素。

德国语言学会第36届年会上首次提出"双层词类范畴化理论"（Wang 2014）。此后，王仁强、周瑜（2015），王仁强、黄昌宁（2017）等研究认为词类的范畴化在两个层面发生，一是词例的词类范畴化，二是概括词的词类范畴化。词例的词类范畴化可以理解为个体词在具体使用情境下表现出来的词类，与其在语境中所表现出的指称、陈述、修饰语用功能有关，类似于郭锐（2000）所提出的"句法层面的词性"。概括词的词类范畴化是"言语社群集体的自组织过程，其核心是规约化/相变"，类似于郭文所提出的"词汇层面的词性"。与郭文不同的是，王文更加强调概括词的词类范畴或固有属性不是一成不变的，而是会随着概括词词例在言语中的反复使用而发生演变，对概括词词类归属的判定应以语料库的调查为依据。语料库里对词性的标注应当是词例的词类范畴，而词典里对词性的标注应当是概括词的词类范畴。基于该理论，王仁强、黄昌宁（2017）认为表自指的概括词是否应当处理为兼类与词频成正相关。如果是临时的自指用法，可以处理为活用，是语言的创新，在词典里仍标注为动词；如果自指的用法频率较高，已经规约化，这种自指用法则应处理为词典中的自指义项，标注出动、名两种词性，为兼类词。

构式语法认为词类也是一个构式，并能够建立起一个"以使用为基础的词类–构式范型范畴化网络"（张韧 2009）。该主张的核心是认为词类是由相关用法决定的。这些用法可能构成不同层次的抽象，由低到高构成词目、半抽象构式、低层次词类、抽象构式。名词和动词是最高层次的词汇范型。也就是说，对于各个具体的言语用例，可以进行不同层次的抽象，抽象为程度较低的半抽象、抽象构式。言语用例的频率影响着不同层级构式的频率也就是"型"的频率。[①]杨旭（2019）也以构式理论为基础，提出由"语法层面/修辞层面""语法构式/修辞构式"构成的词类研究"十字"模式。该模式较"以使用为基础的词类–构式范型范畴化网络"模型更简洁，但实质基本相同，都是以言语的实际用法频率为基础来判定词性。动词的名词用法在修辞上是一种创新，只有当这种修辞上的创新达到一定频率才会成为一种修辞构式，成为一种规约性的用法，进而进入语法层面。杨文考察了"研究"名词用法的规约性，认为动词的名词用法的规约性判定应当参照共时频率和历时分布。共时频率包括个体频率和类型频率。个体频率是在具体的言语用例中体现出的词性特点，类型频率相当于张韧（2009）所认为的半抽象、抽象构式，如"数量词+研究"。考察结果显示，"研究"的名词用法有较高的个体频率和类型频率，历时跨度较长，可以认定其名词用法已经规约化。

型的高频可以促使特定结构对其中的组成成分放宽要求，促发新的语义联系从而发生重新分析，也会导致新的结构浮现（方梅 2018：370）。从浮现语法的角度来说，这是一个"用法—语法—用法"传导过程。基于此，我们可以对NV定中结构的发展过程做出一个合理的描述：

第一阶段：五四以后，受西方翻译作品的影响，该结构突破了在机构、官职名称中定语位置的使用限制，以独立的结构出现。不过这一阶段的$N_{客}V$的使用仍以翻译结构为主，能产性差，使用频率较低。

[①]　本书并不着重探讨构式的问题，但是从某种程度来说，$N_{客}V$定中结构、$N_{其他}V$定中结构也是抽象化的构式，是"型""类"。

第二阶段：当该结构取得独立地位后，因其符合事件框架结构，可以用来指称活动，满足了人们为新现象命名的语用需求，在功能的促发下开始被大量新造，能够进入其中的双音节动词也越来越多，从某些专业领域的特殊指称发展到一般的"双音节+双音节"动宾倒置，可用来命名。

第三阶段：由于N$_{客}$V经常用于命名和指称，与一般名词及名词性结构经常并列使用，受向心结构解读的影响，N$_{客}$V结构中的V被重新分析为名词中心，外部功能逐渐对内部组成成分产生影响，语法化程度进一步提升，中心语成分的指称功能固化。例如：

（87）四年后的一九八一年，我以最优异的成绩毕业，获得主修<u>心理学</u>和<u>妇女研究</u>、辅修<u>人类学</u>和<u>图书馆学</u>的学位。

（88）我们结合油田实际，广泛发动职工，将<u>方针目标管理</u>、<u>ABC分类法</u>、<u>网络计划</u>、<u>正交试验法</u>、<u>价值工程</u>等现代化管理方法普遍推广运用于企业管理。

第四阶段：当N$_{客}$V定中结构中的N被重新识解为名词时，在类推机制的作用下，N$_{非客}$V定中结构的数量也开始增加，成为一种新兴的为新现象命名的手段。不过，很多N$_{非客}$V定中结构仍然处在概念词化的过渡期，往往要放在引号中或者是多个相似结构并列使用，前或后用名词复指，往往是一种临时性的指称。如：

（89）"<u>母乳喂养</u>"需要全社会及家庭的重视和支持。

（90）1999年，我参加新华社汤姆森国际新闻写作班培训，在那里接受了第一堂"<u>战地采访</u>"教育。

（91）Workshop的过程是：<u>大组培训</u>——<u>小组讨论</u>——<u>大组讨论</u>——<u>小组讨论</u>——<u>大组总结</u>。

（92）贵州电视台公共频道丽都医疗美容医院报名条件：具有爱心、热爱公益事业、年龄18～50岁的女性；报名<u>方式</u>：<u>电话报名</u>、<u>网络报名</u>、<u>现场报名</u>、<u>短信报名</u>。

（93）因此不能仅就运量和客流的单因素去指导规划，而应就<u>自然</u>、<u>地理</u>、<u>资源</u>、<u>环境</u>、<u>区域规划</u>、<u>人口聚居</u>、<u>文物保</u>

护、土地占用、安全行车、噪音传播、能源消耗等各种因素全面考虑、反复权衡，将规划的不同方案加以遴选、评价、修改，通过科学的程序，产生最佳方案。

　　NV指称化结构为动词的指称化提供了句法环境。高航（2020）认为指称化结构都可以看作名词，只是固化的程度不同。固化程度受使用频率的影响，使用频率越高，固化程度越高。当一个动词反复在凸显事物的结构中出现时，这种事物性就与这个动词联系起来。NV定中结构的发展，使得V的名词性功能在使用群体中获得了更强的心理表征。这种表征使得临时生成的NV更能够为人所接受。NV定中结构的发展使人们对双音节V在语义和语用功能上的解读发生了显著的变化。从语用上来说，V更容易进行指称；从语义上来说，其动作性减弱，更倾向于被以事物的方式来认知进而识解为抽象事物。因而，更强化了双音节动词的名词性。

　　陈宁萍（1987）指出，形式动词、名词化小句、"有+V"、"N的V"等都是20世纪以来的创新用法，这些表达表面上看彼此独立，实际上都是有联系的，它们都为动词的名化提供了句法环境，彼此相互促发。包括正在发展中的NV结构，它们共同作用于汉语名动格局。这些指称化结构大多与双音节动词相容而排斥单音节动词。因此，从句法的角度来看，现代汉语的双音节动词在连续统中有进一步向名词漂移的趋势。汉语的名动格局正在从普遍动词型（a general verbal style）向普遍名词型（a general nominal style）发展（陈宁萍 1987）。NV定中结构的不断发展也是现代汉语由重意会向重形式标志转向的反映。

8.3　小结

　　本章主要考察了NV定中结构在现代汉语指称化体系中的地位。

　　指称化的发生在认知上是事件由"宣告事件的发生"（主要信息、前景信息）转变为"可控的参与者"（次要信息、背景信息）的动因促发的。人们在交谈时往往以事件作为谈论的对象，指称化是以事件的整体认知为基础的，而事件的认知是以事件框架为基本单位的。因此，事件指称的形式也以事件框架为基础，包含事件框架中的核心要素，即使因篇章功能的转变而外形有所磨损。事件框架属于基本层次范畴，人类大部分的思维活动是在这个层次进行的。光杆动词很难激活认知中清晰完整的事件框架，因此也就很难单独表示指称。

活动是事件的抽象，是事件的类型。由于主语位置常常有定指的要求，整个结构常用来指称事件，因此活动指称主要是动词和宾语的组合。"N的V"常用来指称事件，现代汉语的活动指称主要为VN式和NV式。N和V的组配呈现两个特点。第一，无论是使用VN形式还是NV形式表示指称，名词的音节数一般不能小于动词的音节数。第二，当动词为单音节时，由于受音步的保护，一般不采用NV的形式表示活动指称；当动词为双音节时，VN和NV都能表示活动指称。

N $_{客}$ V定中结构是一种有标记的语序倒置现象。促发倒置的动因包括：① 句法形式与功能的共变；② 词法结构的影响；③ 表意特殊性的需要；④ 指称化结构对名词短语语序的模拟；⑤ 分化歧义的需求。这些动因共同促发了动宾倒置，这也符合形态不发达的语言常用语序的变化来表达语法意义的规律。

现代汉语活动指称是一个由多种语法形式共同构成的层级系统，它以动词和宾语的组合为主体。其中N $_{客}$ V定中结构有着特殊的地位，它是专门用来指称活动的语法手段，指称的是抽象化程度更高的高度规约化活动。对于其他的结构来说，指称活动都不是核心功能。小句的主要功能是陈述，较少用来表达指称；"N的V"和"数量/指量短语+V"是专门的指称化结构，主要用来指称事件；光杆动词可以指称活动，但是由于其不能够表示完整的事件框架，因而指称能力受限。

现代汉语N $_{客}$ V定中结构的能产性在不断增强，其发展趋势表现在三个方面：第一，能够进入该结构的双音节动词不断增加；第二，结构的音节长度增加；第三，随着音节长度的增加，NV倒置的强制性逐渐减弱。N $_{客}$ V定中结构的发展满足了现代汉语指称不断出现的新活动的需要，人们无需在词库里增加新词，只需要在原有句法结构的基础上进行简单的变形，就构成了一个能产性很强的构造规则。它是介于词和短语之间的一种过渡类型，其发展是功能需求促发的结果。

　　N$_客$V定中结构的发展使得越来越多的双音节动词能够进入该结构，同时也促进了N$_{非客}$V定中结构的发展。NV指称化结构为双音节动词的指称化提供了句法条件。当作为指称化结构的中心语时，这些动词的名词性功能在使用群体中获得了更强的心理表征，更加强化了这些双音节动词的名词性。现代汉语的双音节动词有进一步向名词漂移的趋势。

第九章 结 语

9.1 主要结论

本书所依据的指称化理论主要是基于类型学对指称化问题的认识。类型学对指称化的新认识体现在三个方面：一是指称化范围的扩大；二是指称化结构语类属性的混合性特征；三是指称化程度具有等级性。给指称化分类可以从三个不同的方面展开。从结构类型上说，指称化可以分为词汇指称、短语指称和小句指称；从指称化程度上说，指称化可以分为高指称度、中指称度和低指称度三个等级；从指称对象上说，指称化可以首先分为自指和转指两类，自指可以进一步分为事件指称和活动指称。虽然分类的角度不同，但是分类的结果却表现出了一定的对应性倾向：词汇形式指称化程度最高，主要指称活动；短语形式指称化程度中等，主要指称事件，有时也可指称活动；小句形式指称化程度最低，多用来指称事件。如果一个动词结构（无论动词或动词结构有没有形式上的变化）没有出现在主句谓语的位置上，而是作为篇章内的可控参与者，那么我们就认为该结构发生了指称化。

NV定中结构是现代汉语中发展很快的一种结构类型，又以N$_客$V类型占绝对的优势。以往的研究对该结构重视不够，还有很多问题无法得到合理的解释，也存在一些争议。汉语是一种缺乏形态变化的语言，不像西方语言一样在动词指称化的过程中伴随着形式的改变。NV定中结构是以动词为中心构成的具有体词性功能的结构，其相关的性质、句法表现、构成规律等与指称化问题密切相关。因此，本书基于指称化理论，并综合运用认知语言学、功能语言学、语用学的相关理论集中对现代汉语NV定中结构进行了系统性的考察，得到的主要认识如下：

N的不同语义角色对NV结构类型具有偏向性制约。"客体—动作"与NV定中结构具有最高程度的关联，可以认定$N_客V$是NV定中结构这一原型范畴的典型成员。$N_客V$的原型特征体现在三个方面：一是能产性强，二是语类属性单一，三是语义透明度高。

$N_客V$定中结构是现代汉语中一种特殊的指称结构类型，体现在它是除了受限的光杆动词外唯一只能用来指称活动的结构类型。现代汉语中其他用于指称的形式手段，如小句、VN动宾结构、"N的V"结构、"数量/指量短语+V"等都既能够指称事件也能够指称活动。从类型学的角度来看，$N_客V$定中结构属于指称手段中的融合式，其功能是指称一种高度规约化的活动。

$N_客V$定中结构对进入该结构的N和V都有限制。"N+V"的组合是典型的主谓结构，而$N_客V$为定中结构，指称高度规约化的活动，这使得该结构中的N和V都表现出了一定的非典型性。考察发现，该结构对N的限制主要体现在生命度、指称类型、抽象度、正式度和音节特点等五个方面，对V的限制主要体现在指称性、及物性和正式度上。

虽然在很多情况下，$N_客V$定中结构可以通过中间加"的"转化为"N的V"结构，但两者是相互独立的不同结构，不存在上下位关系。两类结构在指称对象和指称化程度上均有差异。使用$N_客V$定中结构，说话人倾向于认为其所指称的是一种更为规约化的活动；使用"N的V"结构，说话人倾向于认为其所指称的是一种规约性较弱的活动，更像一种临时的指称。

对于非典型的NV定中结构来说，可以根据论旨角色不同分为$N_主V$指称化结构和$N_其他V$指称化结构两类。$N_主V$结构的指称化程度与该结构的固化程度、N的典型性以及V的性质密切相关。$N_其他V$以状中结构为原型，不同$N_其他$与V的组合指称化程度不同，呈现出一个连续统。影响$N_其他V$指称化程度的因素主要有N的论旨角色、常规的语义组配和活动的规约化程度。还有一类特殊的$N_其他V$结构，它们只有体词性用法而没有谓词性用法，整体凝固性强，意义专门化，我们认为该类结构是仿造NN式构词，通过提取与动作相关的工具、方式、处所、原因等能够有效识别活动的特征作为提示项参与构词。与 $N_客V$ 定中结构相比，$N_{非客}V$ 活动指称是非典型的指称结构，作为一个整体，其特征表现为来源的复杂性、指称的连续性、类型的模糊性。

人们在交谈时常常以事件作为谈论的对象，指称化是以事件的整体认知为基础的，而事件的认知是以事件框架为基本单位的，指称化结构的表征也以事件框架要素为基本单位。活动指称是一个由多种语法形式共同构成的层级系统。$N_客V$ 定中结构在系统中有着特殊的地位，它是专门用来指称活动的语法手段。$N_客V$ 定中结构是由动宾倒置形成的，这种倒置是功能—形式共变等多种因素共同促发的结果。$N_客V$ 定中结构的能产性在不断增强，其发展满足了现代汉语指称不断出现的新活动的需要，是功能需求促发的结果。随着越来越多的双音节动词能够进入该结构，$N_{非客}V$ 定中结构也得到了发展。NV指称化结构为双音节V的指称化提供了句法条件。作为指称化结构的中心语，这些动词的名词性功能在使用群体中获得了更强的心理表征，进一步强化了这些双音节动词的名词属性。NV定中结构促使现代汉语的双音节动词进一步向名词漂移。

9.2　创新之处

本书的创新之处主要有以下几点：

第一，从认知语言学原型范畴理论出发，认定NV定中结构是一个原型范畴，$N_客V$ 是这个范畴的典型成员，这样的区分使得NV定中结构的特点更加突出，也解释了为什么NV定中结构中的N主要由客体成分构成。

第二，将 $N_客V$ 定中结构置于汉语指称化系统内进行考察，厘清了该结构在整个指称化系统中的地位，有助于更加深入地分析其功能、指称化程度、语类属性、构成成分特点等。

第三，从类型学指称化的视角出发，认为现代汉语中的 $N_客V$ 定中结构是一种融合式指称，指称一种高度规约化的活动。类型学指称化理论主要来源于Hopper and Thompson（1984）、Koptjevskaja-Tamm（1993）等基于英语、韩语、印尼语等形态发达语言的研究。对缺乏形态变化的语言中的融合式指称进行研究，也是对类型学指称化理论的一个补充。

第四，认为N_客V的发展是由指称新活动的需求促发的。它是介于词和短语之间的一种过渡类型，人们无需在词库里增加新词，只需要将动宾倒置，就构成了一个能产性很强的构造规则，专门用来指称活动。

第五，发现NV定中结构的发展使得汉语双音节动词有进一步向名词漂移的趋势。

9.3　有待进一步解决的问题

以往关于名动词或兼类词判定标准的一个争议焦点是，如果以某一条件为标准就会出现兼类过多的问题，影响词类划分的效度。例如郭锐（2002）认为可以按照两个标准，只要满足一个就认为动词兼有名词性：一是可以受名词直接修饰；二是可以做准谓宾动词的宾语。按照这样的标准，30%的高频动词都具有名词属性。由于动词的句法地位高于名词，同时兼顾分类的简单性，因此将这些词都处理为动词。早期的词类观是离散型的，一个概括词的类型应该是非此即彼的，要尽量减少兼类的数量。随着研究的深入，现在的词类观更多是连续型的，承认词本身是多功能的。尤其是动词，既可以陈述事件，也可以直接用来指称动作、活动、事件，符合认知的经济性原则。正如金立鑫（2022）所指出的，"语法的复杂性在于我们常常难以仅用某一个特征穷尽两个范畴之间的所有句法或范畴对立。它们经常需要一组特征来测试"。韩蕾（2016）提出了6种鉴别事件名词的格式，按照符合鉴别格式的数量，将事件名词分为最典型事件名词、典型事件名词、次典型事件名词、不太典型事件名词、不典型事件名词和边缘事件名词。金立鑫（2022）根据"NP的VP"结构中动词是否能够受时间、空间名词和数量词的限定，判定动词在典型性上存在四个等级。因此，能够进入NV定中结构的动词，本身应当具备一定的名词性特征。能否受N修饰构成指称化结构以及构成的指称化结构是否具有独立性，可以作为判定动词典型性的标准之一。动态浮现语法观认为"用法先于语法"，一些经常性的用法会通过量变到质变的过程而稳定为一种语法。能够进入NV定中结构的V本身需要带有一定的指称性。随着该结构的发展，人们对其接受程度也越来越高，很多原来认为不能构成定中结构的动词现在也能够被接受了。那么现代汉语中究竟有多少动词或者说占多大比例的动词能够最终进入该结构？不同的动词进入该结构是否有接受度的差异？尤其是这种接受度的差异该如何测量？这些问题都是我们今后研究的一个方向，本书的研究仅仅是做了一个初步的尝试。

参考文献

车竞（1994）试论"N+V"式定心结构，《汉语学习》第1期。

陈昌来（2002）《介词与介引功能》，合肥：安徽教育出版社。

陈龙（2009）低频词在英语词汇构成中的能产性，《兰州大学学报（社会科学版）》第4期。

陈满华（1997）"VO的N"转化为同义粘合式偏正短语的规则——附论述宾结构作定语，《汉语学习》第1期。

陈满华（2010）由背景化触发的非反指零形主语小句，《中国语文》第5期。

陈宁萍（1987）现代汉语名词类的扩大——现代汉语动词和名词分界线的考察，《中国语文》第5期。

陈平（1987）释汉语中与名词性成分相关的四组概念，《中国语文》第2期。

陈平（1994）试论汉语中三种句子成分与语义成分的配位原则，《中国语文》第3期。

陈庆汉（1996）"N的V"短语的句法分析，《河南大学学报（社会科学版）》第4期。

陈庆汉（2005）20世纪"N的V"短语研究评析，《河南大学学报（社会科学版）》第5期。

陈颖芳、马晓雷（2020）英语学术语篇中外壳名词的动词搭配研究：基于"事件域认知模型"的视角，《外语与外语教学》第1期。

成军、文旭（2009）词项的概念指向性——陈述与指称的语义理据，《外语教学与研究》第6期。

储泽祥、王艳（2016）汉语OV语序手段的指称化效用，《世界汉语教学》第3期。

崔玲齐（2012）《类型学视角下的现代汉语谓宾动词研究》，上海师范大学博士学位论文。

戴维·克里斯特尔（2000）《现代语言学词典》（沈家煊译），北京：商务印书馆。

邓盾（2021）现代汉语事件名词的界定及相关问题，《辞书研究》第4期。

刁晏斌（2004）《虚义动词论》，南开大学博士学位论文。

董晓敏（1987）"N的V"功能类别质疑，《九江师专学报（哲学社会科学版）》第3期。

董秀芳（2011）《词汇化：汉语双音词的衍生和发展（修订本）》，北京：商务印书馆。

董秀芳（2016）《汉语的词库与词法（第二版）》，北京：北京大学出版社。

范文芳、汪明杰（2003）论三大流派对英语名词化现象的研究，《外语研究》第3期。

范晓（1991a）动词的"价"分类，《语法研究和探索（五）》，北京：语文出版社。

范晓（1991b）《汉语的短语》，北京：商务印书馆。

方梅（2008）由背景化触发的两种句法结构——主语零形反指和描写性关系从句，《中国语文》第4期。

方梅（2018）《浮现语法：基于汉语口语和书面语的研究》，北京：商务印书馆。

方绪军、李翠（2017）"N的V$_单$"的构成及其语篇使用情况考察，《汉语学习》第2期。

冯胜利（1996）论汉语的"韵律词"，《中国社会科学》第1期。

冯胜利（2004）动宾倒置与韵律构词法，《语言科学》第3期。

冯胜利（2009）论汉语韵律的形态功能与句法演变的历史分期，《历史语言学研究》第2辑，北京：商务印书馆。

傅爱平（2004）黏合式名词短语结构关系的考察和分析，《中国语文》第6期。

傅雨贤、周小兵、李炜、范干良、江志如（1997）《现代汉语介词研究》，广州：中山大学出版社。

高翀（2015）语义透明度与现代汉语语文词典的收词，《中国语文》第5期。

高航（2007）《现代汉语名动互转的认知语法考察》，解放军外国语学院博士学位论文。

高航（2009）名词化的概念组织层面：从认知语法的视角，《解放军外国语学院学报》第3期。

高航（2010）参照点结构中名词化的认知语法解释，《汉语学习》第3期。

高航（2019）认知语法框架下动作的指称策略考察，《汉语学习》第4期。

高航（2020）认知语法框架下名物化的概念组织层面考察，《解放军外国语学院学报》第2期。

耿雪（2008）《现代汉语V1+V2偏正结构研究》，南京师范大学硕士学位论文。

顾阳、沈阳（2001）汉语合成复合词的构造过程，《中国语文》第2期。

郭继懋、王红旗（2001）粘合补语和组合补语表达差异的认知分析，《世界汉语教学》第2期。

郭锐（1993）汉语动词的过程结构，《中国语文》第6期。

郭锐（1995）述结式的配价结构与成分的整合，沈阳、郑定欧主编《现代汉语配价语法研究》，北京：北京大学出版社。

郭锐（1997）过程和非过程——汉语谓词性成分的两种外在时间类型，《中国语文》第3期。

郭锐（2000）表述功能的转化和"的"字的作用，《当代语言学》第1期。

郭锐（2002）《现代汉语词类研究》，北京：商务印书馆。

韩蕾（2010）试析事件名词的词类地位，《宁夏大学学报（人文社会科学版）》第1期。

韩蕾（2016）汉语事件名词的界定与系统构建，《华东师范大学学报（哲学社会科学版）》第5期。

韩礼德（2010）《功能语法导论（第二版）》（彭宣维、赵秀凤、张征等译），北京：外语教学与研究出版社。

何元建（2004）回环理论与汉语构词法，《当代语言学》第3期。

何元建（2013）汉语合成复合词的构词原则、类型学特征及其对语言习得的启示，《外语教学与研究》第4期。

何元建、王玲玲（2005）汉语真假复合词，《语言教学与研究》第5期。

贺阳（2008）《现代汉语欧化语法现象研究》，北京：商务印书馆。

胡明扬（1995）动名兼类的计量考察，《语言研究》第2期。

胡明扬主编（1996）《词类问题考察》，北京：北京语言学院出版社。

胡裕树（1962）《现代汉语》，上海：上海教育出版社。

胡裕树、范晓（1994）动词形容词的"名物化"和"名词化"，《中国语文》第2期。

黄月华、左双菊（2009）原型范畴与家族相似性范畴——兼谈原型理论在认知语言学中引发的争议，《语文研究》第3期。

吉田泰谦（2011）指称性主语的分类及其句法、语义特点——"自指性"主语与"转指性"主语探析，《世界汉语教学》第2期。

江洪波（2013）《事件指称性构式"一M$_{动}$+N"考察》，上海师范大学硕士学位论文。

金奉民（2011）致使结构的语义角色，《汉语学习》第5期。

金立鑫（2022）汉语动词的典型性等级，《语言教学与研究》第2期。

黎锦熙（1924）《新著国语文法》，上海：商务印书馆。

李晋霞（2003）定中"N$_{宾}$+V"结构构成因素的考察，《暨南大学华文学院学报》第2期。

李晋霞（2008）《现代汉语动词直接做定语研究》，北京：商务印书馆。

李临定（1990）《现代汉语动词》，北京：中国社会科学出版社。

李宇明（1998）动词重叠的若干句法问题，《中国语文》第2期。

刘春梅、尚新（2012）语言学视野中的"事件"及其研究，《山东外语教学》第3期。

刘丹青（2002）汉语类指成分的语义属性和句法属性，《中国语文》第5期。

刘国辉（2005）论主谓结构中句首主语的认知语义基础，《外语与外语教学》第7期。

刘慧清（2005a）名词性的"名词+动词"词组的功能考察，《汉语学习》第2期。

刘慧清（2005b）名词作状语及其相关特征分析，《语言教学与研究》第5期。

刘慧清（2007）"名词+动词"词语串构成定中式短语的内部限制条件，《语言研究》第1期。

刘顺（2004）现代汉语无指的分类和分布位置，《云南师范大学学报（对外汉语教学与研究版）》第2期。

刘晓梅（2003）《当代汉语新词语研究》，厦门大学博士学位论文。

刘艳茹（2016）事件、图式与语义角色磨损，《长春大学学报》第1期。

刘月华、潘文娱、故铧（2001）《实用现代汉语语法（增订本）》，北京：商务印书馆。

陆丙甫（2003）"的"的基本功能和派生功能——从描写性到区别性再到指称性，《世界汉语教学》第1期。

陆丙甫（2005）语序优势的认知解释（下）：论可别度对语序的普遍影响，《当代语言学》第2期。

陆丙甫（2009）基于宾语指称性强弱的及物动词分类，《外国语》第6期。

陆丙甫（2012）汉、英主要"事件名词"语义特征，《当代语言学》第1期。

陆丙甫（2015）《核心推导语法（第二版）》，上海：上海教育出版社。

陆丙甫、刘小川（2015）语法分析的第二个初始起点及语言象似性，《语言教学与研究》第4期。

陆俭明（1991）现代汉语不及物动词之管见，《语法研究和探索（五）》，北京：语文出版社。

陆俭明（1993）《八十年代中国语法研究》，北京：商务印书馆。

陆俭明（2003）对"NP+的+VP"结构的重新认识，《中国语文》第5期。

陆烁、潘海华（2013）从英汉比较看汉语的名物化结构，《外语教学与研究》第5期。

吕叔湘（1979）《汉语语法分析问题》，北京：商务印书馆。

马东（2006）《述宾式V+N组合动名换位后形成的句法结构考察》，解放军外国语学院硕士学位论文。

马国凡（1987）四字格论，《内蒙古师大学报（汉文哲学社会科学版）》第
　　3、4期。

马国彦（2012）"N的V"短语的篇章功能：衔接与组块，《毕节学院学报》
　　第2期。

马楠（2009）词典词性标注的单位问题，《辞书研究》第3期。

马清华（2014）适应原理下句法系统的自繁殖——以SVO型孤立语的定中结构
　　为例，《语文研究》第1期。

马清华、杨飞（2018）论语言的共变原理，《当代修辞学》第4期。

马庆株（1985）述宾结构歧义初探，《语言研究》第1期。

马庆株（1995）指称义动词和陈述义名词，《语法研究和探索（七）》，北
　　京：商务印书馆。

马真、陆俭明（1996）"名词+动词"词语串浅析，《中国语文》第3期。

孟琮、郑怀德、孟庆海、蔡文兰（1999）《汉语动词用法词典》，北京：商务
　　印书馆。

朴重奎（2003）单个动词作主语的语义语法考察，《汉语学习》第6期。

齐沪扬（2000）《现代汉语短语》，上海：华东师范大学出版社。

齐沪扬等（2004）《与名词动词相关的短语研究》，北京：北京语言大学出版社。

裘荣棠（1994）名动词质疑——评朱德熙先生关于名动词的说法，《汉语学
　　习》第6期。

杉村博文（2006）"VN"形式里的"现象"和"事例"，《汉语学报》第1期。

邵敬敏（1995）"怎么"疑问句的语法意义及功能类型，《语法研究和探索
　　（七）》，北京：商务印书馆。

沈家煊（1995）"有界"与"无界"，《中国语文》第5期。

沈家煊（1999a）转指和转喻，《当代语言学》第1期。

沈家煊（1999b）《不对称和标记论》，南昌：江西教育出版社。

沈家煊（2004）再谈"有界"与"无界"，《语言学论丛》第三十辑，北京：
　　商务印书馆。

沈家煊（2009）我看汉语的词类，《语言科学》第1期。

沈家煊（2010）从"演员是个动词"说起——"名词动用"和"动词名用"的

不对称，《当代修辞学》第1期。

沈家煊（2012）"名动词"的反思：问题和对策，《世界汉语教学》第1期。

沈家煊（2013）谓语的指称性，《外文研究》第1期。

沈家煊（2016）《名词和动词》，北京：商务印书馆。

沈家煊、王冬梅（2000）"N的V"和"参照体—目标"构式，《世界汉语教学》第4期。

沈家煊、张姜知（2013）也谈形式动词的功能，《华文教学与研究》第2期。

施关淦（1988）现代汉语里的向心结构和离心结构，《中国语文》第4期。

石定栩（2005）动词的"指称"功能和"陈述"功能，《汉语学习》第4期。

石定栩（2011）《名词和名词性成分》，北京：北京大学出版社。

石毓智（2000）《语法的认知语义基础》，南昌：江西教育出版社。

石毓智（2001）汉语的限定动词和非限定动词之别，《世界汉语教学》第2期。

石毓智、李讷（2001）《汉语语法化的历程——形态句法发展的动因和机制》，北京：北京大学出版社。

史有为（1997）数量词在动宾组合中的作用，《中国语言学报》第八期，北京：北京语言文化大学出版社。

税昌锡（2005）动词界性分类试说，《暨南学报（哲学社会科学版）》第3期。

税昌锡（2011）事件过程与存现构式中的"了"和"着"，《语言科学》第3期。

司富珍（2004）中心语理论和汉语的DeP，《当代语言学》第1期。

宋玉柱（1991）关于体宾动词和谓宾动词，《世界汉语教学》第2期。

苏宝荣（2017）汉语复合词结构与句法结构关系的再认识，《语文研究》第1期。

孙德金（1995）现代汉语名词做状语的考察，《语言教学与研究》第4期。

孙德金（1997）现代汉语动词做状语考察，《语言教学与研究》第3期。

谭景春（2010）名名偏正结构的语义关系及其在词典释义中的作用，《中国语文》第4期。

唐正大（2014）汉语关系从句内部的时体态，《中国语言学报》第16期。

完权（2010）语篇中的"参照体—目标"构式，《语言教学与研究》第6期。

王灿龙（2002）句法组合中单双音节选择的认知解释，《语法研究和探索（十一）》，北京：商务印书馆。

王灿龙（2006）试论"这""那"指称事件的照应功能，《语言研究》第2期。

王冬梅（2002）"N的V"结构中V的性质，《语言教学与研究》第4期。

王冬梅（2004）动词转指名词的类型及相关解释，《汉语学习》第4期。

王冬梅（2010）《现代汉语动名互转的认知研究》，北京：中国社会科学出版社。

王海峰（2004）现代汉语中无标记转指的认知阐释，《语言教学与研究》第1期。

王红斌（2009）《现代汉语的事件句和非事件句》，北京：光明日报出版社。

王洪君（2001）音节单双、音域展敛（重音）与语法结构类型和成分次序，《当代语言学》第4期。

王红旗（2004）功能语法指称分类之我见，《世界汉语教学》第2期。

王红旗（2011）"指称"的含义，《汉语学习》第6期。

王力（1984）《中国语法理论》，载《王力文集》（第一卷），济南：山东教育出版社。

王丽娟（2009）《从名词、动词看现代汉语普通话双音节的形态功能》，北京语言大学博士学位论文。

王丽娟（2014）汉语两类[N的V]结构的韵律句法考察，《世界汉语教学》第1期。

王仁强（2009）语法隐喻与汉语词典自指义项的设立——一项基于语料库的研究，《外国语文》第1期。

王仁强、黄昌宁（2017）从双层词类范畴化理论看现代汉语自指词项的兼类问题，《外国语文》第1期。

王仁强、周瑜（2015）现代汉语兼类与词频的相关性研究——兼评"简略原则"的效度，《外国语文》第2期。

王淑华（2005）论动词性主语句，《内蒙古大学学报（人文社会科学版）》第1期。

王永娜（2013）谈书面语中"动词性成分名词化"的语法机制，《华文教学与研究》第3期。

王寅（2006）《认知语法概论》，上海：上海外语教育出版社。

吴长安（2012）汉语名词、动词交融模式的历史形成，《中国语文》第1期。

吴怀成（2011）关于现代汉语动转名的一点理论思考——指称化与不同层面的指称义，《外国语》第2期。

吴怀成（2014）《现代汉语动词的指称化研究》，上海：学林出版社。

吴为善（2013）事件称谓性NV结构的来源、属性及其整合效应，《语言教学与研究》第2期。

项梦冰（1991）论"这本书的出版"中"出版"的词性——对汉语动词、形容词"名物化"问题的再认识，《天津师范大学学报》第4期。

肖娅曼（2007）OV式与汉语的一种指称性语法手段，《汉语学习》第5期。

邢福义（1994）NVN造名结构及其NV|VN简省形式，《语言研究》第2期。

邢公畹主编（1994）《现代汉语教程》，天津：南开大学出版社。

徐时仪（2005）汉语词汇双音化的内在原因考探，《语言教学与研究》第2期。

徐枢（1991）兼类与处理兼类时遇到的一些问题，《语法研究和探索（五）》，北京：语文出版社。

杨成凯（1991a）词类的划分原则和谓词"名物化"，《语法研究和探索（五）》，北京：语文出版社。

杨成凯（1991b）动词作主宾语是汉语的语法特点吗?——汉语语法特点散论之一，《汉语学习》第6期。

杨飞（2018）汉语结构标记指称化过程中的删略，《青海师范大学学报（哲学社会科学版）》第5期。

杨飞（2021）指称化过程中述谓性中心语的意义衰减——兼论"NP+的+VP"难题，《湖北师范大学学报（哲学社会科学版）》第4期。

杨旭（2019）从词类的修辞构式到语法构式——以"研究"名词用法的规约化为例，《语言教学与研究》第3期。

杨永忠（2006）动宾倒置的生成，《语言科学》第3期。

姚振武（1994）关于自指和转指，《古汉语研究》第3期。

姚振武（1995）现代汉语的"N的V"与上古汉语的"N之V"（上），《语文研究》第2期。

叶蜚声、徐通锵（2010）《语言学纲要（修订版）》，北京：北京大学出版社。

应学凤（2013）《现代汉语黏合结构韵律与句法互动的语义语用制约》，浙江
　　大学博士学位论文。

应学凤（2015）动宾倒置复合词研究述评，《汉语学习》第2期。

应学凤（2016）现代汉语黏合结构的正式语体特征，《汉语学习》第5期。

应学凤（2019）韵律与语义互动视角下的动宾倒置复合词的层次结构，《汉语
　　学习》第4期。

应学凤（2021）松紧象似原则与动宾饰名复合词，《世界汉语教学》第1期。

俞士汶、朱学锋、王惠、张芸芸（1998）《现代汉语语法信息词典详解》，北
　　京：清华大学出版社。

俞士汶等（2003）《现代汉语语法信息词典详解（第二版）》，北京：清华大
　　学出版社。

袁毓林（2002）论元角色的层级关系和语义特征，《世界汉语教学》第3期。

袁毓林（2010a）汉语不能承受的翻译之轻——从去范畴化角度看汉语动词和
　　名词的关系，《语言学论丛》第四十一辑，北京：商务印书馆。

袁毓林（2010b）汉语和英语在语法范畴的实现关系上的平行性——也谈汉语
　　里名词/动词与指称/陈述、主语与话题、句子与话段，《汉藏语学报》第4
　　期，北京：商务印书馆。

袁毓林、马辉、周韧、曹宏（2009）《汉语词类划分手册》，北京：北京语言
　　大学出版社。

苑春法、黄昌宁（1998）基于语素数据库的汉语语素及构词研究，《世界汉语
　　教学》第2期。

詹卫东（1998a）"NP+的+VP"偏正结构在组句谋篇中的特点，《语文研究》
　　第1期。

詹卫东（1998b）关于"NP+的+VP"偏正结构，《汉语学习》第2期。

张斌主编（2002）《新编现代汉语》，上海：复旦大学出版社。

张伯江（1993）"N的V"结构的构成，《中国语文》第4期。

张伯江（1994）词类活用的功能解释，《中国语文》第5期。

张伯江（1997）汉语名词怎样表现无指成分，中国语文编辑部编《庆祝中国社会科学院语言研究所建所45周年学术论义集》，北京：商务印书馆。

张伯江（2000）汉语连动式的及物性解释，《语法研究和探索（九）》，北京：商务印书馆。

张伯江（2002）施事角色的语用属性，《中国语文》第6期。

张伯江、方梅（1996）《汉语功能语法研究》，南昌：江西教育出版社。

张德岁（2011）《谓词性主语与谓词性宾语不对称现象研究》，安徽大学博士学位论文。

张德岁（2014）节律与形态因素对谓词性成分作主、宾语功能的制约，《西南大学学报（社会科学版）》第4期。

张德岁、张国宪（2013）谓词性主语与谓词性宾语语义特征的不对称性研究，《语言科学》第6期。

张国宪（1989a）单双音节动作动词语用功能差异探索，《汉语学习》第6期。

张国宪（1989b）"动+名"结构中单双音节动作动词功能差异初探，《中国语文》第3期。

张国宪（1994）双音节动词功能增殖探讨，邵敬敏主编《语法研究与语法应用》，北京：北京语言学院出版社。

张国宪（1997）"V$_双$+N$_双$"短语的理解因素，《中国语文》第3期。

章婧（2008）《现代汉语定中NV结构研究》，中国人民大学硕士学位论文。

张敏（1998）《认知语言学与汉语名词短语》，北京：中国社会科学出版社。

张韧（2009）关于词类本质的一个动态认知视角，《当代语言学》第3期。

张学成（1991）动词名化和名动词，《语法研究和探索（五）》，北京：语文出版社。

张谊生（2000）《现代汉语虚词》，上海：华东师范大学出版社。

赵艳芳（2001）《认知语言学概论》，上海：上海外语教育出版社。

赵元任（1979）《汉语口语语法》（吕叔湘译），北京：商务印书馆。

周刚（1987）形式动词的次分类，《汉语学习》第1期。

周国光（2007）"NP+的+VP"结构和相关难题的破解，《汉语学报》第3期。

周韧（2012）"N的V"结构就是"N的N"结构，《中国语文》第5期。

朱德熙（1982）《语法讲义》，北京：商务印书馆。

朱德熙（1983）自指和转指——汉语名词化标记"的、者、所、之"的语法功能和语义功能，《方言》第1期。

朱德熙（1984）定语和状语的区分与体词和谓词的对立，《语言学论丛》第十三辑，北京：商务印书馆。

朱德熙（1985）现代书面汉语里的虚化动词和名动词，《北京大学学报（哲学社会科学版）》第5期。

朱德熙（1986）变换分析中的平行性原则，《中国语文》第2期。

朱德熙、卢甲文、马真（1961）关于动词形容词"名物化"的问题，《北京大学学报（人文科学版）》第4期。

朱景松（1997）陈述、指称与汉语词类理论，《语法研究和探索（八）》，北京：商务印书馆。

朱志平（2005）《汉语双音复合词属性研究》，北京：北京大学出版社。

Bauer, L. 1983. *English Word-formation*. Cambridge: Cambridge University Press.

Comrie, B. 1976. The syntax of action nominals: A cross-language study. *Lingua*, 40(2-3):177-201.

Comrie, B. 1981. *Language Universals and Linguistic Typology*. Oxford: Basil Blackwell.

Comrie, B. and Sandra A. Thompson. 1985. Lexical nominalization. In Shopen, T. (ed.) *Language Typology and Syntactic Description, V. Ⅲ: Grammatical Categories and the Lexicon*. Cambridge: Cambridge University Press.

Croft, W. 1991. *Syntactic Categories and Grammatical Relations: The Cognitive Organization of Information*. Chicago：The University of Chicago Press.

Croft, W. 2001. *Radical Construction Grammar*. Oxford: Oxford University Press.

Du Bois, John W. 1980. Beyond definiteness: The trace of identity in discourse. In Chafe, W. (ed.)*The Pear Stories: Cognitive, Cultural and Linguistic Aspects of Narrative Production*. Norwood, NJ: Ablex.

Feng, Shengli. 1998. Prosodic structure and compound words in classical Chinese. In

Packard, J. L.(ed.) *New Approaches to Chinese Word Formation: Morphology, Phonology and the Lexicon in Modern and Ancient Chinese*. Berlin and New York: Mouton de Gruyter.

Givón, T. 1981. Logic vs. pragmatics, with natural language as the referee. *Journal of Pragmatics*, 6: 81-133.

Givón, T. 1984. *Syntax: A Functional-Typological Introduction. Vol.1*. Amsterdam: John Benjamins.

Hopper, Paul. 1979. Aspect and foregrounding in discourse. In Givón, T.(ed.) *Syntax and Semantics, Vol.12: Discourse and Syntax*. New York: Academic Press.

Hopper, Paul and Sandra A. Thompson. 1980. Transitivity in grammar and discourse. *Language*, 56(2): 251-299.

Hopper, Paul and Sandra A. Thompson. 1984. The discourse basis for lexical categories in universal grammar. *Language*, 60(4): 703-752.

Jespersen, O. 1937. *Analytic Syntax*. Chicago: University of Chicago Press.

Koptjevskaja-Tamm, M. 1993. *Nominalizations*. London: Routledge.

Labov, W. 1973. The boundaries of words and their meanings. In Bailey, C-J N. and Shuy, R.W. (eds.) *New Ways of Analyzing Variation in English*. Washington: Georgetown University Press.

Lakoff, George and Mark Johnson. 1980. *Metaphors We Live By*. Chicago: The University of Chicago Press.

Langacker, Ronald W. 1987a. *Foundations of Cognitive Grammar Vol.1: Theoretical Prerequisites*. Stanford: Stanford University Press.

Langacker, Ronald W. 1987b. Nouns and verbs. *Language*, (63): 53-94.

Lyons, John. 1977. *Semantics*. Cambridge: Cambridge University Press.

Malchukov, A. L. 2006. Constraining nominalization: Function/form competition. *Linguistics*, 44(5): 973-1009.

Mithun, M. 1984. The evolution of noun incorporation. *Language,* 60 (4):847-894.

Mithun, M. 1986. On the nature of noun incorporation. *Language*, 62(1):32-37.

Pawley, A. 1987. Encoding events in Kalam and English: Different logics for reporting experience. In Tomlin, R. S.(ed.) *Coherence and Grounding in Discourse: Outcome of a Symposium*. Amsterdam and Philadelphia: John Benjamins.

Rosch, E. and Carolyn B. Mervis. 1975. Family resemblances: Studies in the internal structure of categories. *Cognitive Psychology*, 7: 573-605.

Rosch. E. 1978. Principles of categorization. In Rosch E. and Lloyd Barbara B. (eds.) *Cognition and Categorization*. Hillsdale, NJ: Lawrence Erlbaum.

Rosch, E. et al. 1976. Basic objects in natural categories. *Cognitive Psychology*, 8(3): 382-439.

Taylor, J. R. 2003. *Cognitive Grammar*. Oxford: Oxford University Press.

Taylor, J. R. 1989. *Linguistic Categorization: Prototypes in Linguistic Theory*. Oxford: Clarendon Press.

Ungerer, F. and H. J. Schmid. 1996. *An Introduction to Cognitive Linguistics*. Addison Wesley: Longman Limited.

Vendler, Z. 1967. *Linguistics in Philosophy*. New York: Cornell University Press.

Vikner, C. 1994. Change in homogeneity in verbal and nominal reference. In C. Bache, Hans, Basbøll and Carl-Erik Lindberg (eds.) *Tense, Aspect and Action: Empirical and Theoretical Contributions to Language Typology*. Berlin and New York: Mouton de Gruyter.

Wang, R. Q. 2014. Two-level word class categorization in analytic languages. *Proceedings of the 36th Annual Conference of the German Linguistic Society*. Marburg: University of Marburg.

Zacks, J. M. and B. Tversky. 2001. Event structure in perception and conception. *Psychological Bulletin*, 127(1): 3-21.

附录1

《现代汉语语法信息词典详解（第二版）》中已注能够受名词修饰的
双音节动词（216个）

	双音节动词	《信息词典》实例	是否N客V①	是否有同形名词②
1	安排	会议安排		
2	安慰	精神安慰		
3	安装	设备安装		
4	按摩	穴位按摩		
5	包围	军事包围	*	
6	包装	产品包装		有
7	保护	文物保护委员会		
8	暴动	城市暴动	*	
9	比赛	足球比赛		
10	辩论	政治辩论		
11	变革	历史变革	*	
12	变化	化学变化	*	
13	变形	弹性变形	*	
14	表达	逻辑式表达	*	
15	表现	个人表现	*	

① "*"表示动词虽可以受前面名词的修饰，但构成的不是N客V定中结构。

② 以《现代汉语词典（第7版）》为参考标准，"有"表示在该词典中该词有"名词"
义项。

16	剥削	经济剥削	*
17	补偿	经济补偿	*
18	补充	人员补充	
19	补给	弹药补给	
20	布置	会场布置	
21	部署	战略部署	
22	猜想	哥德巴赫猜想	*
23	采访	新闻采访	
24	操练	军事操练	
25	测验	民意测验	
26	阐述	理论阐述	
27	惩罚	经济惩罚	*
28	崇拜	个人崇拜	*
29	筹备	会议筹备	
30	处罚	经济处罚	*
31	处理	信息处理	
32	传播	文化传播	
33	传递	信息传递	
34	传染	血液传染	*
35	传送	数据传送	
36	创造	艺术创造	
37	创作	文学创作	
38	存储	图像存储	
39	搭配	词语搭配	
40	答复	个人答复	*
41	打击	政治打击	*
42	打印	图片打印	
43	大战	空调大战	*
44	代理	移民代理	
45	担保	经济担保	*
46	登记	户口登记	

47	地震	构造地震	*	
48	调查	市场调查		
49	动员	思想动员	*	
50	斗争₁	思想斗争	*	
51	锻炼	体育锻炼	*	
52	对抗	阶级对抗	*	
53	发射	卫星发射		
54	发展	生产发展		
55	犯罪	经济犯罪	*	
56	防备	战略防备	*	
57	防御	战略防御	*	
58	访问	国事访问		
59	分布	人口分布	*	
60	分工	社会分工	*	
61	分解	化学分解	*	
62	分配	物质分配		
63	分析	形势分析		
64	奋斗	个人奋斗	*	
65	丰收	粮食丰收	*	
66	封锁	经济封锁		
67	辅导	英语辅导		
68	腐蚀	海水腐蚀	*	
69	改革	经济改革		
70	改造	企业改造		
71	革命	工业革命	*	
72	工作	文字工作	*	有
73	攻击	人身攻击		
74	供应	计划供应	*	
75	鼓励	精神鼓励		
76	管理	经济管理		
77	灌溉	农田灌溉		

78	核算	成本核算		
79	合作	师生合作	*	
80	回收	废品回收		
81	会谈	商务会谈	*	
82	会战	石油会战	*	
83	汇报	思想汇报		
84	活动₂	班级活动	*	有
85	积累	知识积累		有
86	寄托	精神寄托		
87	加工	材料加工		
88	监督	技术监督		有
89	检查	质量检查		有
90	检索	情报检索		
91	检修	电器检修		
92	检验	质量检验		
93	剪辑	图片剪辑		有
94	鉴别	文物鉴别		
95	鉴定	技术鉴定	*	有
96	建设	水利建设		
97	奖励	物质奖励	*	
98	讲解	图片讲解		
99	交换	商品交换		
100	交流	文化交流		
101	交往	民间交往	*	
102	教育	学校教育	*	有
103	介绍	产品介绍		
104	竞争	贸易竞争	*	
105	捐赠	个人捐赠	*	
106	捐助	个人捐助	*	
107	觉悟	阶级觉悟	*	有
108	开采	煤矿开采		

109	开发	产品开发	
110	开垦	荒地开垦	
111	勘查	石油勘查	
112	考察	现场考察	
113	考核	干部考核	
114	考验	政治考验	*
115	控制	人口控制	
116	来往	商业来往	*
117	劳动	脑力劳动	*
118	冷藏	低温冷藏	*
119	冷冻	常温冷冻	*
120	利用	废物利用	
121	联欢	新年联欢	*
122	联系	血统联系	*
123	零售	小米零售	
124	流动	工作流动	*
125	垄断	经济垄断	
126	旅行	团体旅行	*
127	旅游	非洲旅游	*
128	绿化	校园绿化	
129	掠夺	经济掠夺	
130	冒险	政治冒险	*
131	摩擦	皮毛摩擦	有
132	虐待	精神虐待	
133	培训	人员培训	
134	培养	师资培养	
135	赔偿	精神赔偿	*
136	碰撞	弹性碰撞	*
137	批评	善意批评	*
138	拼写	英文拼写	
139	评估	软件评估	

140	评价	历史评价	*	有
141	评议	小组评议	*	
142	迫害	政治迫害	*	
143	歧视	种族歧视		
144	侵略	经济侵略	*	
145	设计	工程设计		有
146	审查	资格审查		
147	审核	财务审核		
148	渗透	经济渗透	*	
149	生产	农业生产	*	
150	失误	工作失误	*	有
151	识别	语音识别		
152	试验	化学试验	*	
153	收藏	字画收藏		
154	塑造	形象塑造		
155	谈判	商业谈判	*	
156	探讨	学术探讨		
157	讨论	时事讨论		
158	提名	群众提名	*	
159	体验	生活体验		
160	调理	药物调理	*	
161	调整	工资调整		
162	统计	数据统计		
163	统治	殖民主义统治	*	
164	推销	商品推销		
165	威胁	战争威胁	*	
166	维护	设备维护		
167	维修	冰箱维修		
168	污染	环境污染		
169	限制	出口限制		有
170	享受	物质享受		

171	消耗	能源消耗		
172	写作	散文写作		
173	欣赏₁	文艺欣赏		
174	宣传	电台宣传	*	
175	选拔	人才选拔		
176	学习	外语学习		
177	训练	军事训练		
178	押送	武装押送	*	
179	压迫	阶级压迫	*	
180	研究	科学研究		
181	演出	商业演出	*	
182	演示	图像演示		
183	演习	实弹演习	*	
184	养殖	水产品养殖		
185	邀请	会议邀请	*	
186	议论	小组议论	*	有
187	影响	政治影响	*	有
188	应用	计算机应用		
189	游行	政治游行	*	
190	诱惑	金钱诱惑	*	
191	预测	天气预测		
192	援助	国际援助	*	
193	运动	体育运动	*	
194	运输	人力运输	*	
195	杂交	水稻杂交	*	
196	栽培	温室栽培	中	
197	赞助	私人赞助	*	
198	摘录	日记摘录		
199	展示	材料展示		
200	展销	丝绸展销		
201	战斗	上甘岭战斗	*	有

202	招待	宴会招待	*
203	折磨	疾病折磨	*
204	侦察	火力侦察	*
205	整顿	纪律整顿	
206	整理	资料整理	
207	支援	物质支援	*
208	指导	理论指导	*
209	制裁	法律制裁	*
210	转播	卫星转播	*
211	转换	能量转换	
212	转让	技术转让	
213	转移	战略转移	*
214	装修	房屋装修	
215	准备	思想准备	*
216	走私	毒品走私	

附录2

《现代汉语语法信息词典详解（第二版）》中未注可受名词修饰，
但在BCC语料库中可以构成N_客V定中结构的双音节动词（333个）

	双音节动词	语料库实例	是否有同形名词
1	爱好	音乐爱好	有
2	摆放	物品摆放	
3	摆设	家具摆设	有
4	拜访	客户拜访	
5	搬动	心脏搬动	
6	颁发	证书颁发	
7	办理	案件办理	
8	保持	温度保持	
9	保管	药品保管	
10	保留	文化保留	
11	保密	信息保密	
12	保证	品质保证	
13	报告	事故报告	有
14	报名	志愿者报名	
15	报销	费用报销	
16	暴露	问题暴露	
17	背诵	语文背诵	
18	备战	世界杯备战	

19	比较	疗效比较	
20	编辑	视频编辑	有
21	编写	教材编写	
22	编织	塑料编织	
23	辨别	真伪辨别	
24	辨认	遗体辨认	
25	播放	音乐播放	
26	播种 B	粮食播种	
27	捕捉	动作捕捉	
28	哺育	幼虫哺育	
29	采购	能源采购	
30	采纳	证据采纳	
31	采用	材料采用	
32	参观	博物馆参观	
33	参考	信息参考	
34	残杀	种族残杀	
35	操纵	利润操纵	
36	测量	温度测量	
37	查对	药品查对	
38	查看	细节查看	
39	查询	信息查询	
40	查阅	文献查阅	
41	拆除	房屋拆除	
42	拆卸	零件拆卸	
43	偿还	债务偿还	
44	抄袭 A	论文抄袭	
45	抄写	文字抄写	
46	撤销	合同撤销	
47	陈述	事实陈述	
48	呈现	内容呈现	
49	澄清	价值澄清	

50	承担	债务承担
51	抽查	质量抽查
52	抽调	货物抽调
53	抽样	产品抽样
54	仇视	种族仇视
55	出版	图书出版
56	出卖	房屋出卖
57	出让	土地出让
58	出售	住房出售
59	出租	房屋出租
60	储藏₁	食品储藏
61	处置	资产处置
62	触发	信号触发
63	揣摩	心理揣摩
64	传授	知识传授
65	创办	企业创办
66	创建	精神文明创建
67	创新	技术创新
68	刺探	情报刺探
69	促进	生产力促进
70	篡改	参数篡改
71	摧残	精神摧残
72	催眠	意识催眠
73	存放	数据存放
74	答辩	论文答辩
75	打捞	沉船打捞
76	代办	业务代办
77	代销	基金代销
78	盗卖	股票盗卖
79	盗窃	文物盗窃
80	低估	价格低估

81	递送	紧急文件递送	
82	颠倒	主从颠倒	
83	颠覆	政权颠覆	
84	雕刻	玉石雕刻	
85	调动	岗位调动	
86	调集	物资调集	
87	调配	物资调配	
88	定货	设备定货	
89	订购	货物订购	
90	订阅	报纸订阅	
91	兑换	外汇兑换	
92	对比	质量对比	
93	对照	模型对照	
94	发表₂	论文发表	
95	发布	信息发布	
96	发挥	功能发挥	
97	发明	技术发明	有
98	发送	邮件发送	
99	发泄	情绪发泄	
100	发行	新股发行	
101	翻修	库房翻修	
102	翻译	文学翻译	有
103	翻印	照片翻印	
104	繁殖	细菌繁殖	
105	反馈	信息反馈	
106	贩卖	人口贩卖	
107	防范	风险防范	
108	仿效	外观仿效	
109	仿造	句式仿造	
110	分担	成本分担	
111	封闭	局部封闭	

112	讽刺	政治讽刺	
113	奉献	爱心奉献	
114	服用	药物服用	
115	抚养	子女抚养	
116	复辟	资本主义复辟	
117	复核	死刑复核	
118	复习	文献复习	
119	复印	证书复印	
120	复制	病毒复制	
121	负担	债务负担	有
122	附加	成本附加	
123	改动	情节改动	
124	改进	技术改进	
125	改良	产品改良	
126	改善	功能改善	
127	改选	党委改选	
128	改装	汽车改装	
129	感染	病毒感染	
130	割除	阑尾割除	
131	根治	胃癌根治	
132	跟踪	质量跟踪	
133	更改	头衔更改	
134	更换	品种更换	
135	更新	知识更新	
136	公布	成绩公布	
137	巩固	疗效巩固	
138	构成	细胞构成	
139	购买	汽车购买	
140	购置	房产购置	
141	估计	参数估计	
142	估算	费用估算	

143	观看	视频观看	
144	观赏	艺术观赏	
145	过滤	空气过滤	
146	耗费	资源耗费	
147	衡量	利益衡量	
148	烘托	气氛烘托	
149	护理	病人护理	
150	互换	货币互换	
151	划分	区域划分	
152	化验	血液化验	
153	换算	货币换算	
154	挥霍	公款挥霍	
155	回避	风险回避	
156	回答	问题回答	
157	绘制	地图绘制	
158	获取	信息获取	
159	激发	兴趣激发	
160	寄存	行李寄存	
161	继承	遗产继承	
162	假冒	商标假冒	
163	驾驶	汽车驾驶	
164	架设	线路架设	
165	建立	数据库建立	
166	讲授	理论讲授	
167	交纳	费用缴纳	
168	搅拌	水泥搅拌	
169	矫正	畸形矫正	
170	校对	文字校对	有
171	接触	身体接触	
172	接待	信访接待	
173	接送	小孩接送	

174	截获	疫情截获	
175	截击	导弹截击	
176	解除	合同解除	
177	解放	思想解放	
178	解决	问题解决	
179	解剖	尸体解剖	
180	解说	体育解说	
181	解析	答案解析	
182	戒严	马路戒严	
183	借用	图片借用	
184	介入	心脏介入	
185	纠正	畸形纠正	
186	救援	事故救援	
187	救助	人员救助	
188	军训	学生军训	
189	开导	思想开导	
190	开辟	市场开辟	
191	开启	闸门开启	
192	空谈	政治空谈	
193	扣除	费用扣除	
194	馈赠	礼品馈赠	
195	扩充	容量扩充	
196	扩展	功能扩展	
197	浪费	资源浪费	
198	理解	概念理解	
199	联络	客户联络	
200	练习	力量练习	有
201	领悟	艺术领悟	
202	浏览	网络浏览	
203	录音	电话录音	有
204	轮换	岗位轮换	

205	落实	措施落实	
206	美化	环境美化	
207	描述	特征描述	
208	模仿	声音模仿	
209	模拟	数值模拟	
210	磨炼	意志磨炼	
211	默写	名句名篇默写	
212	谋划	战略谋划	
213	拟定	计划拟定	
214	挪用	资金挪用	
215	拍卖	艺术品拍卖	
216	拍摄	电影拍摄	
217	排除	故障排除	
218	排练	节目排练	
219	攀比	智力攀比	
220	判断	价值判断	
221	聘任	职务聘任	
222	评论	文学评论	有
223	评选	论文评选	
224	起草	文件起草	
225	起诉	案件起诉	
226	洽谈	项目洽谈	
227	牵扯	利益牵扯	
228	牵制	权利牵制	
229	遣返	难民遣返	
230	抢修	故障抢修	
231	切除	胆囊切除	
232	切断	后根切断	
233	窃取	信息窃取	
234	清查	森林资源清查	
235	清除	病灶清除	

236	清理	垃圾清理	
237	清洗	车辆清洗	
238	权衡	利益权衡	
239	缺乏	维生素缺乏	
240	扰乱	市场扰乱	
241	筛选	药物筛选	
242	上报₁	数据上报	
243	上交	利润上交	
244	摄制	电影摄制	
245	申报	财产申报	
246	申请	专利申请	
247	审理	案件审理	
248	审批	项目审批	
249	释放	甲醛释放	
250	收获	小麦收获	有
251	收集	信息收集	
252	授予	学位授予	
253	书写	病例书写	
254	抒发	情感抒发	
255	输出	劳务输出	
256	输送	人才输送	
257	疏导	心理疏导	
258	刷新	数据刷新	
259	饲养	肉鸡饲养	
260	搜集	资料搜集	
261	损害	利益损害	
262	摊派	报刊摊派	
263	剔除	基因剔除	
264	提拔	干部提拔	
265	体现	价值体现	
266	替换	瓣膜替换	

267	挑选	钻石挑选	
268	调价	药品调价	
269	调节	体温调节	
270	调配	人员调配	
271	调试	设备调试	
272	停放	车辆停放	
273	投递	简历投递	
274	涂改	数字涂改	
275	推广	技术推广	
276	推荐	商品推荐	
277	推敲	文字推敲	
278	拖欠	工资拖欠	
279	污辱	人格侮辱	
280	吸收	药物吸收	
281	象征	身份象征	有
282	协调	环境协调	
283	修补	裂缝修补	
284	修改	宪法修改	
285	修理	汽车修理	
286	修造	船舶修造	
287	修筑	公路修筑	
288	叙述	教材内容叙述	
289	选举	总统选举	
290	选择	病例选择	
291	渲染	气氛渲染	
292	削减	关税削减	
293	询问	病史询问	
294	压缩	空气压缩	
295	研制	新药研制	
296	验证	身份验证	
297	依赖	药物依赖	

298	移交	权力移交	
299	抑制	病毒抑制	
300	印刷	书刊印刷	
301	营造	环境营造	
302	邮购	商品邮购	
303	游览	风景游览	
304	预定	酒店预定	
305	预防	疾病预防	
306	阅读	报刊阅读	
307	蕴藏	资源蕴藏	
308	酝酿	方案酝酿	
309	栽种	植物栽种	
310	增补	委员增补名单	
311	赠送	礼品赠送	
312	摘除	眼球摘除	
313	展览	图片展览	
314	展望	前景展望	
315	掌握	知识掌握	
316	召集	会议召集	
317	诊断	病例诊断	
318	征求	意见征求	
319	争夺	冠军争夺	
320	整修	道路整修	
321	执行	预算执行	
322	指挥	交通指挥	有
323	制定	政策制定	
324	制约	权利制约	
325	治理	公司治理	
326	撰写	论文撰写	
327	装饰	地面装饰	有
328	装卸	货物装卸	

329	追究	责任追究	
330	资助	项目资助	
331	租借	服装租借	
332	组织	活动组织	有
333	座谈	文艺座谈	

附录3

《现代汉语语法信息词典详解（第二版）》中未注能受名词修饰且不能构成
$N_客V$结构，但在BCC语料库中能构成$N_客VN$结构或$N_{非客}V$定中结构的
双音节动词（180个）

	双音节动词	语料库实例	是否有同形名词
1	暗示	眼神暗示	
2	暗算	黑社会暗算	
3	把握	整体把握	
4	罢工	工人罢工	
5	摆动	手臂摆动	
6	办案	检察官办案	
7	帮助	法律帮助	
8	报价	商户报价	有
9	爆发	战争爆发	
10	爆炸	自杀性爆炸	
11	背叛	精神背叛	
12	备课	集体备课	
13	贬值	货币贬值	
14	表扬	上级表扬	
15	播音	方言播音	
16	裁决	法院裁决	
17	裁军	核裁军	

18	参拜	集体参拜	
19	参与	群众参与	
20	侧重	阶段侧重	
21	插手	多头插手	
22	查问	电话查问	
23	撤退	战略撤退	
24	沉淀	资金沉淀	有
25	陈设	店面陈设	有
26	称赞	群众称赞	
27	成交	市场成交	
28	惩治	法律惩治	
29	承认	外交承认	
30	重复	内容重复	
31	抽签	电脑抽签	
32	出国	公费出国	
33	出生	婴儿出生	
34	辞职	集体辞职	
35	存在	社会存在	
36	磋商	政治磋商	
37	挫伤	软组织挫伤	
38	打扮	盛装打扮	
39	带动	项目带动	
40	悼念	全国悼念日	
41	抵抗	胰岛素抵抗	
42	抵制	经济抵制	
43	点缀	图案点缀	
44	定居	牧民定居	
45	独创	国际独创	
46	堵截	价格堵截	
47	对话	政治对话	
48	讹诈	政治讹诈	

49	发言	大会发言	有
50	反对	群众反对	
51	反抗	武装反抗	
52	防洪	城市防洪	
53	防涝	城市防涝	
54	防守	后排防守	
55	诽谤	事实诽谤	
56	分化₁	细胞分化	
57	分裂₁	精神分裂	
58	扶持	政策扶持	
59	服务	信息服务	
60	浮动	利率浮动	
61	富余	企业富余	
62	概括	理论概括	
63	干扰	噪声干扰	
64	干预	行政干预	
65	共鸣	情感共鸣	
66	贡献	社会贡献	有
67	顾忌	思想顾忌	
68	瓜分	列强瓜分	
69	观察	舆情观察	
70	广播	数字广播	有
71	归属	产权归属	
72	和解	民族和解	
73	合并	企业合并	
74	轰炸	信息轰炸	
75	呼唤	时代呼唤	
76	呼吸	肺呼吸	
77	还击	炮火还击	
78	荒废	土地荒废	
79	恢复	功能恢复	

80	会晤	首脑会晤
81	绘图	电脑绘图
82	昏迷	深度昏迷
83	激励	股权激励
84	记载	文献记载
85	兼并	企业兼并
86	交锋	思想交锋
87	交涉	电话交涉
88	教导	言语教导
89	劫持	流量劫持
90	结合	城乡结合
91	进攻	军事进攻
92	警告	行政警告
93	警惕	政治警惕
94	救济	社会救济
95	就业	大学生就业
96	开除	行政开除
97	刊登	全文刊登
98	刊载	报纸刊载
99	恐吓	炸弹恐吓
100	控诉	血泪控诉
101	亏损	气血亏损
102	扩散	疫情扩散
103	联合	横向联合
104	连结	动态连结
105	流失	国有资产流失
106	流行	疾病流行
107	轮休	线路轮休
108	麻痹₂	思想麻痹
109	满足	心理满足
110	密封	聚氨酯密封

111	内销	产品内销	
112	扭转	囊肿扭转	
113	排泄	胆汁排泄	
114	盘问	警察盘问	
115	配合	战术配合	
116	抨击	舆论抨击	
117	起伏	情绪起伏	
118	签署	协议签署仪式	
119	抢劫	武装抢劫	
120	强迫	武力强迫	
121	区分	颜色区分	
122	审讯	法庭审讯	
123	失踪	人员失踪	
124	施工	隧道施工	
125	收买	金钱收买	
126	束缚	思想束缚	
127	思考	理论思考	
128	挑逗	言语挑逗	
129	挑衅	军事挑衅	
130	通缉	网络通缉	
131	偷窃	青少年偷窃	
132	突破	技术突破	
133	图谋	政治图谋	有
134	推动	政策推动	
135	脱离	视网膜脱离	
136	委托	业主委托	
137	袭击	炸弹袭击	
138	协商	政治协商	
139	协助	司法协助	
140	需要	市场需要	有
141	虚设	制度虚设	

142	巡逻	公路巡逻	
143	压制	火力压制	
144	掩护	火力掩护	有
145	引导	舆论引导	
146	引诱	金钱引诱	
147	诱导	药物诱导	
148	预谋	政治预谋	
149	约束	制度约束	
150	暂停	技术暂停	
151	榨取	液压榨取	
152	诈骗	合同诈骗	
153	占领	军事占领	
154	镇压	武力镇压	
155	征服	武力征服	
156	支持₁	技术支持	
157	支配	神经支配	
158	罢免	董事罢免权	
159	保卫	军队保卫部门	
160	补发	护照补发申请	
161	出产	茶叶出产区	
162	缔造	和平缔造者	
163	洞察	市场洞察力	
164	发还	赃物发还大会	
165	管教ₐ	少年管教所	有
166	纪念	烈士纪念馆	有
167	检举	罪行检举人	
168	节省	成本节省模式	
169	劫持	人质劫持事件	
170	看守	驿站看守人	有
171	扣押	人质扣押事件	
172	祈祷	和平祈祷仪式	

173	抢劫	文物抢劫案
174	驱逐	导弹驱逐舰
175	烧毁	房屋烧毁情况
176	挑拨	战争挑拨者
177	携带	病毒携带者
178	兴建	水库兴建任务
179	运载	游客运载工具
180	张贴	广告张贴人

附录4

《现代汉语语法信息词典详解（第二版）》中不能构成NV定中结构的
双音节动词（928个）

哀求	暗想	把持	把守	白搭	摆弄
摆脱	败露	帮忙	包含	包括	保管₂
报仇	报答	报效	暴虐	奔赴	奔跑
奔走	迸发	逼迫	比试₁	比试₂	比喻
笔录	避开	避免	贬低	标志	表明
濒临	病休	并联	并吞	播种ₐ	剥夺
剥落	博得	搏斗	补贴	参加	操持
查抄	查获	拆散	搀假	铲除	产生
颤动	畅谈	畅销	倡议	超脱	超支
超重	抄袭ʙ	吵闹	撤除	撤换	沉思
沉醉	衬托	撑腰	称呼	成立₁	成立₂
成为	乘凉	吃透	持家	迟到	耻笑
冲锋	冲破	充当	充满	充数	宠爱
抽烟	酬谢	仇恨	丑化	出场	出动
出发	出击	出来	出力	出手	出席
出现	出征	处死	穿越	传出	传话
传说	喘气	吹捧	吹嘘	垂直	春耕
辞退	从事₁	从事₂	簇拥	催促	存款
错怪	搭救	搭理	答应	达到	打点₁

打点₂	打发	打搅	打开	打量₁	打量₂
打破	打扰	打算	打听	打仗	打针
带领	代表₁	代表₂	代替	待业	逮捕
怠慢	担任	担心	耽搁₁	耽搁₂	胆敢
当选	当做	捣乱	倒车	倒换	祷告
导演	导致	到达	到会	倒车	道歉
得到	得知	得罪	登报	等待	等于₁
等于₂	抵偿	抵达	抵御	点破	点燃
电贺	惦挂	惦记	刁难	跌倒	叮嘱
顶替	定义	丢掉	动手	动摇	逗乐
斗争₂	督促	独占	杜绝	度假	妒忌
端正	断定	断绝	断言	堆放	对待
对付	夺取	躲避	扼杀	遏制	发表₁
发动₁	发动₂	发动₃	发觉	发难	发起
发烧	发生	发现	发扬	罚款	反问
反省	返航	犯法	防止	妨碍	放弃
放任	放松	放心	放纵	飞越	废除
吩咐	分化₂	分开₁	分开₂	分裂₂	分散
粉碎	风行	奉告	奉劝	否定	否认
符合	服侍	浮现	辅助	俯视	赋予
付出	负责	附带	改变	改换	改正
甘心	甘愿	赶赴	感到	感动	感觉
感冒	感谢	敢于	告辞	告发	告诉
歌颂	割让	隔断	给以	公审	供认
勾搭	勾引	辜负	鼓吹	挂念	拐骗
关心₂	观望	管教ʙ	贯彻	规定	归还
过来	过去	过问	害怕	捍卫	好像
耗资	号召	核对	核实	合计ᴀ	合计ʙ
合影	喝彩	横穿	横扫	轰动	哄抢
弘扬	后悔	呼吸	忽视	胡说	护送
花费	划清	化装	怀抱	怀念	怀疑₁

怀疑₂	欢呼	欢送	欢迎₁	欢迎₂	缓和
涣散	幻想	晃动	挥发	挥舞	回顾
回击	回去	回味	回想	回忆	毁灭
悔恨	贿赂	会见	会面	混淆	混杂
活动₁	活跃	获得	获准	击毙	击溃
积攒	讥笑	集合	集中	急需	嫉妒
给予	计划	计较₁	计较₂	记功	记录
继续	忌讳	夹击	加剧	加强	加入
加以	假定	假设	歼灭	坚持	坚守
坚信	监视	兼任	检讨	减轻	减少
践踏	见面	建成	建议	将军	讲究
讲课	降低	降落	郊游	交待	缴获
教训	叫喊	叫嚷	接见	接近	接洽
接受	揭发	揭露	节约	竭尽	结交
结束	解脱	借口	借助	谨防	进来
进去	进入	进行	禁止	浸透	精通
惊动	惊叹	经过	经受	敬佩	敬献
敬重	纠缠	鞠躬	居留	举办	举行
拒绝	具有	惧怕	决定	觉得	开赴
开工	开会	开阔	开始	开脱	开学
开展	看待	看见	看重	抗衡	抗拒
抗议	考虑	考取	靠近	咳嗽	可能
可以	渴望	克服	克制	肯定	恳求
控告	苦练	酷爱	夸奖	跨过	宽恕
旷工	窥视	来访	牢记	勒索	乐意
累计	类推	离开	理发	历经	利于
例如	力争	联想	谅解	了解	了却
料到	料想	列入	邻近	吝惜	领导
领会	领取	溜走	留给	留恋	留心
流传	流浪	流落	搂抱	露出	路过
录取	论述	落选	麻痹₂	麻烦	埋伏

卖弄	埋怨	盲从	忙于	冒充	貌似
萌发	蒙受	猛攻	梦想	迷惑	迷信
弥补	密谋	勉励	面临	描绘	瞄准
藐视	明白	明确	命令	摸索	摸透
默认	没收	谋求	目送	能够	念叨
酿成	捏造	凝聚	凝视	弄清	怒斥
殴打	拍照₁	拍照₂	徘徊	派出	盘算
盼望	旁听	抛弃	赔款	陪伴	陪同
配音	佩服	碰见	批驳	批示	批准
偏爱	偏向	骗取	飘扬	漂泊	拼搏
平息₁	平息₂	破坏	迫使	期待	期望
欺负	欺骗	欺压	起来	起用	企图
启程	启发	启用	前进	潜伏	强调
敲诈	亲临	轻视	倾听	清楚	请教
请求	请示	庆祝	求教	趋向	取得
取缔	取消	劝说	缺少	确保	确定
确信	燃烧	饶恕	热爱	热衷	忍受
任命	认识	荣获	熔化	容许	如同
入场	入侵	入学	撒谎	散步	杀伤
煽动	闪开	擅长	善于	伤亡	商量
上报 ₆	上当	上来	上去	上演	舍得
涉及	设法	伸缩	深知	声明	生活
升华	省略	盛行	胜利	胜任	失败
失掉	失去	施加	施展	时兴	实现
实行	使唤	示意	适合	适应	试探
试图	试问	视察	收入	收养	守护
熟悉	属于	甩掉	睡觉	顺从	说服
说明₁	说明₂	撕毁	思念	松开	送给
搜查	诉说	算作	损失	缩小	贪污
谈话	坦白	探明	叹气	逃避	逃跑
淘汰	陶醉	腾飞	疼爱	提倡	提出

提高	提示	提醒	提议	体谅	体贴
添设	填补	跳舞	贴近	听从	听见
听说	停顿	停留	停止	通称	通电 A
通电 B	通知	同情	同意	统称	统一
偷听	偷袭	投奔	投靠	投入	投身
透露	突出	团结	推测	推迟	推翻
推举	推想	推选	退还	退换	退缩
退伍	退休	吞并	托付	脱落	妥协
挖苦	完成	完善	挽回	挽留	望见
忘掉	忘记	危害	违抗	围攻	唯恐
维持	慰问	问候	握手	污蔑	诬蔑
无视	务求	误传	误会	误解	吸引
希望	习惯	喜爱	喜欢	洗澡	下降
下去	吓唬	掀起	嫌弃	显得	显示
献给	献身	羡慕	陷害	陷入	相反
相隔	相识	相信	想念	想像	向往
消灭	消失	泄露	谢绝	欣赏 2	信任
兴办	兴起	修饰 1	修饰 2	休息	休想
休养	虚报	宣布	宣读	宣告	悬挂
学会	寻求	严惩	延缓	掩饰	央求
佯攻	仰慕	要求	摇动	依靠	遗漏
引起	隐藏	隐瞒	应当	迎候	赢得
应付	拥抱	拥护	用于	有关	有心
诱骗	愚弄	予以	遇到	遇见	预备
预计	预言	预祝	愿意	怨恨	约定
允许	运用	在意	暂定	赞成	赞赏
遭到	遭受	遭遇	糟蹋	造成	造谣
责备	责问	增加	增进	增强	增长
憎恨	瞻仰	展出	展开	招呼	照搬
照顾 1	照顾 2	照看	遮盖	折中	珍惜
针对	挣扎	争辩	争取 1	争取 2	争执

拯救	正视	挣脱	证明	证实	支持₂
知道	执笔	值得	指出	指控	指示
指引	指责	致使	致以	制服	制止
质问	中断	中止	终止	重视	咒骂
株连	嘱咐	主持	主管	主张	助长
注定	注解	注明	注释	注视	注意
注重	祝贺	祝愿	抓紧	转告	转交
转送	转赠	装作	撞见	追赶	追认
追随	追问	准许	着手	滋长	自称
自勉	自信	自学	自愿	总结	纵容
租借₂	阻碍	阻止	尊敬	尊重	遵守
琢磨	作出	作废	作为